周林 著

艺术法
立法与实务

知识产权出版社
全国百佳图书出版单位

Art Law
in Legislation and Practice
by Zhou Lin

图书在版编目（CIP）数据

艺术法：立法与实务 / 周林著.—北京：知识产权出版社，2017.12（2019.5重印）

ISBN 978-7-5130-5332-7

Ⅰ.①艺… Ⅱ.①周… Ⅲ.①艺术—法律—研究—中国 Ⅳ.①D922.164

中国版本图书馆CIP数据核字（2017）第302321号

内容提要

艺术法学是随着艺术市场的兴起，在法学和艺术学领域，逐渐发展起来的一门新兴学科。本书是作者二十多年来艺术法学研究成果的精华。全书分为艺术立法、艺术市场、案例研究、艺术合同四编，重点阐述了在艺术立法方面要坚持信息公开、信息自由、信息参与"信息法治三原则"观点，并结合中国艺术市场特点，对一些典型案例进行研究，详细讲解了合同法和签订艺术合同技巧，适合法学和艺术学师生、艺术市场管理者、从业者及律师阅读。

责任编辑: 高　超　　　　　　责任校对: 谷　洋

装帧设计: 品　序　　　　　　责任出版: 刘译文

艺术法:立法与实务

周　林　著

出版发行: 知识产权出版社有限责任公司	网　　址: http://www.ipph.cn
社　　址: 北京市海淀区气象路50号院	邮　　编: 100081
责编电话: 010-82000860 转 8383	责编邮箱: gaochao@cnipr.com
发行电话: 010-82000860 转 8101/8102	发行传真: 010-82000893/82005070/82000270
印　　刷: 北京九州迅驰传媒文化有限公司	经　　销: 各大网上书店、新华书店及相关销售网点
开　　本: 720 mm×1000 mm 1/16	印　　张: 19
版　　次: 2017年12月第1版	印　　次: 2019年5月第2次印刷
字　　数: 300千字	定　　价: 60.00元

ISBN 978-7-5130-5332-7

C目录
Contents

第一编

艺术立法

摄影作品：2017·艾特金牛好回家

作者：周林

1.1 走进艺术法时代

　　在当代中国艺术史的相当长一段时间里，在"文艺从属于政治"口号① 的指导下，艺术创作主要是作为某项"政治任务"或"宣传工具"而出现的，此时，艺术无须与法律发生多少联系。虽然早在 20 世纪 80 年代初，随着开放政策的提出，有人为性质逐渐转变的艺术品——商品化的艺术——寻找出路，开始提出艺术商品化问题，但那时更多的私下交易及保留着某些计划经济特点的店堂交易，并没有提出多少法律问题。

　　20 世纪 70 年代初 80 年代末，西方，尤其是日本大款的投机行为，导致艺术品的价格一路飙升，以至达到一个空前的高位。② 在这个艺术投资热潮末期，中国的艺术市场开始萌动。人们不再羞羞答答地谈论艺术品买卖，而是直接出价，甚至高声叫卖，乃至拍卖。③ 艺术开始进入市场，走向百姓。此时，围绕着艺术品的各种商业活动开始增多，法律问题开

---

① 王宏建，袁宝林. 美术概论［M］. 北京：高等教育出版社，1994：520-545.

② 1990 年，以日本纸业大王斋藤了英斥巨资 8250 万美元购买凡·高名作《加歇医生》为标志，世界艺术市场销售价格急剧飙升。此后不久，艺术市场行情即开始暴跌。

③ 1991 年 5 月，全国文化工作会议正式提出，可以搞艺术品拍卖市场。1993 年 5 月国内首家以经营文物艺术品为主的综合性拍卖公司宣告成立，标志着中国艺术品拍卖历史上至关重要的一步。

始突出出来。少数敏感的艺术家、批评家和法律工作者，凭着其对艺术的兴趣和职业的需要，开始对这种艺术与法律联姻的现象进行研究、分析，著书立说，一方面为艺术市场中的有关各方提供正确的法律援助，另一方面为立法机关以及文化行政管理部门提出各种建议和对策报告。艺术法的时代来到了中国。

在中国，艺术法所关注的是艺术品及文化财产在创造、发掘、生产、销售、流转、展览和收藏等过程中所涉及的法律问题。这些问题包括艺术品的进出口、拍卖、鉴定、保险、税收，以及艺术家的言论自由和知识产权保护等。这些问题不可能单靠某一部单行法规来解决，而必须要由多种法律和法规加以调整。

一、艺术法研究发端

严格地说，中国艺术法研究始于 20 世纪 90 年代初，并且跟著名画家、已故中国美术家协会主席吴作人先生有着密切联系。"同其他作者一样，美术家的创作是神圣不可侵犯的！"这是吴作人先生在《著作权法》颁布不久召开的一次座谈会上说的一句话。那天，82 岁高龄的吴作人先生抱病亲临会场，呼吁加强法治意识，保护美术家的合法权益。他说，"这部法（指《中华人民共和国著作权法》）经过了 11 年，终于颁布了，中国美术界受到极大鼓舞。从我自己来说，非常高兴，并衷心拥护。在第六届全国人大常委会任期内，我有幸参加了这部法的研究和制定工作。这部法的诞生，经过大量调查研究和充分酝酿，由此亦使人们感到它的重要"。①

在谈到社会上存在的包括造假画等侵犯美术家合法权益的种种现象时，吴先生显得格外激动。他说："很多年来，美术家的合法权益一直得不到应有的保护，以致造假画等严重侵犯美术家权益的事件经常发生。最近，这类侵权活动愈演愈烈，达到了猖狂的地步。现在有许多迹象表

---

① 关于此次座谈会及吴作人先生的讲话，详见 1990 年 10 月 3 日《法制日报》第三版。

明，在北京以外，存在着有组织、有计划地专门造假画的团伙。他们的行为不仅侵犯了美术家的著作权，损害美术家名誉，更重要的是败坏了中国绘画艺术的声誉。我希望《著作权法》的颁布，能够引起著作权管理、司法及有关部门对这些非法活动的重视，并依法予以严惩。"① 吴先生的一番话爱憎分明，掷地有声，在场的人无不为之动容。

二、艺术法教学

艺术与法律"联姻"现象也吸引了美术院校的注意。1994 年 9 月、10 月间，中央美术学院艺术史系，邀请笔者到校主持了一次为期四周的艺术法系列讲座。这或许是中国艺术院校第一次举办此类讲座活动。该系列讲座题目包括：艺术家的知识产权保护，艺术家参与艺术市场活动应注意的法律问题，合同法的基本理论，以及艺术创作与言论自由的关系等。这次系列讲座受到该系师生欢迎。该系由此将艺术法课程纳入其整个教学计划当中。②

1995 年 9 月，另一所著名学府中国美术学院邀请笔者主持了一次艺术法讲座，就美术家的权益保护以及怎样处理与画商的关系这两个问题进行演讲，并现场回答师生提出的问题。

在上述讲座过程中，主持人首先提出了艺术法的概念和内容，并指出对艺术法的研究是建设中国艺术市场的需要。要繁荣艺术，就离不开艺术市场，而艺术市场建设，必须有一个确定的规则。艺术市场不是只有买家和卖家就够了，它还需要批评家、鉴定家、经纪人和律师的参与。他们的活动必须纳入法治轨道。绝不允许"缺斤短两""欺行霸市"的现象存在。在市场经济条件下，法律的根本目的是最大限度地保障市场参与者的自由。艺术自由应摒弃权势高压和经济羁绊。对于表现自由，几乎所有法治国家都在其宪法中予以规定。表现自由也要受到法律的制

---

① 详见 1990 年 10 月 3 日《法制日报》第三版。

② 2003 年中央美术学院人文学院成立后，将"艺术法"列为硕士研究生的一个研究方向。

约。法律禁止艺术表现中的诽谤他人、宣扬暴力、淫秽色情内容。对于法律禁止的东西应当有一个判断标准。要克服现实当中那种以言代法，以某个人的好恶来判断艺术作品优劣的现象。艺术家们要增强依法自我保护意识，要掌握法律这个武器，勇于同侵权违法行为做斗争。

迄今为止，中国的法律院校专门开设的艺术法课程尚不多见，有关内容，例如，知识产权法、合同法、税法、文化遗产法、拍卖法等，是在相关法律课程中讲授的。从艺术法的学科建设方面看，艺术院校显然走在前面。笔者相信，随着中国法治建设的深入，相关法律实务的增加，以及传统法律教学观念的转变，艺术法一定会更多地纳入中国法律院校教学课程当中。中国艺术市场建设，迫切需要一批既懂艺术，又熟悉有关法律，愿意为维护艺术的纯洁和神圣而献身的法律工作者。

三、艺术法出版物

20 世纪 90 年代初，经过了 10 年的经济改革，中国以其特有的发展方式和速度赢得了世人瞩目。人们开始把注意力放在了能够反映作为人类文化遗产一部分的中华民族的精神面貌、哲学思想、道德观念以及审美意识的艺术文化方面。在中国艺术家以从未有过的渴望和自由从西方艺术中获取表现灵感和材料的同时，中国当代艺术也以各种不成熟的形式和渠道进入世界"工艺工业"的大循环。此时，一些敏感、热情、充满活力的艺术批评家顺应这股潮流，编写了诸如《艺术市场》丛书、《画廊》杂志等，在关注中国当代艺术的同时，关注中国艺术市场建设，或者说，他们认为，当代艺术的发展是与艺术市场的建设不可分的。

1991 年创刊的《艺术市场》第一期，编者即指出：虽然中国杰出艺术家以及优秀艺术品为数众多，但由于历史的原因，相应的艺术市场并未在中国建立起来，这就为中国艺术品的投资者、收藏家、艺术机构管理者乃至批评家提出了一个课题，即如何在中国建立一个能与国际艺术市场相适应但又考虑到国情的艺术市场。其首篇文章即提出了"艺术市场的规范化"和"艺术法"问题。

问：那么，你认为中国艺术市场的建立和发展的重要环节是什么？

答：当然是规范化问题，规范化是中国艺术市场同国外进行对等交流的基本前提，首先要有一个"艺术法"。美国之所以能成为巴黎之后的又一个国际艺术中心，除其他因素外，主要是有艺术法在那里起着作用。没有艺术法的艺术市场将是不可设想的（引自艺术家王广义答《艺术市场》编辑问）。

在以后陆续出版的九期《艺术市场》中，几乎每一期丛书都有文章涉及艺术法律问题。例如，从第一期开始选载由吴松等翻译四川美术出版社出版的美国艺术市场专家弥尔顿·贝莱的专著《怎样卖掉你的艺术品》部分章节，第三期介绍了美国通过《视觉艺术家权利法》，使某些艺术家享有充分的精神权利保护的情况，第五、六期连登李方林译本·海勒文章《艺术、价钱和法律》，第九期刊登艺术家谈艺术代理，等等。这些文章虽然不属于系统的艺术法研究，却起到了一种艺术法的"启蒙"的作用。该丛书执行主编吕澎先生在一次报告中清醒地指出：虽然目前国内一些字画的买卖越来越频繁、活跃，但严格地说，符合世界艺术市场经营方式和操作原则的画廊在我国还没有，也就是说没有一个世界认同的广泛意义上的市场，而不是已有了市场的雏形。这是由于市场的分工并未形成，没有法律的保障。国外有艺术法，我国还没有。我国立法机构还有很多立法工作要做，艺术立法是其中之一。艺术这个商品是非常独特的精神产品，需要对艺术市场、对艺术自身的特点了解透彻才能真正形成我们自己的艺术法。没有艺术法，就会秩序混乱影响艺术市场的形成，"黑市"也会乘隙而生。

继丛书《艺术市场》之后，旨在推介中国当代艺术的《画廊》杂志，自总第 47 期起全面改刊，首次在中国媒体上开辟"艺术与法律"专栏。自第 47 期起，陆续刊登了"什么是艺术法？""追续权——美术家的一项特别权利""拍卖假画的法律责任""怎样处理艺术家与经济人的关系？""画商与艺术市场"《艺术品鉴定：卖家意见和责任》等专题文章，这些文章引起了读者的兴趣，吸引更多人进行艺术法研究。

实际上，第一部系统介绍艺术法的译著是 1995 年 4 月出版的《艺术法概要》，① 此书作者系美国著名艺术法专家伦纳德·杜博夫教授。

而该书作者则认为：本书在中华人民共和国的出版，象征着在艺术法领域内的另一个里程碑。它揭示了这样一个事实，艺术法这门学科是全球性的。艺术在社会生活中具有十分重要的作用，这一点已得到包括中国在内的世界各地的承认。

四、早期艺术法案例

（一）三模特诉中央美院

如果有人要对 20 世纪 90 年代的中国艺术实践和法律实施做一番总结的话，他就不能不注意到发生在 1989 年 1 月，三位女模特儿状告《油画人体艺术大展》主办者侵犯肖像权的诉讼案。② 这场诉讼案历时 8 年始有结果。然而，因此次画展而引起的对中国传统艺术观念的冲击，因三位弱女子的勇敢维权行为而唤起的公民权利意识，其影响将是深远的。

1988 年 12 月 22 日，由中国绘画艺术最高学府——中央美术学院自发组织筹办的《油画人体艺术大展》，在中国美术馆开幕。这种以人体为题材的专题画展，在中国是首次。展出的 120 幅作品出自 28 位老中青油画家之手。尽管门票价格高出通常价格的 10 倍，但仍天天爆满。在 18 天展览中，观众达 21 万人次。其中 12 月 25 日一天，就售出门票 1.5 万余张，创造了中国美术馆最高纪录。然而，正当画展在美术界学术层面引起热烈讨论会当口，画展开幕的第 5 天，画展中所涉及的两位女模特儿，或亲自或在自己丈夫陪同下，找到展览组织者，以侵犯肖像权为由要求撤下以其形象创作的作品。1989 年 1 月，女模特儿委托律师提起诉讼。

接受原告委托的律师认为，主办者已明显侵犯这两位模特儿的肖像

---

① 该书新的版本，艺术法概要［M］. 4 版. 周林，译. 北京：知识产权出版社，2011.

② 人体模特风波［M］. 银川：宁夏人民出版社，1989.

权。理由是，展出的作品及大展期间出版的画册、明信片均属肖像。而展览具有明显的赢利性质，每票 2 元，平均每天参观人数 1.5 万人次，18 天展期可获 54 万元，还不包括出版画册、明信片、幻灯片及其他赢利。最关键的是，画展主办者和出版单位均未征得当事人同意。中央美术学院有关负责人称，从未有过向当事人征求意见的先例。模特儿每课时 2.4 元，仅是教学劳务费，不包括营利性画展的合理报酬。其次，还涉及隐私权问题。因展出的是人体写实画，暴露了模特儿的职业隐私，也暴露了模特儿的人体隐私。中央美院招收模特儿文件明确规定，要为模特儿保密，但并未这样做。原告律师强调，不管是为了艺术还是别的什么目的，都不能以损害他人的权利为前提。

而作为此案被告的一方则认为，画家与模特儿的关系走出教室就结束了，艺术品属于国家。画家把自己的作品拿出去展览或者出版，这是很正常的，是国际惯例。人体艺术是一种以模特儿为素材的再创造，不是对模特本身的抄袭。模特儿在提供自己形象后已取得报酬，所以根据《中华人民共和国民法通则》第一百条关于保护肖像权的规定，不适用本案。

此案成诉后，承审法院在何为肖像，何为隐私，以及如何处理版权与肖像权、隐私权交叉关系等问题上，一直在寻求答案，致使裁决延宕下来。据悉，这件普通的民事纠纷案件曾由最高人民法院过问，关于作者的版权与模特儿的肖像权之间的冲突问题，曾征询世界知识产权组织专家意见。照当时一位西方记者的观点，此案的关键在于双方缺少一份明确的合同。"中国人没有合同、契约的观念，所以这类事层出不穷，假如当初有合同明确规定，就没有这场官司。"①

1998 年 2 月 13 日北京市第二中级人民法院认为：中央美术学院为教学需要招收模特的招聘简章中所列事项应视为一种要约，在此基础上，三原告应聘到中央美术学院做模特，其行为是对该要约的承诺，双方在招聘简章的基础上建立起了实质意义上的合同关系。由此，双方当事人

---

① 人体模特风波［M］. 银川：宁夏人民出版社，1989.

即应在合同约定的范围内行使权利、履行义务，各方均无权超越合同约定的范围行使权利，也无权单方以各种理由对合同的约定作出扩大解释，这是基本的合同法律规则，任何一方的行为违反了这个规则即属违约行为。中央美术学院在考虑到我国的文化和国情的情况下，在招聘简章中已设定了自己对模特儿在其学院的具体情况对外保密的义务，在双方发生争议后，中央美术学院单方解释对外保密并不包括写实肖像和带有模特儿头面部特征的人体画等作品的对外展览、出版，是欠妥的，亦无相应的法律依据。其实施的展览行为和向他人提供画像（胶片）出版画册、画片的行为均违反了与三原告达成的合同，依法应当承担相应的责任。三原告指控被告侵犯其肖像权的诉讼请求，因依据不足，本院不予支持。综上所述，依据《中华人民共和国民法通则》第一百一十一条的规定，判决如下：一、中央美术学院赔偿三原告各一万元人民币；二、驳回三原告的其他诉讼请求。

此案下判以后，原被告在法定期限内均未提出上诉，此案已生效，承审法官实际上回避了肖像权问题，而简单地以被告违约作出有利原告判决。这个结果似乎能够被接受，但遗憾的是这个判决没有成为一个"判例"。笔者认为，合同固然重要，而最关键的却是对权利的尊重；画家固然有创作的权利，有展览作品的权利，但在行使这些权利的时候，也要注意尊重被画对象模特儿的权利。学校雇用模特儿的花费，只是付给模特儿的劳务费，不包括对其肖像权的利用。展览以模特儿为表现对象的作品，应当征得模特儿的同意，因为在1987年1月1日起施行的《中华人民共和国民法通则》第一百条，即明确规定了这项权利。

有人说，在近年的改革与文化建设中，美术界一直扮演着先锋的角色。就此案而言，的确使人对艺术与法律的关系产生了浓厚的兴趣，促使艺术家们不得不认真思考一些与其创作有关的法律问题，也促使法律工作者，在解决诸如本案所涉及的肖像权问题时，不得不去了解一些艺术实践。

（二）吴冠中诉朵云轩等

画家吴冠中诉上海朵云轩和香港永成古玩拍卖有限公司侵犯版权案，是我国第一起因拍卖假冒他人署名美术作品，依《著作权法》受到追究，并因此承担侵权责任的典型案例。如果仅仅从涉及版权的方面谈，则案情极其简单。

原告吴冠中诉称，1993 年 10 月 27 日，被告上海朵云轩、香港永成古玩拍卖有限公司联合在香港拍卖出售了一幅假冒其署名的《毛泽东肖像》画，侵犯了其版权，使其声誉和真作的出售均受到了不应有的损害。原告请求法院判令被告停止侵害、消除影响、公开赔礼道歉，赔偿经济损失港币 528000 元。

被告上海朵云轩在一审法院庭审时辩称：原告认定系争作品是伪作证据不足；被告的艺术品拍卖行为在法律上不构成对原告版权的侵犯。委托拍卖行为不是商店销售行为，而是一种居间性质的经纪行为，上海朵云轩实际上不是香港拍卖活动的联合拍卖人，故请求法院驳回原告的诉讼请求。被告香港永成古玩拍卖有限公司没有应诉。

承审法院没有接受被告上海朵云轩的辩词。法院认为：公民享有表明其身份，在作品上署名的权利；同时有禁止他人制作、出售假冒其署名的美术作品的权利，公民的该项权利受法律保护。有证据表明，系争《毛泽东肖像》画，落款非原告吴冠中署名的美术作品。两被告订有共同主持拍卖的协议书，且实际共同主持了整个拍卖活动，表明对系争作品的拍卖为两被告的共同行为。拍卖是一种特殊形式的买卖，拍卖书画是一种出售美术作品的行为。两被告在获知原告对系争作品提出异议，且无确凿证据证明该作品系原告所作，落款为原告本人署名的情况下，仍将该作品投入竞拍，获取利益。两被告的行为违反了版权法的规定，共同严重侵犯了原告吴冠中的版权。法院判决原告胜诉。

（三）吴作人诉天明美术印刷有限公司等

1995 年春节后，画家吴作人的家人在市场上发现一种名为《墨痕》的 1995 年挂历，其中收有署名吴作人的两幅画《金鱼》和《熊猫》，于是注意收集，并同时开始和律师联系。

1995 年 7 月，吴作人在报纸上看到广告，知道深圳将举行大规模的 1996 年挂历展销会，便托人到会上了解情况。果然，《墨痕》赫然在目。面对如此恶劣的侵权行为，面对社会上大量存在的侵犯美术家合法权益的事件，吴作人先生再也按捺不住心中的愤怒，决心向侵权宣战，将此事诉诸法律。他正式委托两位律师为诉讼代理人，全权代理。吴作人作为中国美协主席、第六届全国人大常委，曾亲自参与《著作权法》的制定，现在轮到他以自己的行动来实践《著作权法》的时候了。

1995 年 11 月 15 日，吴作人向北京市第二中级人民法院递交了起诉状，状告汕头大学出版社和深圳天明美术印刷有限公司侵犯了其版权，要求被告立即停止侵权和活动，销毁侵权制品，公开道歉，赔偿经济和精神损失 60 万元。随诉状一起递交的还有证据保全和财产保全申请，吴先生拿出自己的两幅国画精品《漠上行》和《双鸭》作为担保，[①] 显示了吴先生的决心。

法院经合议，下达了民事裁定书，同意原告证据保全和财产保全申请，并派人赴汕头和深圳对两被告采取法律行动。面对吴先生的起诉和法院的行动，经过法律教育，被告充分认识到其行为已构成对吴先生版权的侵犯，遂郑重表示歉意，希望和解。吴先生同意在查明事实的基础上，由法院主持，以法院出具调解书的形式结案。

此案结束以后，承审法官谈了自己的看法，他说，"吴老以近九旬高龄，勇敢地维护自己的合法权利，捍卫知识产权，是很令人钦佩的。这体现了吴老作为一个公民有着很强的法律意识。公民对自己权利的珍视与合法维护是一个国家文明、进步的标志。这意味着一个有规则的、成熟的、文明的社会正在形成。"

（四）黄鸣诉中国美协

杭州青年画家黄鸣与其妻董春蕾共同创作的油画《三把椅子》1994年入选由中国美协主办的"第八届全国美术作品展"。参展前和参展后，黄鸣通过浙江省美术家协会向中国美协提出展览结束后退还作品原件的要求，明确表示不同意将该作品送到国外展览。但中国美协以"第八届全国美展实施细则"有规定为由，拒绝退回该作品（该作品后来被送至

---

① 根据我国《民事诉讼法》的规定，申请财产保全的当事人，在提出财产保全申请时，须以相同数额的财产做担保。

中国香港、中国台湾、中国澳门展出）。黄鸣愤而在 1995 年 6 月 6 日将中国美协送上法庭。

被告中国美协辩称：第八届全国美展的主办单位是"第八届全国美术作品展览组织委员会"，中国美协不应是诉讼主体，原告黄鸣仅是作品《三把椅子》的作者之一，其主体资格也不充分，且根据"第八届全国美展实施细则"规定，获奖作品的作者应同意赴国外展出。

法院审理认定，黄鸣作为油画《三把椅子》的作者之一，在其版权受到侵害时有权维护自己的合法权益，并以个人名义提出诉讼。中国美协认为黄鸣只是合作作者之一，不具有主体资格，没有法律依据。中国美协未经黄鸣同意将其作品送到中国香港，在其主办的展览会上展览，因此中国美协作为直接行为者，是本案的合格被告。

关于中国美协是否有权力将黄鸣的作品送到国（境）外展出的问题，根据"细则"的规定，只有获得金、银、铜奖和优秀作品奖的作者，才应同意其作品赴国外展出。而主办者向黄鸣颁发的是入选证书，不是获奖证书。展览权作为版权人一项重要权利，未经版权人同意，任何个人和组织无权以任何理由行使这个权利。北京市第二中级人民法院于 1996 年 12 月 24 日公开宣判，中国美协已构成对黄鸣的版权故意侵害。根据《民法通则》《著作权法》的条款，法院判决如下：

"中国美术家协会于本判决生效后一个月内，在一家全国发行的报纸上公开向黄鸣致歉；中国美术家协会于本判决生效后一个月内，给付黄鸣赔偿费 12000 元。"①

中国美协不服一审判决，上诉至北京市高级人民法院。北京市高级人民法院经开庭审理，于 1997 年 7 月 10 日作出终审判决；驳回上诉，维持原判。②

本案一审承审法官在闭庭后接受采访时说，此案说明对版权的侵害，不仅仅是剽窃这种低档次的行为，剽窃是人人都痛恨的，也是极易

---

① 参阅北京市第二中级人民法院（1995）二中知初字第 87 号民事判决书。

② 参阅北京市高级人民法院（1997）高知终字第 27 号民事判决书。

判别的；而有些情况，既有长期习惯又有行政管理的问题，一些习惯做法赋予作者的版权不一致。本案涉及的展览权，严格讲是法律赋予作者的版权的一部分。过去，说白了，画家要出名，一定要通过美协这一渠道，作品能参加展览，说明作品有一定档次，如同现在的歌手要想出名，就得参加春节晚会一样。长此以往，形成了一定的习惯和格式，这从美协所发的文件中就可以看到：只强调一方权利。从民事行为上讲，双方的权利义务是相等的。美协一直强调，展览是国家级的，不盈利，这一点我们并不否认，但这仅仅是一方面，作为公民的权利，其他人没有任何理由侵害（涉及国家利益的除外）。

五、艺术界开始关注艺术法

在由中国美协组织的第十一届全国美展的一次论坛上，广东画院慕容小红指出，艺术法是关于艺术品创作、销售、流传、展览和收藏等过程中，就进出口、拍卖、保险及知识产权保护等问题制定的专门性法律法规，它在人类文明的早期已伴随着艺术的实践而产生，但当时还未专业化。艺术法的"专业化"现象是直至20世纪中期才首次比较确切地在欧美发达国家出现。这些国家针对艺术界出现的纠纷问题设立了专门的法规。到了20世纪七八十年代，欧美艺术法研究领域出现了首次的繁荣。自此以后，艺术法搬入了大学的课堂，成为学生受教育内容之一，并进一步成为热门的研究课题。基于当代美术的复杂本质和人类法律意识的不断提升，"艺术法"已经成为当前中国艺术界不容忽视的一个领域。[①]

中央美术学院余丁教授针对艺术法的相关问题指出，目前来说，中国研究艺术法这个领域的人数非常少，实际上涉及的问题却很多。第一，艺术法研究在中国还是一个凤毛麟角的状况，很多法律界的人认为艺术法是一个特殊的领域，使得它不可能形成规模化的培养过程。在中国艺术法的研究只局限在知识产权，包括税收的问题，海关的关税，捐赠的

---

① 赵昆. 第十一届全国美展·当代美术创作论坛综述［J］. 美术家通讯，2010（1）：25.

免税制度，艺术产权问题，还涉及民间美术、民间文化遗产保护等领域。第二，现在艺术法的应用，只是处理法律纠纷，没有思考如何真的保护创作、繁荣创作。第三，艺术法在中国的特点，长期以来某些涉及艺术的法律问题以行政手段解决，虽然制订了有关艺术法律条款，但是执行不力。中国艺术和文化管理体制，决定了对文化艺术是采取部门规则来代替国家立法，部门立法就是文化部要作为艺术的管理部门来立法，比如美术品管理条例，部门规则往往是为了操作的简便，所以只是跟党的文艺政策相适应即可，但是可能缺乏法理知识，甚至有的是违宪的。所以中国的艺术法研究，肯定离不开对文化政策的研究。中国艺术法要完善，有赖于国家的法律和民主制度的解决。①

---

① 赵昆. 第十一届全国美展·当代美术创作论坛综述 [J]. 美术家通讯，2010（1）：25-26.

1.2 论信息时代的艺术版权立法
——以追续权立法为例

2013 年 3 月，在国家版权局提交国务院的《著作权法》修订草案送审稿中，包含了一项新的权利，即规定在某些艺术作品及手稿通过拍卖行再次转卖时，艺术家及其继承人、受遗赠人可从中分享收益。这项新规定与《伯尔尼公约》中所规定的"追续权"意思接近。送审稿附带的说明称，此举的目的是"鼓励创作，整合权利体系"。然而，追续权真的适合我国艺术品市场么？在信息技术飞速发展的当下，我们的版权立法应当如何进行？本文将对此进行深入分析。

一、追续权溯源

"追续权"诞生于 1920 年的法国。对于 90 多年前法国艺术市场的状况，我们可以通过一个生动的故事加以了解。

这个故事是由美国作家马克·吐温讲述的，作者借用了法国现实主义画家让·弗朗索瓦·米勒的名字。故事梗概是，米勒年轻时穷困潦倒，他的一幅名为《晚祷》的油画当时仅索价 8 法郎也没能卖出去。为维持生计，米勒的朋友卡尔想出了一个计划。卡尔发现一个市场规律，即每一个籍籍无名的艺术家往往会在他死后被人赏识。于是，米勒和他的朋友们就想出一个装死的办法，把"死者"的作品推向市场，从而卖出高价。这个计划需要抽签决定谁必须装死，结果米勒中签。果然，米勒"死后"，他的作品的卖价戏剧般地飙升。但是，米勒不得不隐姓埋名，孤独地度过后半生。[1]

法国著名素描画家福兰曾描绘过一个艺术品拍卖场景：在一个拍卖会上，拍卖师将手中的木槌敲下，兴奋地喊道："10万法郎，成交！"站在场外的两个衣衫褴褛的孩子目睹眼前的一幕，不由得惊叫起来："看呀，那可是爸爸的一张画！"[2]这张画在20世纪初曾在法国媒体广为传播。

艺术家笔下的法国艺术家的悲惨遭遇引起了法国艺术家团体、媒体记者和公众的关注，催生了一项"授予艺术家分享艺术作品公开销售利益权利的法律"，该法律于1920年5月20日由法国总统签字生效，该法律使用的名称是"授予艺术家分享艺术作品公开销售利益权利的法律"，即"追续权"。其实较简明易懂的译名应是"艺术品转卖提成费"。给谁提成？当然是给艺术家。为什么提成？因为艺术家穷困潦倒亟须补偿。

二、改革开放前中国艺术市场状况

卖画为生，这只有在市场经济环境下才能实现。在中国改革开放初期，那时，国家刚刚结束十年"浩劫"，传统上主要作为宣传工具的艺术作品，由于市场不张，既没有卖家（20世纪80年代北京甚至没有一家专营艺术作品的画廊），更鲜有买家（民众的经济收入还主要用于解决温饱），并没有找到合适的去处，艺术家面对的最大难题是，"我画的画究竟有什么用处"？

有人列举出一些中国当代艺术大师，诸如齐白石、徐悲鸿、潘天寿、李可染等，他们的画作早先的卖价，和当下市场上的卖价，简直有天壤之别。也有人以国画艺术家黄秋园、陈子庄的遭遇，论证中国引入"追续权"的必要。黄、陈二位生前籍籍无名，虽然画技精湛，但是所出售者寥寥无几，并且价格低廉，乃至其家庭生活潦倒，甚至有时连购买作

---

① 马克·吐温. 他是否还在人间——马克·吐温短篇小说选[M]. 樊智强，译. 上海：复旦大学出版社，2013.

② 法国艺术家版权集体组织网站相关信息：www.adagp.fr.

画的纸钱都没有，很多传世作品竟然是在卷烟纸、马粪纸上完成的。

但是，拿这些中国艺术大师和马克·吐温笔下的米勒比较，显然存在较大差异。例如，齐白石等人的画作，用今天的"天价"看当时的卖价，确实十分低微。其中巨大差价，均为藏家或者画商所得，与画家再无关系。如果仿照法国的"追续权"制度，从其增值的部分，提取一小部分，交付给画家或其继承人，岂不公平合理？应当承认，白石老人当初的确以卖画为生，即使按照新中国成立初期一平尺收 4 元至 6 元计算，维持小康生活不成问题，不能简单地用今天的高价反观当时的低价。

再如黄秋园、陈子庄，他们不求闻达，专心艺术，虽然生前籍籍无名，死后声名显赫，但是与米勒的悲剧也无法相比。黄秋园从小酷爱绘画，10 多岁就拜师学习传统中国画，由于其绘画悟性好，艺术较为超然，19 岁就开始卖画为生，作品颇为畅销。1938 年，经伯父介绍考入江西裕民银行工作，任文书。曾经担任过江西裕民银行物资调拨处主任。新中国成立后为南昌市人民银行科员，行政 19 级；直至 1970 年退休。

陈子庄十五六岁浪迹江湖，开始卖画糊口生涯。20 世纪 40 年代，他常往返于重庆之间，参加民盟和农工民主党，交接各层人士，阅历繁富。1949 年年底，受党委派赴成都策应和平解放，继在西南军政大学高级研究班学习，参加合川土地改革等。1954 年调四川省文史研究馆，定居成都，潜心研究绘事。1963 年被选为四川省政协委员。十年浩劫，遭遇维艰，抄家批斗，病魔缠身，老妻气疯，儿子下放，困厄已极。正当他画艺进入巅峰，佳作涌现之际，因心脏病不治，于 1976 年 7 月逝世于成都，时年 63 岁。

黄、陈二人的遭遇有两方面原因：一是在他们创作盛年，适逢国内政治运动连连，其精妙艺术，非但得不到应有的尊敬和重视，反而为其所累，成为政治牺牲品。二是与此相关联，在举国大搞各类政治运动之时，市场不兴，艺术沦为阶级斗争工具。凡此种种，皆跟后来二人声名鹊起、画作大卖、屡创高价的当下艺术品市场几无必然联系。如果现在通过立法，授予艺术家或其继承人、受遗赠人从艺术品转卖增值的价款中提成一小部分的权利，能够对其遗属有些微补偿，或对其后的艺术家，免遭被埋没、被运动、被迫害的命运有些帮助，则该项立法功莫大焉。

三、新时期中国艺术家提出要研究追续权

在中国，最早提出追续权的，是曾任中国美术家协会主席的吴作人。1990 年 9 月版权法颁布后，在由国家版权局组织的一次座谈会上，吴先生郑重提出要对追续权进行研究。[①] 笔者当时在给吴先生起草发言稿时，刚走进版权工作的大门，认为凡是能够让艺术家加分的，都值得研究。

中国人民大学法学院教授郭寿康曾就追续权问题撰文，他认为，由于《伯尔尼公约》中关于追续权的规定是非限定性的，服从于互惠原则，这对尚未规定这项权利的我国艺术家不利："不论价格如何飞涨，也只能眼睁睁地看着国外艺术商大发其财而不能得到按照该国法律本可以取得的求偿，这显然对维护我国艺术作品作者的合法权益大为不利。"[②]

时光荏苒，从吴作人提出追续权问题，到国家版权局提交修法建议稿，二十多年很快就过去了。在不太长的时间里，中国艺术品市场从几乎零起点，到占据世界艺术品市场份额前列位置，整个世界的艺术品市场格局发生了巨大变化。在充斥着资本家、投机商、艺术冒险者的艺术市场，福兰笔下倒霉和贫穷的"画家"几乎绝迹，通过从转卖艺术品利润中提成一定比例，用来给艺术家扶贫济困的理由已不复存在。事实上，那点为数不多的提成费在补偿和奖励艺术创作方面，也暴露出些许寒酸与尴尬。

从追续权诞生之日起计算，将近 100 年过去了，世界艺术市场的格局发生了巨大变化，艺术家的社会地位和经济收入与以往相比也迥然不同。但是，年轻艺术家作品卖价的低廉，与他成名后作品卖价的飞涨，总能挑动人们的神经。诸如"某某中国艺术家的作品在海外又被卖出天价"的消息也不时见诸报端，引发人们的联想。如果说近 100 年前法国在全世界率先通过旨在帮助陷于困顿的艺术家的"追续权"立法势在必行的

[①] 关于此次座谈会及吴先生发言内容，详见 1990 年 10 月 3 日第三版《法制日报》。

[②] 郭寿康. 谈美术作品的追续权［M］// 郭寿康文集. 北京：知识产权出版社，2005：127-129.

话，那么，今天我们要引入这项制度，就需要有新的更充分的理由。

四、追续权制度的法理基础和要解决的主要问题是什么？

在这个问题上，国内外已有的研究文章曾提出了若干种解说，例如，人格权说、财产权说、"人格权＋财产权"说、报酬请求权说、债权说等。① 但这些说法都值得进一步商榷。归根结底，版权是基于复制产生，无复制即无版权。但追续权仅涉及作品载体（物）的转卖，与复制无关。一些国家把它纳入版权法保护范围，纯粹是国家的一种政策选择，其本身仅具有政策基础。

追续权原初的合理性在于"扶贫"，即针对 20 世纪初法国艺术家穷困潦倒的社会现实。那么，在将近 100 年后的今天，这种状况已经发生较大变化。就能够进入艺术市场，具备其作品被转卖条件的中国艺术家而言，他们中的相当一部分已经"脱贫"致富。也就是说，"扶贫"已无必要，"奖励"创作成为主要政策目标。但这项权利要奖励的是什么呢？想想看，某些靠"炒作"就能转卖甚至卖出天价的、学术质量并不高的艺术作品，也应当得到奖励么？

因此，这项政策要解决的主要问题是：能否通过奖励（规定艺术家及其继承人、受遗赠人从艺术品转卖中获得提成费）刺激优秀艺术作品创作。而要解决这个问题，就需要确保提成费不过多干扰艺术市场发展，让尽可能多的艺术家而不仅仅是少数几位"大腕"从中得到好处，并且这项制度能够获得大多数市场参与者的理解和支持。

怎样看待《保护文学和艺术作品伯尔尼公约》（以下简称《伯尔尼公约》）中规定的追续权制度？在规定并实施了追续权的国家，实施效果如何？

《伯尔尼公约》第 14 条之三（一）规定了追续权：对于作家和作曲

---

① 参阅 Liliane de Pierredon-Fawcett: The Droit de Suite in Literary and Artistic Property, published by Center for Law and the Arts Columbia University Schoold of Law in 1991。

家的艺术原著和原稿，作者或作者死后由国家法律授权人或机构，享有从作者第一次转让作品之后对作品的每次销售中分取盈利的不可剥夺的权利。《伯尔尼公约》第 14 条之三（二）规定：只有在作者国籍所属国法律允许的情况下，才可对本联盟某一成员国要求上款所规定的保护，而且保护的程度应限于向之提出保护要求的国家的法律所规定的程度。就是说，这项权利具有可选择性。追续权为什么是"可选择"权利？比较接近合理的解释是，这项权利不具有"普适性"。

五、追续权在当下欧洲的困局

关于追续权实施的效果，站在不同立场，回答是截然对立的。例如，美国艺术家权利协会（ARS）主席指出，欧洲艺术品市场在全球的份额的确在下降，但是，英、法、德艺术品销售有显著增加；欧洲份额的减少主要源于中国艺术品市场份额的大幅增加。这些变化跟实施追续权无关。法国艺术家权利协会（ADAGP）总干事表示，欧洲一直在研究实施追续权给艺术品市场带来的害处。可是，为何无人提及作家行使版权给图书市场带来的害处？保护编剧、导演给电影市场带来的害处？实际上，实施追续权没有给欧洲艺术品市场带来负面影响。

而相反的观点，如欧盟法律事务委员会承认，欧盟在世艺术家作品的全球市场份额下降很快。据统计，欧盟艺术品市场在全球的份额从 2005 年的 37% 降至 2010 年的 30%，共降了 7 个百分点。欧盟委员会在 1999 年 12 月的一份备忘录中预测："整个欧洲大约能够有 25 万名艺术家从追续权中获益。"在英国，国会的一名支持追续权的成员充满自信地预测，保守估计，在 8.5 万到 9 万名艺术家中大约有 50% 能够从中获益。但实际上，英国 2006 年实施追续权后，18 个月内只有 1104 名艺术家获益。欧洲统计局劳动力调查显示，在 27 个欧盟成员国中，记录在案的艺术家有 16.8 万余名。在 2011 年艺术经济研究所的研究显示，共有 5072 名欧洲在世艺术家的作品出现在拍卖市场中并被记录在案，其中只有约 3% 的艺术家获得转售提成费。在 1998 年，德国有超过 4.2 万名在世艺术家，其中 7455 名艺术家将其权利转移给了集体组织，但只有 274 名艺术家收到了提成费。在法国，一篇给法国国民议会的报告指出，毕加索、马蒂斯和塞尚的后裔收到的提成费占总收益的90%。[①]

2017年4月7日《artnet新闻》发表一则信息：《拍卖成交后艺术家的转售版权费谁承担？佳士得法国上诉巴黎法院新裁决》，该信息披露，针对巴黎法院就艺术品转卖提成费该如何支付给艺术家或其后人的问题进行的裁定，佳士得公开表达不满并选择上诉。根据《artnet新闻》信息，巴黎法院的裁决认定佳士得在法国从事拍卖活动的合同条款违反《法国知识财产法典》，该合同条款"将转卖作品的提成费从出售者转移到了买家身上"，这违反了相关规定。根据法院的最新判决，艺术作品卖家/出售者（而不是买家）有义务将出售作品所得的相当一部分支付给艺术家或艺术家基金会。

佳士得认为，这项裁决对艺术品拍卖构成一项附加条件，给佳士得在法国开展相关艺术品拍卖活动造成压力，也许会迫使许多卖家转投其他国家的拍卖行，从而避免支付转卖提成费，跟艺术家分享其艺术品转卖收益。

《法国知识财产法典》第L.122-8条第三款明确规定："追续权由转售者履行。付款的责任归于参与转售的专业人员，如果转售行为在两个专业人员间进行，则归于转售者。"欧盟《追续权指令》（Directive 2001/84/EC）前序第25项规定："（艺术品转卖）提成费原则上应当由卖家支付，各成员国应当根据此原则规定付款责任的递减阶梯。销售结束后卖家是（该提成费）付款人。"

由此可见，不论是《法国知识财产法典》，还是欧盟《追续权指令》对于艺术品转卖提成费应当由谁来承担的规定非常明确，佳士得在其拍卖合同条款中单方面要求提成费由买家承担的约定显属违法，应当根据法院的裁决加以修改。佳士得即使上诉到法国最高法院，其诉求极有可能被驳回。

---

① 中国版权协会2013年7月16日"追续权研讨会"会议资料。

六、在中国实施追续权可行性调研结果及分析①

（一）对北京部分艺术家的调研及分析

1. 艺术家基本信息。从调研情况看，70后年轻艺术家（年龄43岁以下）比例超过一半（54%），老艺术家（年龄在64岁及以上）比例占16%。性别比例，男性居多为78%，女性为22%。

2. 第一次卖画时间及作品涨幅。有超过一半的艺术家第一次卖画年龄在20~29岁，30~39岁的占31%，50岁以上的占12%。有大约60%的艺术家作品的现卖价（第一手）跟初次卖价比较，上涨1~2倍，涨幅超过2倍的不到10%。

3. 艺术家经营艺术品情况，有41%艺术家拥有自己的工作室，有27%艺术家自营画廊，跟画廊合作的艺术家有13%，签约艺术家只占8%。这个情况表明，绝大多数艺术家都是通过自己的工作室、自营画廊经营销售作品。

4. 艺术家年收入。年收入在10万元以下的艺术家占比约为31%，年收入10万元以上 占比约为69%，20万元以上占比约为46%，在社会平均年收入之上。

5. 艺术家年总收入与实际卖画收入大致相似。说明占多数的艺术家主要以卖画为生。

6. 缴税情况。每年都缴税的艺术家只有3%，大多数艺术家（67%）从不缴税，偶尔缴税的占比30%。艺术家普遍不提供票据和凭证，占比46%。提供过凭证的占比仅为23%。

7. 对作品转卖的知晓和认知，知道的占比70%，不知道的占比30%。据艺术家自己的观察，其作品的转卖差价普遍在2倍以上，并且转手之间很短，主要集中在3个月之内。艺术家普遍认为，画价增值部分不归己所有合理，能够接受。认为这是市场各司其职的结果。

---

① 关于此次调研的详细数据、图表和分析，请参阅周林. 追续权立法及实施可行性调研报告［J］. 中国知识产权，2014（3）月出版.

8．对追续权的了解。艺术家普遍对"追续权"不了解，听说过的占比34%，从不知晓的占比66%。绝大多数艺术家没有遇到过立法机构向其征询意见。

9．提成费收集机构，艺术家普遍认同由"专门机构"收集提成费，占比63%，认为由拍卖行代收的占比16%，只有4%艺术家认为应由版权集体组织收集。

10．对追续权的认可程度。实际卖画年收入在20万~50万元的艺术家，认为提成费对自己的作用最低。对于实际卖画年收入不足20万元的艺术家而言，随着年收入的上升，对提成费作用的认可度同比上升。高收入艺术家同样也认可提成费的作用。

艺术家普遍对追续权持比较认可态度。当卖画收入满意度在2分时，对追续权的认可度最低。此后逐步上升。当满意度超过3分时，对追续权的认可度最高。实际卖画收入在10万~50万元的艺术家，对追续权的认可度略低于年收入不足10万元和年收入高于50万元的艺术家。

11．艺术市场在近20年的变化。过去卖画跟现在卖画（在价格上、在个人收入方面）有什么不同？在回答这个问题时，一些艺术家认为，价格上涨了，通胀是一部分原因。另外有些艺术家的画价与国际基本保持同幅上涨。在金融危机后艺术市场的萧条对艺术家收入也有负面影响。一般来说，当作品成熟了，艺术家就能在价格上争取多一些话语权。另外，有些艺术家表示，以前画是按张卖，现在按平尺，计量单位不同了。有25%的艺术家认为没有什么不同。

12．对画商和买家的态度。有三分之一的艺术家都表示曾受到画商或买家的欺压。一般来说，在刚出道时受到的压价多，占有一定市场后受到的欺压则少。其中的原因，一方面是因为作品成熟了，艺术家的话语权更大，另一方面和画商以及藏家形成一定程度的朋友关系。

但是对于签约画廊的艺术家们而言，他们通常在信息上处于弱势，对于自己的作品进入市场后的信息知道的比较少，画廊不公开这些信息是主因之一。而对于知名画家而言，决定权则完全在自己。

13．对作品被转卖及转卖价的态度。多数画家认为，作品已经卖出去，转卖及转卖价格跟自己无关。市场有自身发展规律，画廊、画商、批评家、策展人等各司其事。不太关心转卖的价格事宜。但是有些艺术家会关心自己的作品被哪些藏家所购买。

有些画家表示，画价越高，自己越高兴。作品也是一件商品，画价的上涨有助于自身新作品的市场价格，同时画价上涨也是一种变相的宣传，对画家有益。也有的画家表示顾虑，担心自己画作的价格炒得太高，适得其反。

14. 不支持追续权立法的原因。一部分原因在于艺术家对我国现有法律体制的质疑，尤其是对执法环节的质疑。认为应在有健全的法律体系的前提之下，再进行追续权的设立。另一部分原因在于目前中国的艺术市场太混乱，还不是实施追续权的适当时机。

其次，有些艺术家认为，市场中的各个部分各司其职，比如买家前期投入很多，画廊的宣传有助提升画家名气等，增值部分是他们应得的。另外，还有人认为追续权的实施对知名画家有作用，而对普通画家没有什么作用。

15. 其他意见。有艺术家认为，追续权的建立很有道理。比如文学作品、图书、音像作品出版有这样的权利，艺术家也应该享有这个权利。

有艺术家认为，提成费不一定就是固定的比例，可以考虑分段。还有建议在保证艺术家生存的前提之下，提成费的一部分用于公益或者继续创作。

有艺术家认为，真正的艺术家不会因为有没有这样的提成费而对自己的创作产生或正面或负面的影响。但从理论上而言，这是艺术家应该享有的权利，就如劳动报酬权等一样。从短期看，追续权的实施对艺术市场的影响将是弊大于利。但从长期来看，是好的。

（二）对北京部分画廊的调研及分析

1. 关于画廊经营时间，主要是通过目前在北京经营艺术品业务的画廊从业时间，了解在艺术市场中经营主体的发展情况。80% 以上画廊经营时间超过 3 年。但只有不到 30% 的画廊经营时间在 10 年以上。

2. 关于画廊盈利情况。在画廊实际经营中，对艺术品代销（51%）与转卖（48%）各占一半。转卖艺术品份额较高，这说明画廊通过先行买断作品，然后转手出售，也有利可图。不过，在回答交易偏好时，画廊更偏好于代销（71%），选择转卖的只占 29%。

3. 关于转卖时间，大多画廊转卖艺术品时间是在 5 年以内，有超过 1/3 画廊有利即抛，只有不到 10% 画廊转卖艺术品时间超过 10 年。艺术品转卖期短，甚至有利即抛，说明市场心态不够稳定，跟欧洲艺术市场长线投资以期获利的情况很不一样。

4. 关于艺术品转卖价格涨幅，多集中于 0.5~1 倍（70%），涨幅超过 3 倍的不到 10%。

5. 盈亏状况。在画廊经营中，营利画廊占 87%，有 13% 亏损。

6. 转卖作品创作年代。转卖作品多集中于当代作品，比重高达 91%，现代作品为 6%，古代作品为 3%。

7. 对追续权了解程度。大多画廊（53%）对追续权不了解，少部分（35%）听说过，很了解的画廊仅占 12%。在调研的 10 家画廊中，无一被立法机构征询过追续权事宜。

8. 追续权对画廊业务的影响。画廊对追续权影响作品价格的担心程度，正负两面都占有一定比重。总体而言，不担心占 41%，担心占 35%。有超过一半的画廊（53%）认为追续权立法对艺术市场有负面影响，认为正面的只有 29%，有 18% 画廊持一般态度。

9. 对提成费比例的态度，多数画廊（60%）支持提成费比例为 5%。

10. 画廊对立法"追续权"的支持态度，有 53% 支持，发对的占 35%，持一般态度的占 12%，支持的比例大于反对的。

（三）对全国部分拍卖企业的调研及分析

1. 成交艺术作品的创造年代，古代作品占比 19%，现代作品占比 49%，当代作品占比 32%。

2. 在拍卖成交的艺术品中，在世艺术家的年龄占比。30~50 岁的占比 23.68%，50~80 岁的占比 73.68%，80 岁以上的占比 2.63%。

3. 对追续权的了解程度，大多数拍卖企业听说过追续权占比 72%，很了解的跟一无所知的占比一样为 14%。

4. 没有一家拍卖企业接受过相关立法机关的意见征询。

5. 追续权对拍卖市场的影响程度。当我们询问：追续权意味着增加了买家／藏家的成本，或减少了买家／藏家转卖的收益，以及对拍卖企业的信息公开提出了更高的要求，您会不会担心因此会对艺术品拍卖有一定消极影响？表示担心和很担心的占比71.43%，表示一般及不担心的占比28.57%，说明拍卖企业对实行追续权给拍卖市场带来负面影响的担心程度较大。

6. 追续权对中国艺术市场的影响程度，选择正面的比例为28.57%，选择没什么影响的占比19.05%，选择负面的占比52.38%，多数拍卖企业认为实行追续权会给中国艺术市场带来一些负面影响。

7. 关于追续权提成比例，赞成提成比例在1%~3%的占比25%，赞成提成比例3%~5%的占比12%，大多数拍卖企业认为如果规定追续权，提成费比例宜根据成交价格按照阶梯比例计算。

8. 关于由哪一方负担提成费，认为买家负担的占比25%，认为卖家负担的19%，认为应共同负担的占比56%。

9. 对提成费再次分配的态度。在回答：如果要求从转卖作品增加的部分提成一部分用来鼓励艺术创作，您怎么看？选择赞成的占比只有14.28%，选择不赞成的占比42.86%，选择一般的占比42.86%。拍卖企业对将提成费部分用于鼓励艺术创作的赞成度偏低。

10. 对追续权的态度。表示支持的占比14.28%，选择一般的占比28.57%，表示反对的占比超过一半，占比57.15%。

（四）艺术品转卖价的上涨跟艺术家创作的关系

2013年7月，中国版权协会组织了一次追续权立法专题研讨会。在这次研讨会上，笔者和来自英格兰的一位艺术市场专家分别介绍了各自国家艺术市场的情况和对中国版权法引入追续权制度的观点。来自全国人大法工委的官员提出了一个问题，即艺术品转卖价的上涨跟艺术家的创作有无关系。笔者认为，对这个问题的回答非常重要，将直接影响到追续权立法。创作如果跟价格无关，什么都不用说了。如果创作跟价格有关，则要弄清楚是什么关系，这种关系跟版权主要调整的对作品的复制利用有怎样的联系。

一般来说，版权是对创作（作品）加以利用的垄断权。这里说的利用，主要是借助复制技术，将作品制作成一份或者多份；无创作即无版权，无复制，版权也无从产生。但是，在作品第一次卖出后，在随后的转卖中，作品有可能升值，价格上涨，这个新的价格的确离不开作品，但是确实跟复制无关。因此，从作品转卖不涉及复制这个角度谈，也可以说，艺术品转卖价的上涨跟艺术家的创作没有关系。

实际上，艺术品价格上涨，跟艺术品进入市场后的宣传、推销、包装诸多因素有关，跟该创作作品之上所凝结的历史、艺术内涵有关，跟该作品所处的社会环境、法治状况、文化氛围、整体社会财富水平等有关。因此，艺术作品转卖时价格上涨不能都归功于艺术家一己之身和来自艺术创作（作品）一个方面。如果说，艺术家为该财富的增长做出的贡献需要补偿，那么，同样作出贡献的藏家、买家甚至拍卖企业，也应当有份。

基于全球艺术市场近百年来的变化（艺术家穷困潦倒亟需救济的情况已经发生根本变化），中国艺术市场尚在起步（尽管份额占比全球第一）和欠缺规范，影响艺术作品价格因素有诸多方面，不限于艺术家一个方面，作品转卖不涉及复制，追续权制度与现有版权政策与版权理论不合，综合以上这些理由，因而应当拒绝在版权法中引入追续权制度。

从有关调研收集整理的信息来看，第一，大多数艺术家的收入已经处于全社会的平均收入之上，追续权产生时艺术家所处的穷困潦倒亟须救济的情况已不复存在；第二，艺术家普遍不缴税，作品首次出售极不规范，转售提成无以为据；第三，画廊经营有利即抛的策略，使得艺术作品转卖过于频繁，追续权报酬提取殊为不易；第四，艺术市场冒名伪作较多，艺术家及其继承人躲避唯恐不及，更不必说接收来路不明的"追续权"提成费；第五，欧盟实施追续权之后，欧洲艺术品市场在全球份额占比开始下降，这项权利没有给欧洲艺术家带来多少实惠，反而有负面影响，在欧洲尚且看不到实施追续权的好处，在中国更不宜匆忙引入追续权。

如果决策人和立法者基于其认为必要而且紧迫的理由执意引入这项制度，那么，根据笔者3年以来的调查并综合各种考量，为使这项制度对中国艺术市场可能造成的负面影响减至最低。在与追续权有关的立法中，我们应至少强调以下几个方面：一是转卖提成不限于拍卖一种形式，应适用于所有公开进行的艺术品交易；二是规定一个过渡期，延缓实施，等待艺术品市场走上正轨再实施；三是"追续权"提成费应为艺术品市场各方共同享有；四是"追续权"提成费应由专门机构收集和分配。

结语：信息时代的艺术版权立法应贯彻"信息法治三原则"

这个新的市场背景下，国家有关机关在立法草案中提出追续权似乎是顺理成章的，当年我借吴先生之口提出版权立法要研究追续权似乎也修成正果。但是，我们从送审稿附带说明中只能获知，此举的目的是"鼓励创作，整合权利体系"，而相应地对该权利（或制度）所涉及人群的调研结果，对国内外相关立法及执法情况的信息分析，却几乎没有拿出多少有重要参考价值，用来说明该项立法必要且迫切的理由。一如20多年前，我们还是更多地为了追续权那个充满理想和浪漫色彩的理念所驱使。我在此也要检讨，作为一位法学研究人员，没有早一些多花一些时间，在国家提出追续权立法的时候，能够提供更多一些有价值有说服力的理据。

版权的合理性不在教科书上那么多美好理念，而在于国家出于激励艺术创作、作品传播和利用——确保信息自由流动的政策选择。版权制度是为发展本国经济和提供民众福祉而制订的。在信息时代，一项好的立法，需要做到信息自由、信息公开、信息参与。信息自由的含义是，信息一经生成，任何力量都难以阻挡（它的公开）；信息应当自由流通——自由流通不意味着获得信息的代价是零；合理补偿是确保信息自由的必要条件。信息公开所针对的是信息垄断和信息封闭。历史经验告诉我们，任何一个公民、企业、国家要想得到发展，信息公开是必不可少的条件之一。凡是可以公开的信息都应该公开，对不予公开的信息都应当由法律规定之。信息参与指的是民众对于国家政策的参与和影响。每个人心目中都有着对于法/公平/正义的理解，（民众）信息参与是社会公正最重要的保障。

保护艺术家权益的艺术立法，也应当贯彻信息公开、信息自由、信息参与"信息法治三原则"。^① 从表面看，追续权仅仅涉及"通过拍卖方式转售"的"美术、摄影作品的原件或者文字、音乐作品的手稿"，获益人仅仅限于"作者或者其继承人、受遗赠人对原件或者手稿的所有人"，这项让艺术家也能够分享艺术品转卖红利的制度，看似只要能够颁布，就能够顺利实施，并且使各方都能够从中获益。然而，我在2015 年带领前后十余位同学，耗时超过六个月的调研活动，正如上面详细说明的那样，却是另外一种结果。

从追续权的立法实践获得的经验是，中国的艺术立法，仅仅怀抱美好的理想是不够的，不能认为某项在国外实施取得成功或者部分成功的法律条款或者法律制度，就一定对中国艺术市场有利。立法首先要考虑的，应当是国家的政策取向和选择，而相关政策的制订，应当确保有关立法信息公开，确保信息自由流动，利用现代信息技术，特别是互联网技术的便利条件，征集相关利益群体和业界意见，开展相应的调研活动，充分收集民意，反映民众心声。艺术立法绝不应当是少数法律专家的专利，而应当是一个开放、自由、参与的过程。没有人否定追续权的美好理念，包括我在内的许多人都相信，在具备了一定条件之后，这项让艺术家也能够分享市场红利的制度，也会被纳入中国法律当中。但是，这项制度尚待时日，也需要依靠"信息法治三原则"才能够很好地实现。

---

① 信息自由的含义是，信息一经生成，任何力量都难以阻挡（它的公开）；信息应当自由流通—自由流通不意味着获得信息的代价是零；合理补偿是确保信息自由的必要条件。信息公开所针对的是信息垄断和信息封闭。历史经验告诉我们，任何一个公民、企业、国家要想得到发展，信息公开是必不可少的条件之一。凡是可以公开的信息都应该公开，对不予公开的信息都应当由法律规定之。信息参与指的是民众对于国家政策的参与和影响。每个人心目中都有着对于法／公平／正义的理解，（民众）信息参与是社会公正最重要的保障。

1.3 从共享单车论版权未来

一、共享单车与版权

据媒体报道，外国友人曾总结出他们心目中中国新四大发明，即高铁、支付宝、网购和共享单车。[①] 特别是自 2017 年春兴起的共享单车，几乎瞬间即风靡几十座大城市。共享单车之所以得以产生和盛行，可以从两方面进行讨论。在硬件上，得益于信息基础工程建设的发展，而在软件上，则取决于信息自由流动的制度保障，主要包括：信息公开、信息自由、信息参与等制度的建立与完善。

共享单车看上去只是一些企业提供的一种方便人们使用的交通工具，与信息复制与传播技术无关，但是，这项交通工具背后所运用的信息云存储技术，以及它作为共享经济之一种为民众所带来的便利，给从事版权法学学术研究的人们提出一个问题：如果说版权制度的目标是信息自由的话，那么，艺术信息能否共享以及如何共享？

把共享单车跟版权制度联系起来，首先要回答的一个问题是，共享单车如何可能？回答这个问题其实不难。第一，有海量单车投放市场；第二，民众对单车有海量需求；第三，云存储、网上支付等信息技术发展提供的极大便利；第四，手续简单，价格低廉。那么，按照共享单车

---

① 2017 年 7 月 23 日新华视点 https://news.qq.com/a/20170723/028760.htm，在一项由"一带一路"沿线 20 国青年参与的评选中，高铁、支付宝、共享单车和网购被称作中国"新四大发明"。

的逻辑，（艺术）信息共享为何不能？第一，不是有海量信息流动么？第二，民众对海量信息不是也有需求？第三，云存储及网上支付不是已经获得广泛应用么？第四，难道是手续繁琐及价格高昂限制了信息共享？

二、传统版权规则：先授权后使用

版权，一言以蔽之，说的是创造投入。[①] 在维持版权的整个链条当中，信息生产、传播、利用都需要投入。也正是有了信息生产、传播、利用三方面的投入，版权才有意义。信息的本质是自由流动。信息自由是版权的目标，这个目标的实现，是需要付出代价的。没有付出，就没有创造投入，版权就不复存在。当下，共享单车每小时的花费是 0.5~1 元。这个代价是几乎每一个人都负担得起的。在诸多制约共享单车的因素中，价格问题解决了，共享便迎刃而解。在数字技术面前，任何艺术信息都可以数字化，都可以以流量计量。如果按照流量支付版权使用费，把价格降低到每一个 G 流量的花费是 0.5~1 元，情况会如何呢？如果跟作者谈得拢，价格因素对于信息共享还会构成障碍么？

除了价格因素以外，影响信息共享的主要障碍是取得作者授权的手续。现实中，面对一部共享单车，用户只需要提供个人信息即可完成注册手续，而版权制度设计中的手续，却要复杂得多。一般版权授权手续可以简单地表述为：先授权后使用，即在一般情况下，信息利用者需要先找到作者（而不是仅仅注册自己的信息），征得作者许可，谈判好价格和付费方式，然后方得使用。

我们把授权手续做一个分解。

第一步，作者创作信息的存储。人作为信息动物，其进化与文明得益于信息交流。信息交流需要存储介质。信息记录介质从早期的龟甲、纸张，到今天的优盘等数字化存储介质，以及更为便宜和巨量的云存储，人类得以储存和分享的信息在飞速增长。云存储是将信息放到云上供人

---

① 参阅美国斯坦福大学法学教授戈尔茨坦《论版权》一文。该文作者认为：Copyright, in a word, is about authorship.

存取的一种新技术方案。使用者可以在任何时间、任何地方，透过任何可联网的装置连接到云上方便地存取信息。云存储技术使得人类信息储存空间进一步扩大。

第二步，云信息分类。云信息包括影像、录音、文本、计算机游戏和计算机程序等。这些信息大致分两类：第一手信息，即上传者自己生产的信息。我国《著作权法》对有版权信息不要求创作高度，所以第一手信息都有可能受到版权保护；第二手信息，即上传者从其他地方下载的他人的信息。云存储第一手信息的版权问题。根据《著作权法》，作者对由其创造的信息有控制权。作者可以根据自己意愿部分或者全部开放密码，将其创造并储存于云中的信息提供给特定人或公众利用。云存储第二手信息的版权问题。根据《著作权法》，利用有版权信息须事先征得许可并支付报酬；利用无版权信息无须征得同意及支付报酬。一般而言，为个人学习、欣赏、下载、储存有版权信息不侵权，将个人云存储的有版权信息提供给他人使用，有可能构成侵权。

第三步，寻找作者。针对海量信息，为了方便公众使用，促进信息自由，各国都曾经以及正在进行积极的探索与实践，试图找到一条可行之路。例如，德国在 20 世纪末由德国专利局建立的 CMMV 电子结算系统，[①]就是针对当时多媒体技术发展需要大量使用不同门类作品，为方便使用者与作者取得联系而建立的方便寻找作者的数据库。2017 年由美国斯坦福大学由戈尔茨坦教授主持完成的"摄影作品低成本电子授权平台"研究项目，[②] 试图解决互联网上海量影像的授权使用问题。另外，各国的

---

① CMMV 是 1998 年在德国慕尼黑成立的，即"版权及邻接权集体管理组织的多媒体结算机构"。它不颁发版权许可，它只是针对音乐、文学、艺术及视觉作品的版权和邻接权为多媒体生产商提供信息。CMMA 通过互联网络的数据库运作，使版权的网络使用者可以在每天 24 小时的任一时间，都可以访问该系统。使用者可以通过该系统询问制作多媒体产品所需要使用的版权作品版权人的情况。CMMV 将上述询问转发给相关的版权集体管理组织并在收到管理费用后的两周内，通过电子邮件向询问者做出回答。CMMV 电子结算系统，为版权集体管理组织在线进行版权使用许可提供了一种可能。www.cmmv.de.

② 该 项 目 名 称 是 A Low-Cost Digital Licensing Platform for Photographs。

版权集体管理机构，在帮助信息使用者寻找作者方面，也发挥着重要作用。在现实的云存储信息中，除了那些故意隐名、匿名、不经意上传等难以寻找到作者的情况，大多数作者的信息只要认真去找，都是不难找到的。

第四步，取得作者授权。《著作权法》通过赋予作者对其创造的艺术信息加以利用的权利——借用财产制度中赋予所有者对其财产/信息加以控制的手段，鼓励信息创造、传播、利用，达到增进社会福利的目的。取得授权的前提是作者对其创造的信息有支配权，这项支配权可以作为在市场上进行交易的对象。在市场的自由竞争中，版权交易通常需要经过艰苦谈判。既然法律赋予作者对其创造的艺术信息有支配权，从理论上说，作者掌握着交易的主动权。在一般情况下，他拒绝交易，或者索要高价，买家（使用者）几乎无计可施。

由此可见，对于作者生产的海量艺术信息，不是没有需求，不是存储空间不够，不是价格太高，不是找不到作者，而是法定的使用模式——"先授权后使用"成为信息共享的最主要障碍。

三、信息自由与版权

版权制度的根本目标是信息自由。信息自由的含义是，信息就其本性而言是自由流动的，在没有干扰的情况下，信息一经生成，它便自由流动，无孔不入。但是，这种原初状态的信息流动，实际上是一个被动的过程，信息只有在被人接受和传播当中才显示其存在，信息只有在被人利用和再创造之后才显示其价值。信息应当自由流通，但自由流通不意味着获得信息的代价是零，合理补偿是确保信息自由的必要条件。

城市的活力依赖于人的自由流动，而共享单车在一定程度上为这种自由流动提供了便利。共享单车是可以看作一种自由流动的交通工具，在有需求时，只要付出 0.5~1 元即可使用。这些微量的付出，弥补了企业（生产和维护单车）的投入，方便了人们出行。艺术信息生成（创作完成）之后，跟单车不同的是，它可以同时为多人使用，而且没有损耗，似乎更适合共享经济的运行。跟推出共享单车的理念相似：人人皆可使用，但是，请（爱惜它）交点费。

但是，一旦涉及"先授权后使用"的版权规则，情况就变得复杂起来。对于"信息能否共享"这个问题，通常有两种观点：其一，不能共享，因为在此种情形下很难对版权进行有效保护。艺术信息作为非物质财产实在难以控制，再加上个人对互联网上的信息使用具有隐秘性的特点，以及长期以来免费使用养成习惯，要让使用者公开与作者谈判使用条件并支付（哪怕很少一点）费用，似乎都很难做到。其二，有条件的信息共享，如果具备以下几个条件，信息共享或可成为现实：第一，把费用降低；第二，修改法律，把"先授权后使用"改为"付费即可使用"；第三，对信息创造者给予尊重成为社会共识，让付费使用成为公众普遍习惯。

四、云服务与版权

云存储服务的商业模式大约分为四类，第一类是向用户免费提供云存储服务；第二类是通过提供存储收费，比如向企业提供 VIP 服务等；第三类是通过吸引广告等方式营利；第四类是通过奖励上传和分享以扩大市场等。在云存储技术环境下，盗版侵权的方式更加隐蔽与高超，由于其处理器不在电脑终端而在用户的所谓"云"上，给维权取证带来了不便与困难。例如，从云存储用户方面看，将盗版文件放到自己的云盘里，并且在一些论坛上、贴吧内公开下载所需密码，继而引来大量用户下载。目前涉嫌盗版内容的云存储服务大多是对用户免费的，很多用户可能利用这一免费的平台去贩卖信息而获利。从云存储服务商方面看，他们利用一些用户在云盘上分享涉嫌侵权的影视作品，吸引网民眼球，从而扩大访问量，吸收广告投放。

实践中常常发现，很多电影或电视剧还未上映，或者刚刚上映，互联网上就有这些影视作品可供观看。如果任由这种行为扩散下去，云存储将很可能成为继快播倒台后，未来又一个网络视频盗版的重灾区。有些盗版公司在做幕后推手，它们以用户身份放出很多盗版信息，而有的云服务商却对此视而不见，甚至故意在其过滤系统中放过这些信息。针对上述问题，规范的做法是：云服务商通过与版权人签约获得信息"云使用"权利；以及明确云服务商义务：包括配合执法机关删除侵权信息的义务；在执法机关执法过程中有提供云存储用户信息的义务；以及在经营过程中有主动审查、过滤侵权信息的义务。

云存储技术是数字复制和网络传播技术发展的一个新阶段，它提供了几乎无限的信息存储空间，只需要满足一定技术条件，例如，注册并设置密码，即可付诸使用。云技术加上网上支付系统为信息共享创造了充分的技术条件。但是，在信息共享方面的最大问题是，如何突破"先授权后使用"现存版权规则，在确保信息创作投入的情况下，最大限度地实现信息自由。

五、"先授权后使用"版权规则被不当利用

在云技术条件下，信息创造者们所遭遇的机遇和挑战，正是"先授权后使用"传统版权规则所造成的。一方面，作者的权利在扩张，新技术为作者提供了更大市场；另一方面，作者的经济收入并未显著增加，而维权的成本却在加大。与此同时，有的企业在市场竞争中，不适当地利用版权规则，在权利扩张与维权打假方面增加更多不确定性。有两个典型例子。一个是把本已共享的汉字（通用字体）纳入版权授权体系当中，企图垄断某些通用字体，从中渔利。另一个是通过买断作者版权，获得音乐词曲在网络市场上的"独家版权"，企图垄断市场，与信息共享、信息自由背道而驰。

文字和语言是人类信息共享的典型范例。汉字是文字之一种，是一种最普通的信息交流工具。字体是指同一种文字各种不同的形体，或者指书法的派别。字库则是计算机系统中储存标准字形的专用软件。问题是，字体有可能作为美术作品获得版权保护么？（字库）字体制作者有版权么？

以"飘柔"案、"笑巴喜"案涉及所谓"倩体""秀英体"两款字体为例。该两款字体的制作者包括：一、字稿制作者。字稿制作者获得版权的情形包括，该字稿存在或美或丑等畸形或造型化的情形，该字稿为特定需

要且采用了特定形式，字稿的手稿、草稿等载体上留存的特定标记、痕迹、做旧、做残的情形，有可能作为美术作品受版权法保护。某些虽具有一定风格，但仍属于"通用"字体的字稿，制作者不可能获得版权。

二、字体设计公司。此类公司的投入是，对字稿扫描、修改、数字化拟合、编写程序指令、制作字库等。按照"歌乐山烈士群雕"版权纠纷案所确定的规则，设计公司的这些投入对"作品"均没有实质贡献，不享有版权。

由此可见，汉字字体，特别是经过计算机程序处理过的通用字体，制作者不享有版权，字体不得被垄断。相对拼音文字，数量众多不是汉字字体制作者可以获得版权的依据。通过计算机输出的（通用）字体是由（少量）笔画加（程序编写）规则构成的，它的很多艺术化表现形式，只是计算机程序处理规则，而不是人类艺术创造。在国家尚未出台鼓励字体生产的产业政策之前，不宜赋予字体（字库）生产厂家版权。

据媒体报道，"独家版权"越来越成为我国网络音乐的焦点。所谓"独家版权"，是互联网公司采取独家代理的方式收购版权，形成"独家曲库"，也形成侧重于不同音乐圈和艺人资源的版权布局。某公司声称在 2017 年年初完成音乐若干 APP 合并，在网络音乐市场其获得独家版权的音乐覆盖占比超过 90%，此举大有独占网络音乐市场之势。[①]

表面看，这家公司的做法符合"先授权后使用"版权规则，作者在出售其音乐词曲版权时，或许也曾获得一笔"稿费"。但是，在版权完成了由作者到公司的转换以后，那些宝贵的艺术信息就成为这家公司独家财产，而与原创者没有任何关系。这家公司显然不是在做慈善，它获得的"独家版权"不是为了跟公众"信息共享"，而是通过版权经营，谋取一己私利。这种做法，置我国已经建立起来的音乐版权集体管理机构的现实于不顾，实施变相集体管理，违反《著作权集体管理条例》关于在一个作品门类只允许建立一个集体管理组织的规定，[②] 把"先授权后使用"变为企业的摇钱树和护身符。

---

① 杨梦皎. 网络音乐平台争夺独家版权［N］. 人民日报，2017-05-18（19）.
② 《著作权集体管理条例》第六条规定："除依照本条例规定设立的著作权集

六、信息自由与版权的未来

版权是印刷术的产儿。人是信息动物。人的所有创造都是信息生产、复制、传播、利用的结果。版权制度的发展与信息复制与传播技术发展息息相关，它是通过鼓励信息创造、传播、利用，实现信息自由，造福社会的目的。我国版权改革的方向与版权制度的目标应当是一致的。信息自由在很大程度上取决于一个国家的发展状况。当下共享单车的迅速普及给信息共享提供了一个思路，而云存储技术则为信息共享提供了技术可能。

版权因信息技术的发展而生，也因信息技术的发展而改变。今天的版权制度，跟它诞生之初相比较，已然发生了巨大变化。在未来信息创作、传播、利用过程中，版权作为作者对信息利用的控制权，应当朝着便利信息利用的方向改革，而不是仅仅满足于权利扩张。在版权扩张的同时，也要看到版权失控越来越成为一种现实。要承认这个现实，要找出与之相适应的控制或协调方式。例如，欧盟委员会提出的"谷歌税"①、美

体管理组织外，任何组织和个人不得从事著作权集体管理活动。"关于设立集体管理组织的条件，《著作权集体管理条例》第七条（二）规定："不与已经依法登记的著作权集体管理组织的业务范围交叉、重合。"这意味着在我国，一个作品门类只允许建立一个集体管理组织。

① 即 2014 年起担任欧盟"数字经济社会委员会"副主席的京特 厄廷格尔（Günther Oettinger）提出的"Google tax"方案。该方案试图在欧盟引入"辅助版权付费"（"ancillary copyright" payments）制度，要求搜索引擎提供商在欧盟范围内为其网站上所使用的受版权保护信息付费。参见 Julia Reda: An EU-wide "Google tax" in the making? (28.10.2014) https://juliareda.eu/2014/10/an-eu-wide-google-tax-in-the-making/ 尽管这个方案引起了广泛争论，除了解决有版权信息的授权使用与征集使用费的经济因素，此举还有反垄断、建设欧洲单一数字市场和提升欧洲高科技企业竞争力等政治考量。尽管相当多的人不看好这项方案，但笔者乐观其成，因为"谷歌税"方案的实施，有可能改变现有的已经难以满足信息生产、传播、利用的版权制度，将信息自由推向一个新的更高的阶段。

国斯坦福大学"摄影作品低成本授权平台项目"[①] 等，开始使人们重新认识他们所熟悉的版权制度，以及在版权概念中必然要界定的作者、作品、原创性等概念。不管承认还是不承认，信息生产、传播、利用的方式已经发生变化，现有的 / 传统的版权制度已经不复应用。我国《著作权法》未来修订者和研究者，需要拿出足够的勇气和智慧，去面对这种变化。

面对海量信息，以往那种"先授权，后使用"的模式，越来越成为阻碍信息自由的严重障碍。北欧国家中的一些版权集体组织，在他们的实践中，已经率先通过"延伸集体管理"[②] 的形式，在一定程度上已经将版权转变为"付费使用权"——一种基于使用而向使用者征收的"税"。用这种方法，将原来那种由于难以取得授权给信息自由造成的伤害降低到最低限度。不仅给版权利用者提供了极大方便，更重要的是为权利人和所有信息创作者收集到必要且合理的使用费，使得"版权"这项权利真正成为"每一个人的权利"，让每一个社会成员都能够享受到信息自由带来的好处。共享单车的实践，从一个侧面证明"信息是自由（流动）的，但是这种自由是要付出代价的"这句话不是一句空话。我们也期待，信息共享在不远的将来得以实现。

---

① 一种在传统版权规则之下，探讨解决网上海量摄影作品低成本授权使用方案。

② 所谓延伸集体管理，指的是版权集体组织把对其会员的管理延伸到了非会员。在实践中，一些非会员作品被使用者使用，但是使用者要找到这些作者有困难。因此，法律就授权一些版权集体组织，在没有获得授权的情况下，向使用者收集非会员作品的使用费，然后，再将所收集到的使用费，发放给非会员。用这种方式，解决使用者获得授权的困难，以及非会员难以从他人使用中获得利益的现实难题。这种版权授权和版权使用费收集的形式，最早是由一些北欧国家采用的。例如，芬兰版权法第25条h款规定，获得教育部授权的集体组织，可以替非会员向广播、电视组织收集使用费。目前，在中国版权法修订草案中，已经包含有"延伸集体管理"的内容，但在讨论中有较大争议。

1.4 "民间文艺"版权保护立法须有突破

我国《著作权法》明文规定保护民间文学艺术作品。但是，这部法律从 1990 年颁布到现在已经 27 年了，有关实施条例却迟迟出台不了。2014 年 9 月 2 日，国家版权局发布《民间文学艺术作品著作权保护条例（征求意见稿）》，向社会各界，公开征求修改建议和意见。尽管如此，仍然能够听到一些不同意见。有人提出，这个条例既然这么长时间出台不了，干脆就把它废掉。自 2011 年启动的版权法第三次修法活动中，也确实有人提出废除这个条文。在三个由学者提出的修法版本[①]中，没有一个提及民间文学艺术作品版权保护问题。这说明，涉及民间文艺版权立法的争议，一直存在，并不因一个"征求意见稿"而消弭。

如果我们能够冷静想一想，当初把有关条款纳入版权法中很不容易，如果现在要把它废掉，恐怕更不容易。立法者如何向中国民众解释？如何在国际上作出交代？因为有那么多的发展中国家对我们寄予希望，希望中国在民间文艺的版权保护方面做出榜样。这不是理论层面的逻辑推演，也不是理想层面的高尚追求，而是我国民间社会实际需要。在实践中，我们的民间文艺传承人确实存在着实际需求。他们正面临着困难，他们希望国家有关法律对他们的生活有所关照，特别是帮助他们能

---

① 即由来自中国社会科学院法学研究所、人民大学法学院、中南财经政法大学的学者完成的三个方案。

够把已经传承多年的民间文艺继续传承下去。

从 1790 年英国《安妮女王法》算起，版权保护的历史迄今已经有 227 年。在 200 多年中间，经过各国的实践，已经形成了一整套版权保护规则。而这套大家熟悉的版权规则，更加适合现代文学艺术作品，而与民间文艺表现的特点不符。我国《著作权法》在保护民间文艺这一点上在 27 年中没有进展，跟这个规则密切相关。这个规则是什么呢？这个规则有三个要点：要有明确的作者，要有具体的表现形式，要有限定的保护期。这就是现有的版权保护规则。但是民间文艺的特点恰恰与此相反。比如，作者不明，表现形式不具体，也很难给它规定一个保护期限。

有人说，民间文艺完全符合现代文学艺术作品的标准。那就要看这个标准定在哪里。民间文艺表现形式往往并不是固定的。比如，民间文艺往往因人因事而变，甚至同一个传承人，他在重述或者重现某民间文艺的时候，甚至每一次的叙述都不一样。它实际上没有一种固定的形式，虽然你可以感知它的存在。民间文艺的表现或者存在形式，跟版权所指向的作品形式是不同的。但是，民间文艺却是世代流传、绵延不绝的。它不是因为某种可感知的民间文艺形式获得认定而存在。民间文艺在获得认定之前，它早就存在了。保护，或者不保护，认定，或者不认定，它就在那里。

那么突破口在哪里？首先是，不论是研究法律，还是研究知识产权，如果一直固守现存规则，被已经熟悉的知识体系和话语体系所束缚，在民间文艺版权保护上，就将永无答案。必须要跳出这个怪圈，打开这个心结，即认为民间文艺不是作品，无法适用现行版权法。的确，版权无需登记，自动产生，而《意见稿》规定，民间文艺作品要（登记）备案。实际上民间文艺的特点是，登记不登记，备案不备案，都不影响它自始存在。这需要跟现行版权法的"无需登记、自动产生"相衔接。另外，很多研究者坚持公权与私权之间的法律区分，认为公权不能干预私权。受这样的框框束缚，整个研究就难以向前推进。民间文艺作品版权保护的突破口就在于把这些心结打开。

为什么要保护民间文艺？什么是对民间文艺最好的保护？这些问题在立法时必须作出回答。版权是对作品利用的控制权。国家通过赋予创作者对其创作作品的市场利用一定期限的垄断权，使创作者从中获得回报，从而维持和激励其创作。民间文艺版权立法，首先不是要解决民间文艺的市场化问题，不是通过赋予民间文艺传承人对其传承的民间文艺作品的垄断权，让他们有机会从市场上得到多少钱的问题。对于民间文艺的保护，有各种目标追求。比如，制止擅自利用民间文艺，制止通过对民间文艺的非法控制而获利。也有人提出保护民间文艺着眼点在于民族文化的可持续发展。《意见稿》似乎把对民间文艺的保护，落脚点放在了"保障民间文学艺术作品的有序使用"上面，通过"有序使用"，"鼓励民间文学艺术传承和发展"。那么对民间文艺传承人的尊重，或者对他们的精神权利的保护体现在哪？怎么去保护？什么是对民间文艺最好的保护？

最好的保护应该是承认民间文艺传承人的自决权，落脚点应放在充分尊重传承人的精神权利方面，而不是放在"有序使用"的财产权利方面。传承人有权选择他们的生活和传承方式，拒绝任何外来干扰。许多专家都提到，对包括民间文艺在内的传统知识进行登记的时候要格外的慎重，不能想当然，不能因为是政府部门派去的，是大城市去的，就要求他们必须配合工作，进行登记。政府的责任，第一位的就是尊重传承人的自决权。对于民间文艺传承人，没有尊重，就没有保护。实践中发生过一些案例，例如，对非物质文化遗产的保护，有的地方，政府派人下去，仅仅挂个牌，就拍拍屁股走了，这不仅没有保护好文化遗产，反而因为挂了牌，引来了不适当的商业开发，影响了传承社区传承人和当地居民的生活。政府第二个责任就是根据传承人的实际需要提供帮助，例如，对民间文艺进行登记备案和提供所需的物质条件。这一点在《意见稿》稿中有所规定。政府第三个责任，是对违法行为予以查处。

针对民间文艺的特点，可以考虑，通过确认民间文艺传承人的特殊民事权利来保护。这种特殊民事权利，不是我们熟悉的版权，也不是我们熟悉的普通民事权利，它所针对的是具备民间文艺特征和一定表现形式的信息。这类作品的作者可分为三个层次：国家、群体和个人。有关的权利为特殊民事权利，这类权利自始存在，受法律保护；它区别于版权自动产生。在《乌苏里船歌》版权纠纷案中，诉争歌曲是根据赫哲族的两首民歌《想情郎》和《狩猎的哥哥回来了》创作的。《乌苏里船歌》只不过是在原有旋律基础上填词，使它跟现代文艺对接，进入了现代文化市场，成为一个脍炙人口，为全国甚至全世界所承认的中国民歌。实际上它的最初来源是赫哲族的《想情郎》和《狩猎的哥哥回来了》，经过比较，诉争歌曲跟两首民歌的旋律是一样的。这个案子的发生和审理，并没有保护民间文艺的具体法律可以适用。但是法院最终还是给予了传承人一定的保护。原告和公众对判决结果是满意的。因此，对于民间文艺的法律保护，不论是有规定还是没有规定，保护就在那里。当然，我们也可以通过立法，承认和确认民间文艺传承人的特殊民事权利。

《意见稿》提出，"民间文学艺术作品的著作权的保护期不受时间限制。"这意味着民间文艺版权永远受保护。的确，我们很难想象，对于民间文艺的保护是暂时的、有期限的。但是，民间文艺的特殊性在于，它是不断变动的，对这项特殊民事权利的尊重，包括传承人放弃权利的选择。因此，立法上规定对民间文艺永远保护，不可能实现，也未能充分体现对传承人的尊重。为了实现既长久保护又现实可行，可规定民间文艺的保护期为 50 年，50 年后可以续展。提出这个方案的理由是，第一，民间文艺保护目标需要跟一般文艺作品版权保护目标协调一致。版权保护的落脚点是对作品利用的垄断权，目的是通过这种垄断让作者从市场上获得回报。专利制度也是通过赋予发明人对其发明的市场利用进行垄断的形式，让他从发明投入中获得回报。但是民间文艺在多数情况下，很难跟市场对接，赋予传承人对市场的垄断权没有多大意义。因此，民间文艺版权应该是区别于传统版权的一种特殊民事权利，其落脚点不在赋予垄断，而在给予尊重。

以阿昌族的史诗《遮帕麻与遮米麻》为例，我们应把对这个史诗的传承人"活袍"的尊重放在第一位。但我们在保护的过程中，比如电视台的一些采访，采访者往往会按照自己的"趣味"去摆布这些活袍，以适应当下市场的需要，这是对传承人的不尊重。他们很反感这一类的拍摄和干预，反感这种形式的保护。一些声称去提供保护的人，不够尊重传承人，在立法中应首先考虑这一点。另外，对阿昌族史诗传承人，政府应当承担责任，即前面讲到的那些责任。另外，我们也不应忽视，如果它有市场需求的话，我们就要在承认传承人自决权的基础上建立市场规则。比如，惠益分享，以及赋予传承人对史诗利用的控制权。任何一种过度市场化的行为都是对民间文艺的一种绞杀，得到相反的结果。

传承人的某种特殊版权，就应承认它实际上是自始存在的，它跟我们熟悉的版权自动产生是不一样的。版权自动产生有个时间点，而民间文艺的产生和传承不是法定，不是法律规定它才产生和存在。甚至在很多情况下，它来自"天意""神授"，这是我们在采访当中，例如在对阿昌族史诗采访当中发现的。它源自"天意"。传承人在经过一系列的宗教仪规之后，从"神"那里得到灵感，才可能以及获得允许把这种民间文艺表现出来。但是一些去保护、去采风的人，完全不顾他们这种传统习惯，这究竟是保护还是一种扼杀？这种"天意"与基于个人创作冲动的创作是不一样的。版权神授，这是挺有意思的一个题目，是我们研究民间文艺很有意思的新的话题。另外，这种特殊的版权的产生，没有起始时间点，它自始存在，无论保护或者不保护。

特殊版权保护期设定为50年的理由有两个，第一，体现对传承人的尊重。可以提出主张或得到确认之日起计算。比如，赫哲族对《乌苏里船歌》曲调主张权利，就从法院判决承认传承人享有这项权利之日起50年。50年以后原来那个曲调以及传承主体可能已经发生变化，那就要根据新的情况，由后续传承人来决定是否续展版权保护，国家是否继续给与其保护，也需要根据新的情况来决定。对民间文艺的保护，首先是尊重传承人的自决权。传承人享有一种放弃权利的权利。如果把尊重放在首位，这种放弃应该是允许的。不能因为某人或某群体已经被确认为传承人就不准其放弃这项权利。放弃是传承人的选择，应予以尊重。第二，民间文艺的特点是因时而变，随着时间流逝，不仅它的表现形式，它的传承主体和保护范围也会发生变更，50年后可能不再是原来的样子了。所谓"永久保护"，保护的是什么呢？是它原来的样子？还是新的表现形式？需要注意的是，在我们国家乃至全世界，所谓永久的保护一般都难以落实，相反，有期限的保护才是真正把保护落到实处。

1.5 关于"非物质文化遗产法（草案）"修改建议

联合国教科文组织于 2003 年 10 月通过《保护非物质文化遗产公约》（以下简称"非遗公约"），我国于 2004 年 8 月宣布加入该公约。目前，我国正在就《保护非物质文化遗产公约》（草案）（以下简称"草案"）征求意见。通过对"非遗公约"和"草案"的比较研究，结合自己在主持相关课题调研中了解到的情况，作为一名公民，现就该草案中的几个问题，提出个人意见，供立法者参考。

一、关于"草案"第一条

"草案"第一条规定了立法目的，即"为了继承和弘扬中华民族优秀传统文化，促进社会主义精神文明建设"。这里使用的"继承和弘扬"，没有反映出"非遗公约"中所要求的"保护"的完整意思。在"非遗公约"中，"保护"指采取措施，确保非物质文化遗产的生命力，包括这种遗产各个方面的确认、立档、研究、保存、保护、宣传、弘扬、承传（主要通过正规和非正规教育）和振兴。"草案"第一条中的"继承和弘扬"，仅是"非遗公约"所要求的"保护"诸项内容中的两项，与"非遗公约"所要求的"保护"相差甚远。

建议删除"继承和弘扬"，换成"保护"，草案第一条应修改为：为了保护中华民族优秀传统文化，促进社会主义精神文明建设，根据宪法，制定本法。

二、关于保有非物质文化遗产的群体、团体和个人

关于保有非物质文化遗产的群体、团体和个人（以下简称"非遗保有人"），"非遗公约"有多个条款给予规定，突出对"非遗保有人"的尊重和保护，例如，"非遗公约"给"非物质文化遗产"的定义是：指被各群体、团体、有时为个人视为其文化遗产的各种实践、表演、表现形式、知识和技能及其有关的工具、实物、工艺品和文化场所；第十五条规定：缔约国在开展保护非物质文化遗产活动时，应努力确保创造、保养和承传这种遗产的群体、团体，有时是个人的最大限度的参与，并吸收他们积极地参与有关的管理。

非遗保护，如果没有明确"非遗保有人"的法律地位，脱离开"非遗保有人"的参与，就没有任何意义。"草案"在这个方面存在重大缺陷，对"非遗保有人"不够尊重，对优秀传统文化有"被非遗"倾向。

1. 关于"非遗保有人"的法律主体地位

非物质文化遗产这个概念，实际上跟"非遗保有人"是联系在一起的。"非遗公约"第二条明确指出："非物质文化遗产"就是指被各群体、团体、有时为个人视为其文化遗产的各种实践、表演、表现形式、知识和技能及其有关的工具、实物、工艺品和文化场所等。换句话说，非遗就是指那些由"非遗保有人"认可的对其有特殊意义的精神或物质财富。"非遗公约"用定义的形式，承认并确立了"非遗保有人"跟非遗不可分割的法律主体地位。

"草案"第二条给非物质文化遗产的定义是：指各族人民世代相传并视为其文化遗产组成部分的各种传统文化表现形式，以及与传统文化表现形式相关的实物和场所。草案采用"各族人民"一词，而没有使用"群体、团体、个人"表述。"各族人民"一词过于宽泛，跟"草案"其他条文中涉及非遗主体的词语，不相匹配，存在逻辑障碍。例如，"草案"第六条规定："县级以上人民政府应当将非物质文化遗产保护、保存纳入本级国民经济和社会发展规划，并将保护、保存经费列入本级财政预算。"地方政府和"各族人民"（非物质文化遗产保护），显然不是一个层次。

这种逻辑障碍还见之于"草案"第十四条:"实施非物质文化遗产调查,应当征得被调查对象的同意,尊重其风俗习惯,不得损害其合法权益。"这里,保有非遗的主体,用"被调查对象"一词替代,不仅不合逻辑,词语表述上也非常别扭。

建议用"特定地方群体或者个人"替代"各族人民",将第二条修改为:本法所称非物质文化遗产,是指我国民间世代相传并由特定地方群体或者个人视为其文化遗产组成部分的各种传统文化表现形式,以及与传统文化表现形式相关的实物和场所。

建议将第十四条修改为:实施非物质文化遗产调查,应当征得特定地方群体或者个人的同意,尊重其风俗习惯,不得损害其合法权益。

2. 关于对"非遗保有人"的尊重

"草案"有三处提到"尊重",即第五条,"使用非物质文化遗产,应当尊重其形式和内涵。禁止以歪曲、贬损等方式使用非物质文化遗产";第十四条,"实施非物质文化遗产调查,应当征得被调查对象的同意,尊重其风俗习惯,不得损害其合法权益";第二十七条中,"确定对非物质文化遗产实行区域性整体保护,应当尊重当地居民的意愿"。这三个条文中虽然都有"尊重"字样,但是,其含义不够明确和完整。而且,"草案"第五条中的"使用",没有"非遗公约"的"享用"意思完整,"形式和内涵"所指也不清楚。

建议将第五条修改为:利用和分享非物质文化遗产,应当尊重其"外在表现形式和精神内涵";第十四条修改同上;将第二十七条中有关内容修改为:确定对非物质文化遗产实行区域性整体保护,应当尊重保有非物质文化遗产特定地方群体或者个人以及当地居民的意愿。

3. 关于"非遗保有人"的参与

"非遗公约"第十五条专门对"非遗保有人"作出规定,要求"缔约国在开展保护非物质文化遗产活动时,应努力确保创造、保养和承传这种遗产的群体、团体,有时是个人的最大限度的参与,并吸收他们积极地参与有关的管理。"

　　"草案"对"非遗保有人"的参与规定不够，给人的感觉是，非遗保护只是政府和专家的事情，虽然"草案"鼓励和支持企业事业组织、社会团体以及其他组织和个人参与非物质文化遗产保护工作，但是对"非遗保有人"——非物质文化遗产的主体，如何参与有关保护工作竟然未置一词！

　　笔者在主持中国社会科学院支持的两次涉及传统知识法律保护的"国情调研"过程中了解到，一些地方文化主管部门所组织完成的非遗保护工作，由于缺少"非遗保有人"的参与，在实践中发生一些与保护非遗立法精神相悖的现象：有的在挂牌（非遗保护牌）后即告结束，没有给非遗保有人带来实际好处；有的在挂牌后将非遗交由地方企业管理，由于缺少监督和非遗保有人的参与，导致官商勾结，管理企业只顾赚钱，利用公权压制"非遗保有人"和当地居民诉求，导致民怨沸腾，等等。因此，非遗保护，必须有"非遗保有人"的参与。否则，所谓保护非物质文化遗产，要么流于形式，要么异化为一些地方政府借机谋取私利的幌子。

　　建议在第三章"非物质文化遗产代表性项目名录"中新增一条：制订非物质文化遗产代表性项目名录，应当听取保有非物质文化遗产特定地方群体或者个人的意见，吸收其参加有关评审工作。

　　建议将第二十三条中的有关内容修改为：专家评审小组应当充分听取保有非物质文化遗产特定地方群体或者个人的意见，对拟列入国家非物质文化遗产代表性项目名录的非物质文化遗产代表性项目进行初评，提出初评意见。专家评审委员会对初评意见进行审议。

1.6 "非遗"保护迈出第一步

公众期待的《中华人民共和国非物质文化遗产法》（以下简称《非遗法》）已于 2011 年 2 月 25 日由第十一届全国人大常委会第十九次会议通过，这部法律将于 2011 年 6 月 1 日起施行。这部法律的出台，是我国"非遗"保护迈出的第一步，它得益于长期以来致力于非遗保护人士的努力，得益于非遗保有社区居民对其权益持续不断的争取，得益于政府有关部门对非遗保护工作的重视。2003 年 10 月联合国教科文组织曾通过一项《保护非物质文化遗产公约》（以下简称"非遗公约"），以这个公约为参照，结合笔者多年相关调研工作体会，可以说，我国的"非遗"保护迈出了第一步。

一、《非遗法》把重点放在保护方面

法律是用来规范人们行为的。为了有效实施法律，规范人们行为，对某些方面的社会关系加以确认和保护就成为一种必然选择。《非遗法》第一条开宗明义："为了继承和弘扬中华民族优秀传统文化，促进社会主义精神文明建设，加强非物质文化遗产保护、保存工作，制定本法。"继承和弘扬具有宏大的宣示意义，而保护、保存是具体的、可操作的。比较《非遗公约》所倡导的保护、尊重、提高意识、国际合作与援助，《非遗法》在相关条款中也有所体现。例如，第五条规定"使用非物质文化遗产，应当尊重其形式和内涵。""禁止以歪曲、贬损等方式使用非物质文化遗产。" 第八条规定"县级以上人民政府应当加强对非物质文化遗产保护工作的宣传，提高全社会保护非物质文化遗产的意识。"第九条规定"国家鼓励和支持公民、法人和其他组织参与非物质文化遗产保护工作。"

关于保护，《非遗公约》特别规定："保护"指采取措施，确保非物质文化遗产的生命力，包括这种遗产各个方面的确认、立档、研究、保存、保护、宣传、弘扬、传承（主要通过正规和非正规教育）和振兴。就是说，非遗保护诸如确认、立档、研究、保存等，均为手段，其目的是"确保非物质文化遗产的生命力"。《非遗法》第一条所宣示的保护目标是"为了继承和弘扬中华民族优秀传统文化，促进社会主义精神文明建设"。为了这个目标，《非遗法》具体规定了许多保护措施。例如，财政扶助措施——县级以上人民政府应当将非遗保护、保存工作纳入本级国民经济和社会发展规划，并将保护、保存经费列入本级财政预算；国家扶持民族地区、边远地区、贫困地区的非物质文化遗产保护、保存工作。（第六条）鼓励措施——国家鼓励和支持公民、法人和其他组织参与非遗保护工作；（第九条）对在非遗保护工作中做出显著贡献的组织和个人，予以表彰、奖励。（第十条）调查建档措施（第十二条、第十三条等），抢救性保存措施（第十七条），编列名录措施（第十八条至二十七条），传承和传播措施等。（第二十八至三十七条）为了保证相关措施的实施，《非遗法》还规定了法律责任。（第三十八条至四十二条）

二、《非遗法》需要进一步落实的方面

法律的生命在于实施，而要实施法律，除了法律宣示的目标以外，还应当规定具体的可操作的规则。《非遗法》在保护方面规定了多种措施，有些措施，是可以操作的，有些措施，还需要制订实施细则。

1. 非遗保护范围。《非遗法》第二条规定，非物质文化遗产，是指各族人民世代相传并视为其文化遗产组成部分的各种传统文化表现形式，以及与传统文化表现形式相关的实物和场所。包括：传统口头文学、传

统美术、传统技艺、传统礼仪、传统体育及其他非物质文化遗产。这份详细清单，可以作为有关保护工作的一个基本线索和目录指引。

2. 非遗保护措施。《非遗法》有三章分别规定了国家为保护非遗所采取的调查制度、名录制度和传承、传播制度。这些制度是必要的，也是符合《非遗公约》精神的。关键是需要把这些制度细化，可知可用。例如，第十二条规定的"建立健全调查信息共享机制"，这个机制是怎样的，如何落实；非遗调查工作所收集到的信息、资料，在哪里存放，通过何种渠道让公众获得；培养后继人才，是否需要建立相应的传习所、学校，等等。

3. 落实经费。没有钱办不了事，没有一定数量的资金支持，再好的制度可能都是浮云。为了把非遗保护的各项好的制度落在实处，需要国家各级财政在每年的预算中，划出一定的比例，专门用于非遗保护。我们注意到，《非遗法》把落实保护经费的工作，作为县级以上人民政府的一项义务。同时，中央政府承担扶持民族地区、边远地区、贫困地区的非物质文化遗产保护、保存工作。

4. 专家评审。我国具有悠久的历史和丰富多彩的文化遗产，究竟哪些遗产可以被列入非遗名录，给予特别保护，有许多细致的工作要做。《非遗法》对各级政府推荐非遗名录的工作作出规定，鼓励和保护依法进行的调查，鼓励公民、法人和其他组织可以向有关政府或者文化主管部门提出列入国家级非物质文化遗产代表性项目名录的建议。《非遗法》还规定，具体名录的产生，须经过专家评审。为了确保非遗保护工作顺利进行，专家评审制度中的专家的遴选、评委会组成、评审规则等，还需要有一套完整的实施办法。

三、《非遗法》的缺憾

《非遗法》最大的缺憾是没有对保存和持有非物质文化遗产的社区和个人（以下简称"非遗保有人"）的法律地位和相关权益作出规定。

关于"非遗保有人"，联合国教科文组织于 2003 年通过的《保护非物质文化遗产公约》（以下简称"非遗公约"）有多个条款给予规定，突出对"非遗保有人"的尊重和保护。例如，第十五条规定：缔约国在开展保护非物质文化遗产活动时，应努力确保创造、保养和承传这种遗产的群体、团体，有时是个人的最大限度的参与，并吸收他们积极地参与有关的管理。而《非遗法》对于"非遗保有人"只有一个条文："进行非物质文化遗产调查，应当征得调查对象的同意，尊重其风俗习惯，不得损害其合法权益。"（第十六条）在《非遗公约》中，对"非遗保有人"规定得很清楚，即有关群体、团体、个人，而《非遗法》似乎是用"各族人民"来替代"非遗保有人"，而"各族人民"是一个宽泛的概念。《非遗法》第十六条实际上确认被调查社区和个人的知情同意权，这是调查者必须遵守的，但是不知道何种原因，在具体的表述中，对这项权利没有明确而具体的规定。我们不得不说，这是《非遗法》一个缺憾。

应当认识到，非遗保护，如果没有明确"非遗保有人"的法律地位，脱离"非遗保有人"的参与，有关保护工作，可能会受到不应有的负面影响。笔者在主持中国社会科学院支持的两次涉及传统知识法律保护的"国情调研"过程中了解到，一些由相关主管部门所组织的非遗保护工作，由于缺少"非遗保有人"的参与，在实践中发生一些与保护非遗立法精神相悖的现象：有的在挂牌（非遗保护牌）后即告结束，没有给非遗保有人带来实际好处；有的在挂牌后交由地方企业管理，由于缺少监督和非遗保有人的参与，导致官商勾结，管理企业只顾赚钱，利用公权压制"非遗保有人"和当地居民合理诉求，导致民怨沸腾，等等。

《非遗法》是一部行政法规，但是，非遗保护不应该只是政府和专家的事情，也不能简单地交由某个企业或商业机构管理。由于有关保护工作，直接影响到"非遗保有人"的日常生活和法律权益。为了避免在以往工作中曾出现的问题，避免非物质文化遗产"被非遗"现象，在下一步制定《非遗法》实施细则和具体的实施法律过程中，应当尽可能地对这个缺憾加以弥补。

1.7 艺创市场的法律选择

多年前，《中国技术市场报》记者曾向笔者咨询这样一个问题：一家厂商根据世界名画再创作的膏塑浮雕，除申请外观设计专利之外，是否还有其他保护该艺创产品的法律可以利用。这个问题看似简单，其实它却涉及版权法、商标法、专利法等多部法律。正如我们所知道的，作为知识财产权法重要组成部分的这三部法律，在保护艺术作品方面各有不同，艺术家需要根据自己的实际需要，做出最适合开拓市场的"战略选择"。

我国《著作权法》第十二条规定：改编已有作品而产生的作品，其版权由改编者享有，但行使版权时不得侵犯原作品的版权。各国版权法都规定了保护期限。在我国，对于作者个人的版权保护期限，在一般情况下是作者的有生之年加上其死亡后五十年。根据年代久远的名画进行再创作，因为已经超过版权保护期，只要说明原作者是谁，并且不歪曲或丑化原画，一般不会产生版权纠纷。但是，如果根据当代艺术作品进行再创作，包括利用那些经过改编的当代作品进行再创作，一般都要取得作者或其版权继承人许可，并支付相应的报酬。

利用世界名画进行二次创作，把它改编成为当今市场喜闻乐见的新产品是一个很好的创意。这种膏塑浮雕实际上就是一种"改编作品"，它将二维平面油画，"改编"为三维立体浮雕，不是对原画的简单复制，而是包含了"改编者"的新的创造性劳动。这种创造性劳动依法应受到保护，即对于那些属于"改编者"创造部分／艺术贡献，未经许可，他人不得擅自复制，否则即构成侵权。也就是说，在世界名画版权超过版权保护期，进入"公有领域"以后，任何人都可以对它进行利用。任何人都可以直接利用该名画进行自己的创造，但不能不经许可，便对他人改编或再创造而形成的新的作品进行利用。

这里又发生一个新问题，即艺创市场的法律选择问题。如果另外一家厂商，没有直接利用该膏塑浮雕，而是从该产品的上市得到启发，自己去寻找这些名画，依靠找到的名画开发属于自己的产品，从而避免发生法律纠纷。因为后者的产品依靠的是超过版权保护期的名画，而不是依靠先前上市的那个膏塑浮雕（产品）。那么，第一家膏塑浮雕厂可能抱怨说，这个产品的创意是自己的，却被别人利用，难道法律没有一点办法么？对于创意，版权法是不保护的。创意可以作为商业秘密，商家可以利用反不正当竞争法来保护。但是，膏塑浮雕的创意如果不把它转化为产品，不把产品上市，如何能实现该创意的市场价值？再者，产品一旦上市，其中负载的创意就不再是秘密，任何人都可能因此受到启发，进行合法的再创造。因此说，商业秘密保护是"弱保护"，仅仅靠它来保护创意是不够的。

那么，对于告诉浮雕的"首创者""首先开发者"来说，应该怎么办呢？其实，人类的任何创造，都可以说是信息创造。任何信息创造，都包含艺术成分。在膏塑浮雕的市场竞争中，如果生产者产品优异，口碑良好，品牌卓著，就可以吸引消费者，保住及扩大自己的市场份额。因此，对于膏塑浮雕首创者来说，既然是自己开辟的一个新的市场，要想保护它，可以考虑在自己的产品上注册商标。方便消费者在市场上辨认自己的产品，从而有效地防止假冒，维护自己的合法权益。

我国《商标法》第八条规定，"任何能够将自然人、法人或者其他组织的商品与他人的商品区别开的标志，包括文字、图形、字母、数字、三维标志、颜色组合和声音等，以及上述要素的组合，均可以作为商标申请注册。"如果这家厂商选择一个符合法律规定，"有显著特征，便于识别"的标志，作为自己产品的商标，依法注册，便能获得国家商标法给与的保护。任何人在自己的产品上，未经许可，贴上该厂商的注册商标在市场上销售，便属于"侵犯注册商标专用权"行为，侵权人须承担相应的法律责任。

现在再回到开头说到的外观设计专利保护。我国《专利法》第二十三条第一款规定："授予专利权的外观设计，应当不属于现有设计；也没有任何单位或者个人就同样的外观设计在申请日以前向国务院专利行政部门提出过申请，并记载在申请日以后公告的专利文件中。"第二款规定："授予专利权的外观设计与现有设计或者现有设计特征的组合相比，应当具有明显区别。"如果该厂商的膏塑浮雕确属自己"首创"，该产品与市面上已有产品"具有明显区别"，便可以依法向国家专利行政部门提出外观设计专利申请，一旦审查通过、获颁专利证书，便可受到专利法的保护。

本文说到的商标注册和外观设计专利申请，需要注意的一点是，它们均不得与他人的"在先权利"发生冲突。对商标注册来说，"在先权利"指的是人身权（包括肖像权、姓名权）及商标权之外的知识财产权（包括版权、专利权、厂商字号权等）。例如，漫画家张乐平在 1935 年创作了"三毛"漫画形象。1996 年年初，张乐平的继承人发现被告江苏三毛集团公司销售的产品上附有"三毛"漫画形象的商标，被告还将该形象作为企业形象在户外广告、职工名片、报刊上使用，遂诉至法院。结果：上海市第一中级人民法院一审判决：一、被告应停止使用"三毛"漫画形象；二、被告赔偿原告人民币 10 万元；三、原告的其他诉讼请求不予支持。诉讼受理费由原告负担 8000 元，被告负担 7010 元。被告不服，上诉至上海市高级人民法院。1997 年 8 月 19 日，上海高院判决驳回上诉，维持原判。①

《专利法》第八条第三款规定："授予专利权的外观设计不得与他人在申请日以前已经取得的合法权利相冲突。"这里说的"他人"指专利权人以外的民事主体，包括自然人、法人以及其他组织。"在申请日以前已经取得"（在先取得）指在先权利的取得日在涉案专利申请日之前。

---

① 孙爱民. 对一起著作权与商标权权利冲突纠纷的评析 [J]. 著作权，1997（4）.

"合法权利"指依照中国法律享有，并且在涉案专利申请日之前仍然有效的权利或者权益，包括商标权、版权、企业名称权（包括商号权）、肖像权以及商品特有包装或者装潢使用权等。"相冲突"指未经权利人许可，外观设计专利使用了在先合法权利所指向的内容，从而导致专利权的实施，将会损害在先权利人的合法权利或者权益。例如，北京义利食品公司于1986年设计出一种以黑猫为中心图案的酥糖包装袋，袋子底部有一条菱形薄膜，装上糖果后可以立着摆放。1993年义利食品公司发现北京市通县华远食品厂的立袋酥糖包装袋，与其酥糖包装袋大小、图案、颜色、字体基本一致，在消费者当中产生误认，影响了自己的产品销售和公司形象，遂诉至法院。结果：北京市中级人民法院认为，原告的产品曾获部优、市优证书，应属知名商品。被告在原告对系争图案使用在先的情况下，未经原告同意使用与原告包装袋相似的包装袋，属擅自使用，足以使消费者产生误认。由于存在被告使用的包装袋已获得专利这一事实，法院认定被告在获得专利证书之前的行为属不正当竞争。在法院主持下，原被告达成调解协议：一、被告当庭向原告道歉；二、被告赔偿原告损失7万元；三、被告负担诉讼费。①

　　一般而言，外观设计专利经过国家专利行政部门的初步审查，获颁专利证书，一经发现侵权，专利证书便是很好的权利证明文件。如果被告产品落入其专利保护范围，原告便容易获得胜诉。但是，外观设计专利保护需要撰写专利申请书，产生一笔不小花费，其保护期限仅为10年。而商标保护期为10年，但是可以依法续展，这意味着商标专用权的法律保护可以无限期延长。版权从理论上说自作品创作完成之日起自动产生，不需要履行注册手续。但是，如果被告拿出直接依靠年代久远的名画进行创造的证据，便不必承担侵权责任，即使原被告产品看起来非常相似甚至相同。版权法保护的是作者的"独自创造"，只要有证据证明他不是抄袭的，是自己独立完成的，不仅不侵权，还可以取得自己的版权。对这家膏塑浮雕生产厂商来说，当发生争议时，专利文件在证明

---

① 陈维光．"黑猫酥糖"的官司［N］．北京日报，1994—11—17（6）．

自己权利人身份方面，无疑是有分量的证据。因此说，专利法是强保护。而依靠版权法保护，该厂商不仅要拿出自己创作的证据，还要证明侵权人接触了并且抄袭了自己的作品，举证责任更加复杂，因此说版权法是弱保护。由此可见，仅就这家厂商开发的膏塑浮雕产品而言，涉及有关的法律包括专利法、商标法、版权法、反不正当竞争法。在实践中，企业需要根据实际情况和自己的需要做出合理选择。

1.8 艺术保险立法浅见

艺术作为人类精神文明的载体，展现着艺术家所在国文化、历史、社会发展的真实面貌，在各国的文化交往中，艺术往往扮演着亲善大使的角色。艺术的这些特征和价值，需要通过收藏和展览等反映出来。但是，艺术收藏和展览是一个流动过程，在这个过程中，由于各种原因，有可能发生破损、丢失、被盗等事故，艺术保险就被提到议事议程。本文仅就我国艺术保险方面的立法发表几点浅见。

一、中国艺术保险市场潜力大

中国艺术市场的建立，是从改革开放初期，在世界艺术市场所占份额极小的基础上发展起来的。虽然时间短，基础薄，但中国艺术市场的发展势头十分强劲。从 1978 年算起，用了不到 30 年时间，到 2007 年，中国已经跻身世界三大艺术品市场。有媒体报道，到 2008 年年底，中国艺术品交易规模占全球市场的 9%。2009 年，这一比例上升到 14%，而到了 2010 年，中国的艺术品交易额占全球市场的 23%，仅次于美国的 34%，高于英国的 22%。中国已赶超英国，首次跃居世界第二位。如按 2009 年财产险的平均保险深度 0.86% 来计算，2011 年，中国艺术品市场 3600 亿元人民币的交易规模对应的艺术品保费可达 30 多亿元人民币，大大超过了 2011 年中国平安、中华联合、太平洋、永安等多家财险公司当年家财险的保费收入。（参阅枫琳：中国艺术品保

险市场发展的现状与问题）

二、国家开始重视艺术保险

面对这个巨大的保险市场，亟需有关主管部门加以引导和扶持。自2010年开始，国家有关部门开始重视艺术保险市场。2010年3月，中宣部、保监会、文化部等九部门联合发布《关于金融支持文化产业振兴和发展繁荣的指导意见》，要求各保险机构应在现有保险产品的基础上，探索适合文化企业特点和需要的新型险种和各种保险业务。2010年12月29日，保监会与文化部联合发布了《关于保险业支持文化产业发展有关工作的通知》《通知》确定了3家试点公司以及第一批11个试点险种，试点险种包括艺术品综合保险，试点经营期限为两年。

三、艺术保险是一个系统工程

虽然有国家对艺术保险的扶持政策，但是，目前中国的文化产业保险，尤其是艺术品保险，仍然是叫好不叫座。全球著名保险金融服务集团苏黎世保险认为其中原因有三：一是观念问题，由于艺术品价值高，巨额保费让客户望而却步；二是文物具有唯一性，标的很难确定价值，保险公司一般不轻易给其投保，尤其是在艺术品所在环境的安全保障不确定的情况下；三是国内缺乏专业配套的防损服务链，或称完善的鉴定和定价体系，造成艺术品保额难以确定并导致无法开展此业务。（参阅刘双舟：我国艺术品保险发展缓慢的原因）艺术品保险是一个系统工程，需要在艺术品真伪鉴定、估值、定损、物流、安保、包装等所有艺术品流转环节都要有相应的规则和制度建设。仅仅制订一部保险法显然是不够的。

四、从建立国家艺术保险制度开始

在各国的艺术交流活动中，艺术展览，特别是一些大型主题艺术展览扮演着十分重要的角色。我国艺术保险制度建设，可以借鉴法国经验，建立"国家艺术保险"制度。国家艺术保险是指通过制订国家艺术赔偿保证法，由国家出面为艺术品提供担保，在相关损害发生后由国家支付赔偿费用。法国的相关法律于 1993 年颁布施行。其特点是仅限艺术类借展品；实施"墙对墙"全险保障政策；实施无追索条款。该法严格限定该保险申请者资格：仅针对借给法国参加展览的国外艺术品提供保障，且借展方必须是法国的公法人机构。对借展品的总保险价值也有限制：借展品的总保险价值必须超过三亿法郎，始得提出申请法国国家保险。该保险的最后确定还需要经过审核委员会书面及其他审查，例如实地勘察。（参阅曾小凤：艺术展览与保险法）经过改革开放近 40 年的发展，我国政府财政状况持续向好，负担这类艺术保险应当不是问题。

五、细化商业艺术保险鼓励政策

根据《关于金融支持文化产业振兴和发展繁荣的指导意见》，国家已经明确，"要进一步加强和完善保险服务"。对于宣传文化部门重点扶持的文化企业和文化产业项目，保险机构将建立承保和理赔的便捷通道，对于信誉好、风险低的，可适当降低费率。对于符合《文化产品和服务出口指导目录》条件，特别是列入《国家文化出口重点企业目录》和《国家文化出口重点项目目录》的文化出口企业和项目，保险机构将积极提供出口信用保险服务，鼓励和促进文化企业参与国际竞争。这些政策对推动我国商业艺术保险发展无疑起到了积极作用，进一步地，是需要细化这些政策，有些举措可以通过立法形式加以固定。

六、研究艺术保险案例，尽快建立艺术保险制度

随着市场发展，艺术风险也在增加。2011 年 7 月 30 日，网友"龙灿"爆料，一件国家一级品宋代哥窑瓷器被故宫工作人员摔碎。据统计，故宫一级品一共才 1106 件。此消息被网友纷纷转载，不少网友表示惋惜，"极其珍稀的宋代哥窑再减一员，默哀"。（据《北京晨报》）而在此事之前，北京故宫博物院刚刚爆出 7 件展品被盗的事件。据了解，在故宫展出的被盗的这 7 件展品只象征性地投保了 31 万元，保额与其真正的价值相去甚远。这再次引发了业内对国内艺术品保险现状的深思。（据《新快报》）

其实，早在 1997 年 1 月，中国人民保险集团公司就开辟新险种，为观复古典艺术博物馆的 50 件 17 世纪的青花瓷器展提供总额为 300 万元人民币的艺术品保险保障，由此拉开了新中国成立后艺术品保险市场发展的序幕。2007 年，中国人保成立了专门的艺术品保险平台，为客户提供包括艺术品货运险、财产险和第三者责任保险在内的一站式综合保险服务，有效地将各类艺术品保险进行平台整合，提高了客户服务水平，推动了艺术品保险市场的专业化发展。2010 年，中国人保作为上海世博会的首席承保人，与太平洋、安邦等 8 家保险公司组成共保体，共同承保展品和艺术品保险。世博艺术品保险不仅对开展具体艺术品保险市场业务提供了参考，共保模式也对我国艺术品保险市场的发展具有借鉴意义。（参阅西沐：中国艺术品保险市场有 18 亿元蛋糕待开发）

针对上述艺术保险正反两个方面的案例，我们需要及时加以总结，对于成熟的经验和具体做法，要在业内加以推广，有关立法部门，要及时研究艺术保险立法，适时颁布艺术保险法律法规，尽快建立起具有中国特色的艺术保险制度。

1.9 WI-FI 时代的摄影版权

版权是印刷术的产儿。随着廉价纸张的发明和活字印刷技术的广泛应用，以往人际交流的信息，得以固定下来并批量复制，形成载有信息的产品。这就是人类早期的信息产品。这类产品所承载的，主要是文字信息和少量的图形信息。那个时候，人们一定怀着这样一些希望，要是能够即时利用声音信息、影像信息，特别是声情并茂的活动信息，那该多好。

自从有了信息产品，也就有了信息市场，当然，早期的主要是图书市场。编印一本书，需要经过信息采集或创作、文字加工及编辑、刻字、排版、校对、印刷、装订，这么多道工序，这么多的智力投入，加上在人工、机器设备上的金钱消耗，可见产品的来之不易。编印者需要销售一定量的图书才能收回成本，维持这个信息加工过程，才能给市场源源不断提供新的产品。

信息本身是不值钱的。一件事只要发生了，谁能挡得住它的传播？一件事的发生就是一个信息，看见的，听到的，不论是记在心里，还是口传出去，不用花钱，它不值价。无羁无绊，自由自在，无孔不入，信息本性如此。

但是，把信息加工成产品，情况就不一样了。就拿图书来说，编书印书得花钱，想要就得花钱买。不花钱，不会白送。生产信息产品／图书的目的是传播和获利。当图书市场出现的时候，"盗版"也随之出现——一些精明人士把别人编印的书拿去翻版复制，在市场低价倾销。

61

由于"盗版"没有经过前述那么多道工序，直接翻印，成本低廉，卖价不高，容易获取暴利。

"盗版"的行为如果不加以遏制，势必影响图书原始编印人的利益，要有一些办法才行。于是，早在800多年前我国宋代光熙年间，四川的一家印书人便想到报官，希望借助官府的力量，保护自己的利益。[①] 此后过了500多年，到了1709年，英国人制订了《安娜女王法》，赋予图书原始编印人对他们编印的图书享有一定期限的翻印、出版、出售等垄断权，即版权。从该法诞生到今天的三百年间，这种旨在对信息利用加以垄断的版权在世界范围内逐渐发展出一套越来越细致、越来越庞大的现代版权制度。

从信息产生，信息整理，到信息产品发行销售，构成信息市场的一个完整链条。版权就是因为有了信息市场才发生和发展的。复制技术是这个市场的催化剂，它为信息利用不断地提供各种可能。随着技术的发展，版权制度也发展起来。信息是自由流动的，但是，信息利用是要付出代价的。版权是维持信息自由流动和信息市场链条的一个工具。版权不是对信息本身的控制，也根本不是对复制技术的控制；版权是对信息的利用加以控制的制度。版权是国家赋予某些信息创造者对其创造的信息加以利用的一种垄断权。通过这种垄断，创造者可以借助国家的力量，对"盗版"予以追究，从而收回成本，确保信息市场自由畅通。

人类是信息动物。人类对信息获取、展示、传递的追求是无限的。法国人尼埃普斯在1826年就已经拍出了世界上第一张永久性照片，但是这种照片所需曝光时间长，技术很难掌握，不能长期保存。从1829年开始起，达盖尔和尼埃普斯进行合作，共同发展和完善尼埃普斯发明的阳光照相法。1839年，达盖尔发明了达盖尔式照相法及照相机。这种新型的照相术最可贵的一点就是：曝光时间短，降低了等候时间，做到了真

---

① 例如，宋光宗绍熙年间（1190—1194）四川眉山王偁撰《东都事略》一书目录后的《牌记》载明："眉山程舍人宅刊行，已申上司，不许覆板"。参阅，周林，李明山. 中国版权史研究文献 [M]. 北京：中国方正出版社，1999：2.

正的方便、快捷。

在达盖尔发明之后相当长一段时间，摄影仅仅是作为复制艺术品的一种单纯的复制技术而存在的。对于保存在艺术博物馆的那些艺术珍品，人们往往看不到它们的真容，也无力购买原作，摄影术的发明和应用，不仅可以满足人们在家中就能欣赏到艺术珍品的欲望，而且因其复制发行成本低廉，使艺术珍品复制品，例如明信片上的影像信息，为普通消费者买得起。

随着照相机的更新换代和摄影技术的提高，人们不再满足翻拍博物馆的艺术珍品，摄影师开始转向他们目光所及的一切信息——人、大自然、宇宙万物以及每天发生的大小事件。在摄影师开始选择所要使用的感光材料，观察、确定拍摄主题，取景或者构图，寻找精确角度，测光，准备相机，按动快门，运用各种技术，例如多次曝光技术，从这个时候起，摄影就不再是单纯复制，而是创作——真正的艺术创作。

人们从摄影作品当中能够获得不同于文字、美术、音乐、舞蹈等不同的信息，它更加准确、真实、生动，它可以还原或凝固信息发生的瞬间影像，它还可以使世事万物纤毫毕现。虽然摄影作为一种独特的艺术进入版权要晚于文字和美术，但自从它进入版权的那一刻起，通过赋予摄影家对其作品加以利用的垄断权，便使得广大摄影家得以跟其他艺术家一样平起平坐，享受法律保护。

在摄影的发展过程中，经历了银板、金属板、玻璃板、胶片几个历史阶段。数字技术出现之后，很快就发明了数字照相机。数字技术提供了比以往任何时候都更加精准的曝光、对焦、色彩还原，解决了在胶片时代对普通人来说难以掌握的许多技术问题。毫不夸张地说，在数字技术面前，任何视力不差的普通人，都具备成为摄影家的可能。而互联网技术，又使得数字影像得以方便、快捷地在瞬间传播到全世界。

在现阶段，对世间万物的描摹和 / 或表现，已经不再局限于某种特定介质，我们以往熟悉的影像，都可以把它数字化，甚至利用"云存储"技术，把它送入"云"端。这类数字影像，需要借助计算机才能够把它"读"出来，也只有在"读"出来之后，人眼才能够辨识和欣赏。在司法实践中常常会发生究竟如何判断数字影像的原创和 / 或原作者，因为，

63

创作者拿不出"底片"，而数字影像既容易丢失，又容易"后期加工"，在创作完成的瞬间将可能产生数个或无数个十分相似或者只有一分相似的影像。此时，我们又该如何判断究竟哪一个或者哪一部分影像为原作，这类影像究竟是"摄影作品"，还是"美术作品"，或者"图形作品""文字作品"。

WI-FI 是一种无线联网技术。这项技术的发明把人带入了一个新的时代——有 WI-FI 的地方，就有连接世界的信息网络。人们借助各式各样的摄影器材，例如，数字相机、手提电脑、平板、智能手机等，不仅能拍摄到清晰画面，获得精美影像，而且，可以在画面、影像（包括活动影像）在信息发生的瞬间，同步放到互联网上，跟亿万名互联网用户分享。WI-FI 时代的这种变化，给摄影版权提出更多新的问题。例如，这种人人皆得的普通影像，是否具备受版权法保护的条件？复制、转播这类影像信息，是否构成侵权？那些即时地对具体场景的再现是否具有创造性？如何认定这类影像的作者？将数字影像群发，是否超出合理使用范围？显然，传统技术条件下对摄影作品的构成要件、侵权判断、作者认定、合理使用等法律、法规、判例，可能已经不敷使用。法律必须有效地解决这样一个新问题：即时发布及共享新信息（公共利益）与信息创作者对信息利用的垄断利益（私权）的平衡。

最后，回到摄影版权。经过上述简单的回顾，我们看到了摄影是如何一步一步进入版权。通过垄断和获利的刺激，人类在摄影创作方面，已经涌现出大量其他艺术形式无法替代的作品，记录和传播日常信息，丰富着社会生活。在迅速发展的数字技术面前，借助 WI-FI，人人皆为摄影师，人人皆为影像信息发布者和传播者。网络无处不在，信息无时不有。信息创造和信息利用变得异乎寻常地容易和快捷，而原创和复制也变得越来越难以区分。我们开始熟悉的版权制度，可能又开始变得有些陌生，需要我们重新去认识。

1.10 多媒体艺术作品创作须解决版权授权问题

"北京·孔庙国子监哈辉新雅乐启程仪典"的首演，获得了巨大的成功，此活动被拍摄为视频短片，作为中国文化推广宣传片，于2012年3月在《纽约时报》广场大屏幕播出，并在网络上流传，视频点击量高达500万人次，引起海内外关注。然而，这部集文字、美术、音乐、舞蹈、影视于一体的多媒体艺术作品，却遭遇到音乐、舞蹈的部分作者的投诉，原因是，这部作品中包括一首《相和歌·子衿》的音乐电视，选用了已故北京舞蹈学院孙颖老师早年编导的4分钟左右的《相和歌》舞蹈，此舞蹈是孙颖老师编导的舞剧《铜雀伎》中的第四场的一幕，作为背景伴舞间断性出现了约1分钟左右，但《相和歌·子衿》的音乐电视中没有将"舞蹈编导：孙颖"的字样标注。这个"遗漏"引起北京舞蹈学院师生的不满，认为此行为"侵权"，并采取了法律行动。

自20世纪末开始，随着新技术的广泛应用，由多种媒体混合而成的"多媒体艺术作品"已经蓬蓬勃勃发展起来。艺术家们借助各种技术手段，把多种艺术表现形式糅合在一起，创作出许许多多新的更具表现力的作品，艺术家获得了比以往更加广阔的创作空间和可能性。例如哈辉的"新雅乐"，就是一部内容丰富、表现力强的多媒体艺术作品。

正是由于在多媒体艺术作品创作中，需要利用多种艺术元素和艺术表现形式，其中包括已经进入公共领域的元素，也可能涉及尚在版权法保护期内的其他作者的作品，艺术家就必须在创作此类作品之前，对于可能利用的他人的作品，仔细分辨其法律状态，解决好版权授权问题。

65

在一般情况下，"先授权，后使用"，是避免侵权的一种最稳妥的方式。

我们注意到，在这起版权纠纷中，作品《相合歌·子衿》的音乐与舞蹈出自于北京舞蹈学院享有合法版权的中国古典舞剧《铜雀伎》，编剧及总导演孙颖教授，作曲张磊、辛娜、谢鹏、姜景洪。2010 年夏哈辉与《铜雀伎》作曲之一签订了《相合歌·子衿》的演唱授权书，但并未取得北京舞蹈学院授权的合法使用权。在未获得北京舞蹈学院许可的前提下，使用了《铜雀伎》中《相合歌》的这首音乐与舞蹈片段。4 月 17 日，哈辉为其行为，公开向有关权利人声明表示歉意，并承诺，今后不会再以任何形式使用并许可他人使用该作品《相合歌·子衿》，建议相关互联网站撤销《相和歌·子衿》视频版本，网站以及广大网友停止转载与播放与其相关的一切《相合歌·子衿》视频版本。

版权法的立法目的是鼓励艺术创作，同时也鼓励传播，让民众可以更方便地利用作品。哈辉为创作这部作品付出了心血，这种付出需要得到尊重和保护，这部作品当中的一部分音乐和舞蹈片段，是北京舞蹈学院及相关创作者的劳动，也需要得到承认。哈辉有错即改公开致歉的做法是可取的。只有承认他人的贡献，履行合法授权手续，自己的作品才能获得尊重。

由这起版权纠纷引出一个值得研究的法律问题，即如何解决多媒体艺术作品创作的信息获得问题，也就是在哪个地方可以获得所使用的作品是由谁创作、权利人是谁、使用条件如何等信息。在这个方面，欧洲一些国家的经验值得借鉴。例如，例如德国、意大利、爱尔兰、法国、芬兰和西班牙等欧洲六国 20 世纪末提出的 VERDI 计划，德国慕尼黑1998 年建立的 CMMV 电子结算系统等，使用者可以通过相关机构，询问制作多媒体产品所需要使用的版权作品权利人的情况。

再如成立于 1996 年的 SESAM，包括了所有的法国作者协会（ SACD，SDRM，SACEM，SDRM，ADAGP 和 SCAM ）。它代表着艺术创作的各个领域音乐、绘画和造型艺术、文学及视听作品。但是 SESAM 并不是一个新的作者协会，它也没有自己独特的作品库，但是它却可以对成员协会的作品库使用于多媒体产品的专有权利进行管理。多媒体产品，需要大量的授权许可，但是，它实际上是生命周期很短的产品。因此，使用者希望通过快速、简便的方式获得有关信息，并获得许可使用这些有价值的版权作品。这种版权使用许可的获得程序如下："使用者向 SESAM 提供有关拟使用的版权作品，以及如何使用（包括全部使用、部分使用）这些版权作品等方面的信息，包括计划复制的数量、零售价格及销售地点等。根据这些信息，SESAM 将颁发在线及非在线的表演权与复制权许可，并对拟使用的版权作品进行确认。在此基础上确定相关的版税。"

在信息时代，版权授权问题面临新的问题。其主要节点在于，面对海量信息，使用者难以找到作者或权利人，向其取得合法授权或获得使用许可。在现有法律框架下，如果坚持"先授权后使用"规则，很多使用行为便落入侵权范围，这对众多作者——信息生产者传播其作品是不利的。为了解决这个难题，各国都在积极探索新的授权途径，或者"有条件的合法使用"。例如，2017 年美国斯坦福大学完成的"摄影作品低成本电子授权平台"项目，以及首先在北欧各国采取的"延伸集体管理"模式。目前，这两种授权模式以及与此类似的模式尚属试验探索，其成效有待检验。

第二编

案例研究

摄影作品：2017·艾特金牛好回家

作者：周林

2.1 几起艺术法案例评点

当结束了主要作为宣传工具的命运以后，艺术家们开始为它们的作品寻找出路。起初，艺术品只在少数涉外店堂作为旅游纪念品出售，还有一部分由艺术家的亲朋好友夹带出境，流散到异国他乡。这是 20 世纪 80 年代初期的事情。此后不久，艺术品拍卖在个别大城市出现。过去看似普通的画作竟能高价拍出，很多人动心了。随着艺术品价格的飙升和艺术市场的火爆，不可避免地出现了法律纠纷，艺术法登场了。

自 1994 年春学期开始，中央美院艺术史系首开先例，为本科学生开设艺术法课。《美术》《画廊》等专业刊物，开辟艺术法专栏，艺术市场从业人员，不仅是艺术家、画商、拍卖行，还有艺术史家、法律人参与，对中国艺术法理论和实践展开讨论。进入 21 世纪，中央美院艺术管理学院即开始招收艺术法方向研究生，目前已经有多名学生毕业。

一、摄影家薛华克诉油画家燕娅娅侵犯版权案

原告在起诉书中称，2005 年，被告向他索要作品欣赏，他将一些作品洗印件或书籍赠与燕娅娅。此后，他陆续发现燕娅娅将他的 8 幅摄影作品演绎为油画作品并展出、拍卖，其中的 4 幅作品分别以 20 余万元至 30 余万元的价格拍卖成交。

目前法院仅对其中一幅作品作出了判决，即燕娅娅的《奶奶》，薛华克指其演绎了他的摄影作品《老人》，对此索赔经济损失 1.5 万元。

法院经审理查明，2005 年，薛华克和燕娅娅分别前往帕米尔高原，以当地居民为对象进行创作，并在当地相遇。薛华克称《老人》即在当时拍摄完成，并提交了该作品的胶片底片，但未就该作品的发表情况提供证据。

燕娅娅的油画作品《奶奶》分别发表在 2006 年 12 月发行的《中国油画》杂志上，以及 2007 年 5 月出版的油画作品集《娅娅山上的故事》一书中。为了证明该油画系自己创作，燕娅娅还提交了一张草图，并附有画中老人家属的证言，称画中形象系燕娅娅于 2005 年绘制，燕娅娅还与老人家属签订了肖像权使用合同。

法庭上，法官将《老人》与《奶奶》进行比对，两幅作品均以手戴戒指的老人脸部特写为画面主要内容，两幅作品从基本的形式上看是非常相似的，但它也有很多的不同，特别是神态方面有很大的不同。

法院经审理认为，薛华克现有证据无法证明燕娅娅在创作涉案油画时有机会接触到其摄影作品。并且，燕娅娅本人确与薛华克在同一时间前往帕米尔高原进行创作。因此，现有证据不足以证明燕娅娅创作涉案油画时使用了薛华克的摄影作品。综合上述理由，法院判决驳回了原告薛克华的诉讼请求。宣判后，薛华克因不服判决向法院提交了上诉状。

本案承审法院回应公众质疑时说，两幅作品都是以相同人物为特定创作对象的，二者存在的相同之处主要属于人物本身固有的形象、姿势和神态，既非燕娅娅臆想产生，也非薛华克在拍摄过程中创造产生，而是客观存在的。作为不同类型的作品，油画《奶奶》与摄影作品《老人》的创作手法、使用的介质材料均不相同，两幅作品在尺寸、颜色以及局部细节等表现方式上也存在差异。此外，双方都认可曾于同一时间段去帕米尔高原写生，而薛华克没有《老人》这幅照片发表过的证据，也没有证据证明他给燕娅娅传过照片，也就无法证明燕娅娅接触过这张照片，所以无法认定燕娅娅构成侵权。

一审法院判决的主旨是说，创作的题材不能够被人来垄断。你觉得这个老人的形象好，你去拍摄作品，那么我去采访她，画速写，创作油画，这是法律允许的，这符合版权法的精神。如果两个作品是两个作者各自独立创作的，就不存在侵犯版权问题。

但是，薛华克起诉燕娅娅侵权作品一共有 8 组。这 8 组作品之间，虽然存在一些差异，但其中存在太多的相似性成分。综合起来分析，通常情况下，由于摄影特有的纪实功能，要说是摄影抄袭了油画不大容易，而说油画是根据摄影改编的，后者的说法更加合乎事理、合乎法理。

二、油画家曾梵志《豹》被指抄袭摄影作品《风雪之豹》

曾梵志是一位有名气的画家，2011 年 5 月 28 日他将自己的油画作品《豹》在香港佳士得慈善拍卖上义拍，这幅作品最后以 3600 万元人民币成交，所得善款全部捐给公益事业。这本是一件好事，然而，这幅作品却惹来了人们的质疑。有网友爆料说，这幅作品和曾获英国野生生物摄影 2008 年度大奖、摄影师史蒂夫·温特拍摄的《风雪之豹》相似。这幅摄影作品还曾刊登在《国家地理》杂志上。从艺术法上怎么来看这两个如此类似的作品？

对这个案例艺术界有很多的讨论，有人说，把油画《豹》跟摄影作品《风雪之豹》放在一起，"只要有基本判断力的人都会发现两者有 90% 的相同"。也有人说曾的行为是否属于一种"挪用"。"挪用"其实是艺术创作中的一种表现形式。比如，有人在达·芬奇的《蒙娜丽莎》女主角脸上加了两撇胡子，可能就是一种"挪用"。还有一些现成艺术，比如说杜桑，他把一个小便池搬到美术馆，取名为《泉》，在艺术史上是一件很有名的作品，可能也是一种"挪用"。但是笔者觉得这个案子不是挪用，而是一种明显的复制。

需要注意的是，学术上的批评和法律上的侵权是两回事。版权是私权，当事人并没有因此走进司法程序，所以这里还谈不上法律上的剽窃和侵犯版权。我们不鼓励"山寨"，但是需要对"山寨"的具体情况进行具体分析。对这种明显的复制以及随后的将它拍出高价，我们从学术批评这个角度，无论对它进行怎样的批评都是可以的。

三、"天价"徐悲鸿油画《蒋碧薇》被指造假

2010 年 6 月 22 日，北京九歌拍卖有限公司春季拍卖会上，一件名

为《人体——蒋碧薇女士》的"徐悲鸿油画"以 1200 万元起拍，经数次竞价，以 7280 万元的天价落槌成交。当时，这幅油画的拍卖信息被发布于多家网站，同时配发的还有"徐悲鸿长子徐伯阳"所出示的"背书"和"徐伯阳与这幅画的合影"，以证明该画为"徐悲鸿真迹"。然而见诸报端的一封关于"徐悲鸿油画造假"的质疑公开信，却将这幅拍出已一年多的油画再次推上了风口浪尖。10 位中央美院油画系首届研修班的学员，联名指出，这幅画是当年他们研修班的习作之一！

这个案子有意思的地方是，徐悲鸿的长子徐伯阳为这张画的"背书"，他不仅为这张画写了证明，证明这张画是他父亲徐悲鸿画的，还跟这张画在一起拍了照片，以显示画作为其父所作无疑。

这里简单地对此案做一个点评，我们选了四个关键词：

第一个关键词是"陷阱"。许多艺术家揭露出很多假画的事情，实际上当下的中国艺术品市场，用一个调侃的话就是"玩儿的就是心跳"，假画太多了，处处是陷阱。笔者认为，20 世纪末、21 世纪初这段时期的中国艺术史，注定是充满困惑的，50 年、100 年以后人们在研究这段历史的时候，他们大部分的时间不是用来欣赏艺术的高下，而是鉴别艺术的真伪，因为这个时代留下太多的假画。当下的艺术市场就是这样一种情况。如果个人承受力弱，承受不了买假蚀本的压力，就不要贸然进入艺术市场。

第二个关键词是"鉴定"。现在，许多媒体以及牵涉假画的当事人都呼吁要加强对艺术品的鉴定。确实我们有一个级别很高的鉴定委员会，有一批获得国家有关部门承认的艺术品鉴定专家。但是需要指出的是，所谓的鉴定，它没有级别之分，也没有鉴定通才。比如一个人他能看好齐白石的，他未必能看好潘天寿的。对一件作品的真伪，需要有一个规范的可靠的鉴定制度，不能因为某人有很高的头衔就认为他的鉴定意见是最准确的。鉴定制度是一个非常复杂的系统，在这个方面确实是缺乏具体的可应用的操作规范，相应的法律也很不够。

第三个关键词"保真"。艺术品市场区别于普通商品市场，对古董和旧货很难保真，它们跟我们在超市里购买批量生产的商品、工业品、普通商品是不一样的。艺术市场不保真，或者说很难保真。不保真不意味允许造假。许多艺术品的特性决定着不可能要求对它们保真。具体到某一家拍卖行，可以通过一些措施来确保客户利益，保证市场对其上拍艺术品的信任度，这是可以做到的。但是绝对的保真，在艺术市场里很难做到。

第四个关键词"免责"。《拍卖法》第六十一条条第二款规定了拍卖行的免责条款，对于拍卖图录上所标明的作品的作者、年代、价值等，那只是一个参考，拍卖行可以做出免责声明，也就是说在拍卖图录所标明的信息仅供买家参考，拍卖行不承担瑕疵担保责任。这是起草拍卖法的时候，专门为了适应艺术品拍卖市场的需要而制订的。我们不要把这样一条规定和适用于一般消费品市场、适用于一般商品的《消费者权益保护法》假一赔三那个条款相混淆。

四、成力《艺术卖比》引发争议

2011年3月20日，成力在北京通州区宋庄镇当代艺术馆参加了一场名为"敏感地带"的行为艺术展，并在现场发表了其行为艺术作品《艺术卖比》，作品内容为他和一女性进行现场性爱动作，表演后两人都被警察带走。后成力被处劳动教养一年，劳动教养期限自2011年4月24日起至2012年3月23日止。

根据北京市人民政府劳动教养管理委员会送达的"京劳审字〔2011〕第834号"《劳动教养决定书》，该委员会查明"2011年3月20日下午，成力伙同任××（另案处理）在北京市通州区宋庄镇北京当代艺术馆楼顶、地下室等公共场所，裸体进行淫秽表演，引发多人围观，造成现场秩序混乱"，并认为"成力寻衅滋事一案，事实清楚，证据充分，应予认定。现决定对成力劳动教养一年"。这是官方的认定。

有的艺术家对此持不同的观点。成力的好友郭珍明表示，成力在1998年入住宋庄，他是一个被大家公认的严肃的艺术家。此次成力参展的作品《艺术卖比》，想通过这个行为来讽刺当代艺术圈里，艺术被过度商业化的文化现实——"艺术如同卖比"。据媒体报道，成力在创作笔记上写道："《艺术卖比》作品在半夜才想出办法来。做，还是不做？

如何面对家庭和信仰？……合作者心理压力非常大，她有自己的社会关系、家庭组成。我非常感谢她……对不起妻子和女儿……"

成力的妻子表示，她对丈夫的行为完全理解并支持。

艺术还是猥亵是艺术法当中一个重要的话题。笔者认为，从艺术法角度，对具体的一件作品是艺术还是猥亵的认定，至少要考虑以下三个方面：

第一个方面，要看这个创作是不是严肃的。我们从网上搜到近三十年来成力的艺术作品目录，从 1982 年一直到 2011 年，成力有多达几十项作品发表，可见成力在宋庄发表的那个作品不是他一时的心血来潮和哗众取宠，而是他一贯坚持的艺术表达、艺术追求的一个方面。笔者认为他是一个严肃的艺术家，不是为了出名而故意卖弄噱头。

第二个方面，要考察发表作品的时间、地点、观众。成力是在特定时间（2011 年 3 月 20 日一场名为"敏感地带"的行为艺术展期间）、特定场所（宋庄镇当代艺术馆内及展馆楼上）、面对特定人（现场少数艺术工作者）发表其行为艺术作品，其行为跟普通"寻衅滋事"有很大的不同。

第三个方面，要看发表作品的目的。成力说，发表此作品的目的，是表达他对目前艺术圈里，很多艺术大腕在短时间内聘请大量的助手大量生产作品，在作品上签上自己的名字，然后进行商业化运作销售的现象"感到忧虑"和不满。对于艺术过分商业化现象，很多艺术家是通过他们的口头表达或者其他表现形式来表达不满和愤怒，而成力则是通过一个极端的形式，来表达这种意见。对这种表达，尽管笔者也不赞成，我们也许能够找到其他更恰当的形式，但是它仍然属于可以讨论的艺术表现自由或艺术批评的范畴。

五、结语

版权法鼓励创作也保护创作，但是版权不是一个动辄得咎的制度。两件作品相似不一定构成侵权。版权法从根本上说不是一般性地禁止复制，而是鼓励创作。在复制、创作、剽窃之间有它明确的法律界限。对于版权侵权不应机械地判断，而应当根据具体情况，结合案件所呈现出的全部信息，才能做出合乎事理、合乎法律的裁判。对待一件具体的作品，如果作者是严肃的，发表作品的时间、地点、观众是特定的、有选择的，发表作品目的是有所指的，把这些因素综合考量，就应当给予这类艺术创作实践更多的理解和宽容。优秀的艺术作品不是管出来的，过分的严苛将窒息艺术创作的生命。

2.2 拍卖"冒名"① 美术作品构成侵权

这是我国第一起因拍卖假冒他人署名美术作品，依版权法受到追究，并因此承担侵权责任的典型案例。② 如果仅仅从涉及版权的方面谈，则案情极其简单。

原告吴冠中③诉称，1993 年 10 月 27 日，被告上海朵云轩、香港永成古玩拍卖有限公司联合在香港拍卖出售了一幅假冒其署名的《毛泽东肖像》画，侵犯了其版权，使其声誉和真作的出售均受到了不应有的损害。原告请求法院判令被告停止侵害、消除影响、公开赔礼道歉，赔偿经济损失港币 528000 元。

被告上海朵云轩在一审法院庭审时辩称：原告认定系争作品是伪作证据不足；被告的艺术品拍卖行为在法律上不构成对原告版权的侵犯。委托拍卖行为不是商店销售行为，而是一种居间性质的经纪行为，上海朵云轩实际上不是香港拍卖活动的联合拍卖人，故请求法院驳回原告的诉讼请求。被告香港永成古玩拍卖有限公司没有应诉。

一审法院没有接受被告上海朵云轩的辩词。法院认为：公民享有表

---

① "冒名"一词在本文专指"假冒他人署名"或"错误归属"的行为。

② 即"吴冠中诉上海朵云轩、香港永成 古玩拍卖有限公司拍卖假冒其署名美术作品侵害版权"案。此案经上海市第 二中级人民法院一审及上海市高级人民 法院二审判决，吴冠中胜诉。

③ 吴冠中（1919~2010），江苏宜兴人，当代著名画家、油画家、美术教育家。

明其身份，在作品上署名的权利；同时有禁止他人制作、出售假冒其署名的美术作品的权利，公民的该项权利受法律保护。有证据表明，系争《毛泽东肖像》画，落款非原告吴冠中署名的美术作品。两被告订有共同主持拍卖的协议书，且实际共同主持了整个拍卖活动，表明对系争作品的拍卖为两被告的共同行为。拍卖是一种特殊形式的买卖，拍卖书画是一种出售美术作品的行为。两被告在获知原告对系争作品提出异议，且无确凿证据证明该作品系原告所作，落款为原告本人署名的情况下，仍将该作品投入竞拍，获取利益。两被告的行为违反了版权法的规定，共同严重侵犯了原告吴冠中的版权。法院判决原告胜诉。

（一）被告上海朵云轩、香港永成古玩拍卖有限公司联合拍卖假冒吴冠中署名的美术作品《毛泽东肖像》的行为，共同严重侵犯了原告吴冠中的版权，应停止侵害；

（二）两被告在《人民日报（海外版）》《光明日报》上载文向原告公开赔礼道歉，消除影响，内容须经本院审核通过；

（三）两被告共同赔偿原告损失人民币 73000 元。①

两被告不服一审判决，上诉至上海市高级人民法院。其主要上诉理由是，一审判决法律适用错误，本案不应适用某一被告所在地法律，而应适用"拍卖地法律"，即香港地区法律。二审法院指出，因侵权行为人之一"朵云轩"在上海，拍卖行为包括书画征集、编印发行《图录》、拍卖清账等系列行为，载有系争作品的《图录》部分流入上海，上海系本案侵权行为地之一，因此，对于本案适用中国法律是完全正确的。二审法院判决驳回上诉，维持一审法院判决书第一、二项，变更一审法院判决第三项为上海朵云轩、香港永成古玩拍卖有限公司共同赔偿吴冠中损失人民币 73000 元，其中上海朵云轩赔偿吴 27000 元，香港永成古玩拍卖有限公司赔偿吴 460000 元。本案一、二审诉讼费由"朵云轩"负担 2000 元，"香港永成"负担 3400 元。②

---

① 判决部分引自上海市第二中级人民法院判决书，（1994）沪中民字（知）字初第 109 号。

② 判决部分引自上海市高级人民法院判决书,（1995）沪高民终（知）字第 48 号。

上述案情并不复杂，我国《著作权法》对制售"冒名"美术作品的行为也有专门规定。① 但是，这起侵权案从立案到审结却花费了近两年时间，原因是什么呢？原因可能在立法本身。

我们或许还记得，关于"冒名"问题，在 1986 年 5 月国家版权局向国务院提交的我国《著作权法草案》第一稿，乃至 1989 年 12 月 14 日国务院提交全国人大常委会审议的《著作权法》议案 中，都没有作出规定。1990 年 9 月 17 日颁布的《著作权法》第四十六条（七）关于冒名问题的条款，最早出现在 1990 年 8 月 21 日的《著作权法草案》② 中。这时，距通过《著作权法》只有不到 20 天的时间。③ 第四十六条（七）的规定，或许不是深思熟虑的结果。

对 1990 年《著作权法》第四十六条（七），参加过立法工作的人大法工委的同志是这样阐释的：在复制品上或者自己的美术作品上署上他人姓名，如署上名家的姓名，是侵犯了他人的署名权……"④ "例如，画家齐白石、徐悲鸿、吴作人、黄胄等人的作品均有被假冒的现象……制作、贩卖假画，都属侵权行为。"⑤ 这些阐释至少可以反映出当时部分立法工作者的观点。

对于《著作权法》中突然增加的这一条款，并非无人提出疑义、异议，甚至反对。不过，那些观点似乎只能在该法通过以后发表的一些著述中找到。有人指出对姓名（署名）予以保护， 在《著作权法》中仅仅应从作者与作品的创作与被创作关系这一事实出发，以保护版权中的署名权为依据。这种行为没有侵害作者的版权（署名权），而是侵害了作者的姓名权，或违反了法律规定的诚实信用原则，从事了不正当竞争。因此， 对于制售 "冒名"作品的行为，应当依《民法通则》关于保护公

---

① 1990 年《著作权法》第四十六条（七），现行《著作权法》第四十八条（八）。

② 该草案第四十六条（六）。

③ 《著作权法》于 1990 年 9 月 7 日获得通过。

④ 肖峋，江流. 著作权法入门和著作权纠纷事例分析［M］. 北京：中国电影出版社，1991：101.

⑤ 河山，肖水. 著作权法概要［M］. 北京：人民出版社，1991：160.

民姓名权、名誉权的规定，或依《反不正当竞争法》予以追究。①

首例"冒名"侵权案判决后，关于"冒名"是著作权侵权问题，还是民法上的姓名权侵权问题，抑或其他法律责任问题，学术界至今争论不休。

那幅画假冒吴冠中之名，而真正作者另有他人，这似乎已成定论。因此，一批专家认为，该"冒名"作品，仅涉及吴的署名而 未涉及吴的作品，吴对系争作品无版权可言；既然无版权，何以发生版权侵权。制售"冒名"美术作品者仅对侵犯吴姓名权负连带责任。

而另一批专家则认为，吴虽无与"冒名"作品体裁、内容相同或相似的作品，但毕竟有其他美术作品。出售假冒其署名的美术作品，既侵害了他的姓名权，也侵害了他的其他美术作品的版权，是一种双重侵权行为。市场上赝品多了，势必影响对真品 的艺术评价和商业标价。因此，只要出售假冒吴署名的美术作品的行为，影响了吴在其他体裁、内容方面的美术作品著作权权益，便也是对吴版权的侵害②。

其实，对于制售假冒他人署名作品的行为，并不是新提出来的问题。从历史上看，在我国第一部著作权法——《大清著作权律》第 13 条中，即将制售假冒他人署名的作品行为列为一种禁例，并规定了相应的罚则。其第三十六条规定："不得假托他人姓名发行己之著作………"第四十条规定，"凡假冒他人之著作，科以四十元以上四百元以下之罚金；知情代为出售者，罚与假冒同。"当时即有学者指出：假托他人姓名发行己之著作"系窃著作者之名而易其物。总之同属于以伪乱真，而侥幸射利"。"盖法律之精神，在禁止著作者之姓名，被他人假托"。"彼因自己之著作，并无价值，而以诈称当世有名著作者之姓名，为一种假冒之方法，即影射作伪，损害所被假托者之名誉。"该学者指出，盗版的行为是 "冒其实"，假冒他人署名发行自己作品的行为是"冒其名"。这条规定"正所以保护著作权之权利"。③

① 刘东进. 著作权法［M］. 北京：中国科技出版社，1993：237.

② 真东. 难为的一桩公案［N］. 法制日报，1995-11-14（6）.

③ 秦瑞玠. 著作权律释义［M］. 上海：商务印书馆印行，1914：46-47.

对于制售假冒他人署名作品，侵犯作者版权的行为，我们亦可以在国外一些版权法中找到例证。例如，日本《著作权法》第一百二十一条规定：用非著作人之人的真名或周知的假名，作为作者署名用于作品的复制物并加以发行者，处一年以下的徒刑或三十万元以下的罚金。① 日本学者认为，"冒名"者的目的在于借名作者之名，推销自己作品，② 构成"诈称作者署名罪"③。

英国 1988 年《著作权法》第八十四条专门对作品之虚假署名作出规定，其有关内容包括：任何人都有使自己免于被虚假地署名为某一艺术作品作者的权利，出售带有虚假署名的作品的行为侵犯此项权利。英国学者指出，这条规定是基于 1956 年《著作权法》第四十三条④产生的⑤。反对"冒名"的权利，在英国《著作权法》中，属于第四章精神权利的内容。

1990 年美国通过了一项《视觉艺术家权利法》。该法赋予视觉艺术作品⑥作者两项重要的精神权利：归属权（Right of Attribution）和保护作品完整权 (Right of Integrity)，其内容并入美国《著作权法》第 106 条 A。根据该条 (a)(1)(B) 的规定，视觉艺术作品作者有权"禁止将其姓名作为作者署名用于其未参与 创作的任何作品"。美国学者认为，这项反"冒名"的权利是作者 归属权的应有之意⑦。作者从创作中获得一种"名

① 据 1992 年文本。

② 半田正夫，等. 著作权法 50 讲 [M]. 北京：法律出版社，1990：356.

③ 出处同上，第 355 页。

④ 该条禁止将某作品错误地归属某人。

⑤ Peter Groves ： Copyright and De-signs Law, Graham & Trotman Limit-ed, 1991, Page 131.

⑥ 《美国著作权法》第 101 条将"视 觉艺术作品"定义为：（1）现在单件，200 件以下有限版本，或少量由作者 签名或编号的绘画、素描、印刷品或 雕塑，或者，200 件以内或少量由作者 编号或只有作者签名或其他识别标 记，经多重浇铸、雕刻或加工的雕塑， 或者 (2) 现存有签名、编号的单件或 200 件以下有限版本、为展览目的而 制作的静止摄影图像。

⑦ Edward J. Damich, State " Moral Rights" Statutes: An Analysis and Crit- igue. Vol. 13, No, 3, Law & Arts ,306 -307(1989).

誉利益"(Reputational Benefit)，赋予其反"冒名"的权利，就是要保护这种利益①，保护创作活动本身②。

承审法官们肯定了解一些上面的情况。本案事实清楚，《著作权法》上又有明文规定，似乎简单地适用法律便可以结案了。然而，由于《著作权法》对"冒名"行为的构成要件和法律效果并不确定，因而原告方没有能够绕开"找法"的工作，承审法院仍然需要进行必要的"法律解释"，③"以便阐明其意义，明确其构成要件和法律效果"④。

此案的判决是明确的，被告联合"拍卖假冒吴冠中署名的美术作品"，"严重侵犯了原告吴冠中的版权，造成其物质和精神损害"⑤。值得注意的是，法院判决的理由是："公民享有表明其身份，在作品上署名的权利；同时有禁止他人制作、出售假冒其署名的美术作品的权利，公民的这项权利受法律保护⑥。"法院实际上是对《著作权法》第十条（二）作出了"扩充的审判解释"⑦。即至少对于美术作品作者而言，他依版权法所享有的署名权，除了在作品上署名，表明作者身份的权利以外，还有禁止他人假冒其署名的权利。

署名权所包含的肯定与否定的意思，不仅在前述日本、英国、美

---

① Randolph Stuart Sergent，Building Reputational Capital ： The Right of At-tribution Under Section 43 of the Lan- ham Act, Vol. 19, No, 1-2, Law &Arts, 75(1995).

② 杜博夫. 艺术法概要［M］. 北京：中国社会科学出版社，1995：154.

③ 法学研究［J］. 1995，（2）：83.

④ 同上。

⑤ 见上海市第二中级人民法院判决 书，（1994）沪中民（知）初第 109 号。

⑥ 同上。

⑦ 根据 1979 年《人民法院组织法》第三十三条，审判解释是指最高人民法院对审判过程中适用法律问题作出的有权解释。本案承审法院在审判过程中曾就有关法律适用问题向最高人民法院请示。虽然最高人民法院的答复未知其详，但有两点是可以肯定的：（1）两被告不听劝阻，执意拍卖假冒原告署名的美术作品，属于严重的侵权行为；（2）对此侵权行为可按照 1990 年《著作权法》第四十六条（七）的规定予以处理。

国版权法中，而且在 WIPO 出版的《伯尔尼公约指南》对第 6 条之二所规定的"作者身份权(right of paternity)"的解释中，也有相似内容：该作者身份权可由作者按真意愿行使；它甚至可以否定的方式来运用，例如，以假名或匿名发表其作品，以及，在任何时候改变主意，恢复真名或公布署名。根据这项权利，作者有权拒绝把他的署名用于根本不是他的作品，任何人亦不得将他人署名用于并非由该署名人创作的作品。① UNESCO 出版的《版权基础知识》在回答"什么是作者身份权"时指出：作者还有权禁止……把其姓名与另一作者的作品联系起来②。

我们不能肯定上述两部著作是否代表了出版它们的两个组织的观点，是否仅仅是某种"指导性"③ 或"辅导性"④ 意见，结合中国版权法，我们或许可以得出两个初步结论：第一，1990 年《著作权法》第四十六条(七)的规定，以及上海市两级人民法院(依据最高人民法院的批复)在对首起"冒名"侵权案所作判决中对第十条(二)的 解释，没有超出国际版权公约《伯尔尼公约》所确定的保护范围；第二，对"冒名"问题的规定并不是"中国特色"，许多国家的立法，甚至国际公约中都有相似或相近的条款。

应当承认，上述结论没有能够直接回答"冒名"行为；是侵犯了姓名权还是侵犯了版权这个问题。正如本文第二部分中所述，在这个问题上一直存在着两种截然不同的观点。⑤ 认为"冒名"行为侵犯姓名权的观点，主要是基于民法理论：权利的产生须以其客体(或标的)为前提。⑥ 版权是因作品创作而产生 的；"冒名"作品除署名以外与被冒名者毫无关系，在这种情况下谈不上对被冒名版权侵犯。认为"冒名"行为侵犯

---

① 《伯尔尼公约指南》第 41 页。
② UNESCO：The ABC of Copyright，第 24 页。
③ 《伯尔尼公约指南》第 4 页鲍格胥所序。
④ 《伯尔尼公约指南》前言。
⑤ 郑成思. 版权法 [M]. 北京：中国人民大学出版社，1990：147.
⑥ 佟柔. 中国民法 [M]. 北京：法律出版社，1990：51. 谢怀栻. 论著作权 [G] // 版权研究文选. 北京：商务印书馆，1995：59 页.

版权的观点，似乎仅仅是出于"实际需要"。如保护作者（而非一般公民）的声誉①，以及保护作者作品的市场价值。②

笔者支持后一种观点。我们或许可以从保护作者的"精神利益"这个角度来看这个问题。谢怀栻教授说："著作人格权是由于其与著作物（作品）相联系而受保护的。"③作者的精神权利不仅仅是维护精神利益，也是为了维护经济利益。"在版权中，经济利益和精神利益是不可分的。"④谢教授特别举例说明这一点。"名人"的作品比非名人的作品"价值"高，同样一篇作品署上"名人"的名字，就可以得到高稿费。有人为他人代笔写文章，交他人署名发表，从他人取得报酬，"这都是通过放弃或转让精神权利（署名权和发表权）而取得经济利益的例子"。⑤当然，谢教授是想通过这些例子，说明没有必要因此特别设立一种"精神权利"。⑥笔者所强调的是作者，而非普通公民，通过创作取得了一种"名誉利益"，这种利益正是受版权法保护的。

从这个观点出发，我们对法国《知识产权法典》第L.121-1条所规定的作者享有使其姓名得到尊重的权利便可能有新的认识。法国人是聪明的，他们没有对精神权利作出具体的限定，而是笼统地赋予作者一种使其姓名得到尊重的权利。凡属违反法律规定，包括违反尊重作者姓名的法律规定的行为，均属于"侵权犯罪"。⑦法律之所以这样规定，完全是为了保护作者因创作作品而产生的"利益"。法国知识产权法所规定的"尊重姓名权"专属作者，这便把它同民法上"姓名权"区分开来。

---

① 郑成思. 版权法［M］. 北京：中国人民大学出版社，1990：147.

② 韦之. 论署名权［M］. 著作权，1992（3）：26.

③ 谢怀栻. 论著作权［G］// 版权研究文选. 北京：商务印书馆，1995：59. 这句话中"著作人格权"，我解也可用"精神权利"来表述，见谢文第61页。

④ 同上，第62页。

⑤ 同上。

⑥ 同上。

⑦ 《法国知识产权法典》第L. 335-3条。

　　近年来，我国司法实践中对基于某种行为而产生的某种"利益"或"民事权利"的保护已有数例。例如，1994 年最高法院对广西"电视节目预告表"纠纷案的答复中便确认"电视节目预告表"是电视台通过复杂的专业技术性劳动制作完成的，电视台对其劳动成果应享有一定的民事权利。[①] 尽管"电视节目预告表"不具有版权法意义上的独创性，不宜适用版权保护，但根据我国实际情况，应对电视台所享有的这一民事权利予以适当的法律保护。

　　再如，在张昌等诉天津泥人张彩塑工作室、天津市泥人张工艺经营部、天津泥人张塑像艺术公司侵犯姓名权、商标权、版权、名誉权一案中，一审法院天津市中级人民法院便确认，原告所称被告使用"泥人张"，侵犯张明山姓名权，"其实质是主张'泥人张'称号作为一种利益，不应由被告享有"。[②] 原告的这种主张得到了法院支持。

　　关于"冒名"行为究竟是侵犯姓名权还是侵犯版权这个问题的讨论还会继续下去。虽然从表面上看，这种讨论是围绕着"冒名"行为的违法性进行的，但如果深入研究下去，还必然会碰到诸如制裁范围问题、诉讼主体问题、诉讼时效问题以及对假冒作品的处置问题，等等。这些问题或许都不是不经过讨论和研究一下子就可以作出回答的。理论要随着时代和社会现实的发展而发展，相信这种讨论将对版权理论研究产生积极影响。现实中确实存在着较严重的"冒名"问题。特别是冒用已故艺术大师署名问题，一般就无法用保护姓名权的方法予以解决。对于作者（包括已故作者）因创作而产生的某种"利益"，用保护版权的方法予以保护，不失为一种好方法。

---

① 引自 1994 年 9 月 7 日最高法院对广西"电视节目预告表"纠纷案的电话答复。

② 引自天津市中级人民法院判决书，（1995）中知初字第 1 号。

2.3 玩具积木块能否作为美术作品受版权法保护

一、案情

1、当事人

上诉人（原审原告）乐高公司

被上诉人（原审被告）广东小白龙动漫玩具实业有限公司

2、基本事实

上诉人乐高公司系"LEGO"玩具权利人。2007年乐高公司发现在北京西单购物中心出售的小白龙公司生产的"COGO积高玩具"及"小白龙LWDRAGON玩具"中有81件玩具积木块跟其享有权利的积木块相同或相似，侵犯其版权，遂将北京西单购物中心和小白龙公司诉至法院。请求赔偿经济损失人民币三十万元。原审庭审时，乐高公司曾陈述其赔偿请求为每个积木块人民币1500元。原审庭审后，原审法院决定按庭审确定的主张权利的63件玩具积木块，将案件分成63个案件。后乐高公司向原审法院提交了分案后的起诉书，针对每一个案件，乐高公司的诉讼请求是：1. 责令小白龙动漫公司和西单购物中心立即停止销售侵犯乐高公司版权的产品；2. 责令小白龙动漫公司立即停止生产侵犯乐高公司版权的产品；3. 责令小白龙动漫公司在人民法院监督下上交并销毁侵犯乐高公司版权的库存产品以及生产上述产品的模具，相关费用由小白龙动漫公司承担；4. 责令小白龙动漫公司在《法制日报》上刊登声明，以消除因侵犯乐高公司著作权所造成的不良影响；5. 责令小白龙动漫公司赔偿乐高公司因侵犯其版权给乐高公司造成的损失人民币 4762 元；6. 责令小白龙动漫公司支付乐高公司调查取证的合理支出人民币 866 元，并承担本案全部诉讼费用。

乐高公司提交了购买玩具费用、公证费、翻译费和律师费用的相关发票，上述发票显示，购买玩具的费用共计人民 16938 元，公证费用共计人民币 5400 元，翻译费用人民币 2190 元，律师代理费用人民币 30000 元，上述费用系乐高公司针对包括本案在内的共计 63 件案件的维权费用总和。

原审被告小白龙公司辩称：1. 原告的玩具积木块不具有艺术性和独创性，不是版权法保护的作品；2. 原告主张对本案玩具积木块享有版权缺乏事实依据；3. 小白龙公司所生产的玩具积木块系从英国积高公司取得授权，其产品跟乐高玩具不相近似，没有侵犯原告版权。

小白龙公司认可乐高公司从西单购物中心购买的涉案积木玩具确系由其生产。小白龙公司为证明其生产的被控侵权玩具有合法的权利来源，提交了该公司与英国 COGO 集团有限公司于 2006 年 8 月 1 日签订的《授权书》。

西单购物中心辩称：1. 其与小白龙公司并无任何法律关系，它出租柜台给小仙贝商贸有限公司，乐高公司所诉商品由该柜台销售，西单购物中心不是实际销售者；2. 它已经通知小仙贝商贸公司停止在西单购物中心销售涉案玩具。乐高公司的诉讼目的已经达到，应当撤回对其起诉。

二、案件审理及裁决

1. 原审法院的审理及裁决

原审法院由一个合议庭对原告主张权利的 63 件作品按 63 个案件进行审理。经过公开开庭审理，在原告主张权利的全部 63 件作品中有 6 件获得原审法院支持，而 57 件被驳回。

原审本院认为，本案涉及如下焦点：

（1）原告是否依据合同受让了与涉案积木块相关的知识产权。

因涉案积木块的技术图纸中以及产品图册中均有"lego"标识，该标识系乐高集团使用的字号，且原告提交的《知识产权转让协议》中显示，与乐高产品相关的所有知识产权都归属于乐高系统公司，因此，在被告未提交相反证据的情况下，依据上述证据可以证明涉案积木块创作完成时，与其有关的知识产权应归属于乐高系统公司。

鉴于乐高系统公司、英特莱特公司与原告签署的《知识产权协议》中明确指出，上述两公司享有的一切知识产权均归属于原告，故乐高系统公司针对涉案积木块的相应知识产权依据该协议将归属于原告。

虽然涉案协议生效时间为 2008 年 1 月 1 日，但鉴于该协议各方约定受让方有权对协议生效日之前发生的任何侵犯知识产权的行为采取法律行动，并且享有任何和全部源于该法律行动的法律救济，故虽然涉案被控侵权行为发生时间为协议生效之前，但原告亦有权针对该行为提起侵权诉讼，并获得救济。

（2）原告主张版权的涉案积木块是否构成美术作品。

鉴于美术作品系具体的作品类型之一，其显然应符合版权法对于作品的基本要求，故在判断涉案积木块是否构成美术作品之前，本院首先对其是否构成作品，是否符合作品的基本要求予以判断。

《中华人民共和国著作权法实施条例》第二条对于作品进行了具体限定，其规定，"著作权法所称作品，是指文学、艺术和科学领域内具有独创性并能以某种有形形式复制的智力成果"。由该条规定可知，构成作品的智力成果应具有独创性及可复制性，不具有上述任一特性的智力成果均不构成作品。其中，独创性是作品的本质属性。

鉴于此，本院现首先对于涉案积木块是否具有独创性予以评述。

对于独创性的具体含义，虽然在版权法及版权法实施条例中均无明确规定，但通常而言，智力成果如符合如下条件可认定其符合作品的独创性要求：首先，该智力成果应系作者独立创作，而非对他人智力成果的抄袭。其次，该智力成果的智力创作性应达到版权法所要求的基本高度。应注意的是，基本的智力创作性高度并非要求该智力成果达到较高的艺术或科学的美感程度，而仅是要求作品中所体现的智力创作性不能过于微不足道。由此可知，只有作者独立创作的、达到基本的智力创作性高度的智力成果才符合独创性的要求，可以作为作品获得版权法保护。

之所以要求作品应达到基本的智力创作性高度，系考虑到版权法第一条中明确规定，鼓励"作品的创作和传播，并促进社会主义文化和科学事业的发展与繁荣"系版权法的立法目的。在独创性是作品核心属性的情况下，对于作品独创性的要求当然亦应符合版权法这一基本立法目的。对于未达到基本的智力创作性高度的智力成果而言，因创作者在该智力成果中所进行的智力投入过少或微不足道，如对其予以保护，将既可能导致客观上难以对于作品的创作或文化、科学事业的发展与繁荣起到基本的促进作用，从而与版权法的立法目的并无直接关联，亦可能导致不合理地占有公有资源，从而不合理地损害公共利益。基于此，本院合理认为作品只有达到基本的智力创造性高度才符合版权法的立法目的，符合作品独创性的要求。

在驳回原告的 57 个判决中，原审法院认为，判断原告主张该 57 件积木块是否构成美术作品——对该主张更为严谨的表述应为涉案积木块这一载体所承载的表达是否构成美术作品时，其关键在于该表达是否由原告独立创作且已达到版权法所要求的基本的智力创作性高度。本案中，虽然在被告未提供反证的情况下，可以认定涉案积木块中所体现出的表达系由原告所独创，但本院认为，这一智力成果的创作性高度过于微不足道，未达到作品的独创性所要求的基本的创作性高度。鉴于此，本院认为，涉案积木块所承载的表达不具有独创性，不构成美术作品，原告认为被控侵权积木块构成对其美术作品版权的侵犯的主张不能成立，本院不予支持。

综上，原审法院依据《中华人民共和国著作权法》第一条、第三条、《中华人民共和国著作权法实施条例》第二条、第四条之规定，判决驳回原告乐高公司对该 57 件作品的全部诉讼请求，案件受理费由原告乐高公司负担。

在支持原告主张的 6 个判决中，原审法院认为，因涉案积木块系对马等动物及其他实物的艺术抽象，其具有一定艺术美感，达到了基本的智力创作性高度，故涉案积木块所承载的表达符合作品的独创性要求，构成版权法上的作品。原告对其该 6 件积木块作为美术作品享有版权的主张于法有据，应予支持。

关于小白龙公司生产被控侵权积木块的行为是否侵犯了原告享有的复制权，原审法院认为应考虑几个因素：一、被控侵权积木块是否采用了原告涉案作品相同或实质性近似的表达；二、被告对于原告涉案作品是否具有接触的可能性。原审法院认为，鉴于原告作品在被控侵权积木块生产销售之前已公开发行，故在被告未提交足够反证的情况下，本院依法认定被告对于原告作品具有接触的可能性。在此基础上，将被告的被控侵权积木块与原告作品进行比对可看出，二者虽有一定差异，但该差异过于微不足道，因此二者构成实质性近似，被告的被控侵权积木块系原告作品的复制件，被告生产被控侵权积木块的行为构成复制行为。

被告小白龙公司虽然主张其生产被控侵权积木块的行为具有合法授权，但其提交的证据中并未涉及版权的使用授权，因此，被告的该主张不能成立。在被告生产被控侵权积木块的行为已构成复制行为，且被告亦未举证证明其已获得原告许可的情况下，原告认为被告生产被控侵权积木块的行为构成对其复制权侵犯的主张于法有据，本院依法予以支持。

被告小白龙公司、西单购物中心销售被控侵权积木块的行为是否侵犯了原告的发行权。

《著作权法》第十条第一款第（六）项规定，发行权，即以出售或者赠予方式向公众提供作品的原作或复制件的权利。

鉴于原告对于涉案作品享有版权中的发行权，因此，其有权禁止他人实施对其作品的发行行为，即禁止他人实施以出售或者赠予方式向公众提供作品的原件或复制件的行为。本案中，在被控侵权积木块系原告作品复制件的情况下，被告小白龙公司、西单购物中心销售被控侵权积木块的行为构成对原告作品的发行行为。鉴于被告未举证证明其已获得原告许可，故该发行行为构成对原告享有的发行权的侵犯。原告认为上述行为构成对其发行权的侵犯的主张于法有据，本院依法予以支持。

被告小白龙公司、西单购物中心应承担的民事责任。

由《著作权法》第四十七条第（一）项规定可知，未经著作权人许可，复制、发行他人作品的，除非版权法另有规定，应当根据情况承担停止侵害、消除影响、赔偿损失等民事责任。

本案中，鉴于被告小白龙公司及西单购物中心销售被控侵权积木块的行为已构成对原告发行权的侵犯，因此，原告要求上述两被告停止侵权的诉讼请求，于法有据，本院依法予以支持。

对于原告要求被告小白龙公司承担赔偿损失的民事责任的诉讼请求，本院认为，鉴于被告小白龙公司生产被控侵权积木块的行为已构成对原告版权的侵犯，故其应依法承担赔偿损失的民事责任。对于赔偿损失的具体数额，鉴于当事人既未提交原告损失的证据，亦未提交被告获得的证据，因此，本院将在考虑被控侵权行为的性质、被告的主观状态、被告产品售价及案件其他具体情节的基础上，对赔偿数额予以酌定，并在合理范围内考虑原告基于本案诉讼的合理支出。

对于原告要求被告小白龙公司上交并销毁库存产品以及生产上述产品的模具的诉讼请求，本院认为，鉴于该诉讼请求已被停止侵权这一民事责任所涵盖，因此，对这一诉讼请求本院不予支持。

对于原告要求被告小白龙公司消除影响的主张，本院认为，鉴于被控侵权产品仅系被告小白龙公司生产的成套产品中的一个组件，在该产品所占比例很小，故在原告并未举证证明该行为确对原告造成不良影响的情况下，依据现有证据本院对原告要求被告小白龙公司消除影响的诉讼请求不予支持。

综上，依据《中华人民共和国著作权法》第十条第一款第（五）项、第（六）项、第四十七条第（一）项、第四十八条、《中华人民共和国著作权法实施条例》第二条、第四条之规定，本院判决如下：

于本判决生效之日起，被告广东小白龙玩具实业有限公司立即停止生产、销售被控侵权积木块；

于本判决生效之日起，被告北京华远西单购物中心有限公司立即停止销售被控侵权积木块；

于本判决生效之日起十日内，对该 6 件作品，被告广东小白龙玩具实业有限公司赔偿原告乐高公司每件作品经济损失 4762 元，合理支出 866 元。

驳回原告乐高公司的其他诉讼请求。

案件受理费人民币由被告广东小白龙玩具实业有限公司负担。

2．终审法院的审理及裁决

尽管在 63 件作品中有 6 件获得原审法院支持，但是，在获得支持的 6 个判决中，均没有支持原告要求销毁被告生产工具的主张，所以，乐高公司对原审判决均表示不服，向北京市高级人民法院提起上诉，请求撤销原审判决，依法改判并支持乐高公司原审诉讼请求。

针对原审法院支持其主张的 6 个判决，乐高公司上诉理由主要是依法销毁用于制作侵权的模具。针对原审法院驳回其主张的 57 个判决，乐高公司主要上诉理由是：一、原审法院没有对"基本的创作性高度"给出定义，于法无据。二、原审法院认定上诉人请求保护的乐高玩具积木块作品的创作性高度"过于微不足道"没有事实依据。三、原审法院的判决完全否定了此前相同案件中已生效的人民法院判决、背离了人民法院在相同案件中的司法实践。

小白龙动漫公司和西单购物中心服从原审判决。

终审法院经过审理，针对乐高公司上诉的全部 63 个原审判决，终审法院维持了其中 52 个判决，改判了一个判决。

在本案二审审理过程中，乐高公司向法院提交了两份新证据。证据一是乐高公司职员彼得·托斯隆德·克贾尔先生出具的宣誓书，以证明乐高公司请求保护的涉案积木块作品系该公司花费大量资源并经特殊的创作程序而独创完成的。证据二是中华人民共和国国家版权局于 2010 年 10 月 8 日颁发的版权登记证书，以证明乐高公司请求保护的涉案积木块作品已经在中国获得了版权登记。终审法院对上述证据的真实性予以确认。

二审中，乐高公司主张终审法院曾经在 2002 年对乐高公司诉天津可高公司版权侵权诉讼案的判决（〔2002〕高民终字第 279 号民事判决书）中，已经确认了涉案积木具有独创性，涉案积木与该案中玩具块号为 2551 号的"划艇"积木完全相同。

终审法院认为：本院 2002 年 12 月 8 日作出的〔2002〕高民终字第 279 号民事判决中所确定的"划艇"玩具组块具有版权，与本案涉案积木块基本相同。乐高公司在本案中所提交的涉案积木块为划艇的形态，划艇虽常见，但表现划艇的形态及样式却可以是多种多样，乐高公司的涉案积木块系对划艇的一种艺术抽象，具有一定的艺术美感，体现了乐高公司的选择、取舍、安排，达到了版权法上所要求的创造性高度，因此涉案积木块所承载的表达符合版权法对独创性的要求。在此基础上，鉴于涉案积木块同时亦具有可复制性，故其构成版权法意义上的作品。根据本案现有的乐高公司在二审诉讼期间提交的版权登记证书等证据，涉案积木块的版权属于乐高公司。乐高公司此上诉理由具有事实和法律依据，本院予以支持。原审判决对此认定错误，本院予以纠正；小白龙动漫公司关于乐高公司涉案玩具积木块不构成作品的抗辩理由，不能成立，本院不予采纳。

终审法院认定小白龙动漫公司生产被控侵权积木块的行为已构成对乐高公司版权的侵犯，故判决其应依法承担赔偿损失的民事责任。终审法院判决认为，原审判决认定事实错误，依法应予纠正。依据《中华人民共和国著作权法》第二条、第十条第一款第（五）项、第（六）项、第四十八条、第四十九条，《中华人民共和国著作权法实施条例》第二条、第四条，《中华人民共和国民事诉讼法》第一百五十三条第一款第（三）项判决如下：

一、撤销中华人民共和国北京市第一中级人民法院〔2010〕一中民初字第 16769 号民事判决；

二、自本判决生效之日起，广东小白龙动漫玩具实业有限公司立即停止生产、销售被控侵权积木块；

三、自本判决生效之日起，北京华远西单购物中心有限公司立即停止销售被控侵权积木块；

四、自本判决生效之日起十日内，广东小白龙动漫玩具实业有限公司赔偿乐高公司经济损失人民币四千七百六十二元，合理支出人民币八百六十六元。

五、驳回乐高公司的其他上诉请求。

3．与此案有关的在先判决

20 世纪 80 年代丹麦乐高公司生产的玩具开始进入中国市场，深受中国消费者喜爱，同时，仿冒侵权现象也随之产生。为了制止侵权，乐高公司依照中国版权法，在广州、北京等地提起诉讼，维护自己权益。对乐高公司主张权利的玩具积木块是否符合受保护的条件，是否给予版权法保护或其他法律保护，中国法院曾经做出过判决。

例如，1999 年 7 月 28 日广东省高级人民法院对乐高公司诉东莞市乐趣玩具实业公司侵犯专利权、版权案作出终审判决：支持了上诉人乐高公司关于被上诉人专利侵权、被上诉人实施了不正当竞争行为的主张；关于上诉人主张其享有版权而请求作为实用艺术品保护的 34 件作品，法院认为，其中第 1、2、3、4、5、6、7、8 号作品为半身人头像，这 8 件作品，人物形象比较完整，面部表情丰富，能表达出人的思想感情，具有一定的审美意义，应确认上诉人对该 8 件作品享有版权。对其他 26 件作品，法院认为只是一般的造型组件，侧重于实用性，组件本身缺乏审美意义，也无法使人体会其要表达何种意境，上诉人同样未能说明这部分作品单独陈设时有何种欣赏价值，因而不能认定这些玩具组件为实用艺术作品，它们不受版权法的保护。终审法院判决变更广州市中级人民法院（1997）穗中法知初字第 38 号民事判决的第 1 项为：被上诉人东莞市乐趣玩具实业公司自本判决发生法律效力之日立即停止制造、销售侵害第 90101532.6 号、第 89302378.7 号、第 89302380.9 号专利权的产品，第 1、2、3、4、5、6、7、8 号版权作品，停止使用乐趣 665 玩具包装盒的包装、装潢，并销毁制造侵权产品的专用模具。（见广东省高级人民法院民事判决书〔1999〕粤法知终字第 25 号）

2002 年 12 月 18 日，北京市第一中级人民法院对英特莱格公司诉可高（天津）玩具有限公司侵犯版权案作出一审判决：在英特莱格公司主张版权的 53 种乐高玩具积木块实用艺术作品中，有 50 件具有独创性和艺术性，符合实用艺术作品的构成条件，应受法律保护。对该 50 件作品，可高公司产品与之实质性相似构成侵权的有 33 件；可高公司产品与之相比不构成实质性相似、不构成侵权的有 17 件。北京市第一中级人民法院依照《著作权法》第四十六条第（一）、（二）项及《实施国际著作权条约的规定》第一、二、三条，第六条第一款之规定，判决①可高公司停止生产、销售侵权产品的行为，侵权产品模具交本院销毁；②可高公司赔偿英特莱格公司经济损失5万元,合理的诉讼支出17017元；③可高公司在《北京日报》上公开向英特莱格公司赔礼道歉；④复兴商业城停止销售侵权产品；⑤驳回英特莱格公司的其他诉讼请求。（见北京市第一中级人民法院〔1999〕一中知初字第132号民事判决书）

本案终审判决维持原判。（见北京市高级人民法院〔2002〕高民终字第279号民事判决书）

4. 分析及评论

乐高与可高版权纠纷案在2002年曾被媒体称作中国十大知识产权案件之一。当北京市高级人民法院做出终审判决，宣布原告乐高公司胜诉时，乐高公司在其官方网站上发表言论，认为"这起案件在中国的知识产权保护中具有里程碑意义"。美联社也发专电，认为"此案的审理标志着中国加入WTO后加大了对知识产权的保护力度"。这的确是一个里程碑式的判决：这是中国法院第一次以判决的形式确认实用艺术作品的版权并给予充分的法律保护。

然而，对于在2011年6月20日北京市高级人民法院针对乐高公司诉小白龙公司侵犯玩具积木块版权的判决，乐高公司却感到十分不满。第一，对于乐高公司主张版权的63件玩具作品，只有7件获得支持，胜诉率只有约11%；第二，在驳回的56件作品中，包含一件曾经于1999年在同一个法院认定为具有独创性和艺术性的作品——为什么从前支持的，现在不支持，道理在哪里？第三，对于原审法院所称大部分作品创作性"微不足道"，终审法院所称"缺乏版权法意义的创造性劳动"的理由，乐高公司认为在中国版权法里面没有关于"创作高度"的规定和要求，法院的理由没有依据，难以为当事人把握；第四，在以往的诉讼中，法院通常安排由一个合议庭将多个涉案作品一并审理，而本案则在原审审理中将原本可以合并审理的案件分成了63个案件,发出了63份判决书，在终审审理中竟然将63件涉及相同内容的案件交由3个合议庭审理，这种安排违反了中国法院自己制定的"方便诉讼"原则，给当事人带来不必要的麻烦。

中国有关法律对象乐高玩具积木块是否构成"实用艺术作品"没有明确规定。1990 年颁布的《著作权法》对"实用艺术作品"未置一词。在我国加入两个国际版权条约之后于 1992 年经国务院发布的《实施国际版权条约的规定》，倒是对实用艺术作品有所规定，具体内容是："对外国实用艺术作品的保护期，为自该作品完成起 25 年。"从条文上看，似乎是立者感觉到在对实用艺术作品的保护上，我国 1990 年版权法与国际版权条约比较尚有差距，所以必须在《实施国际版权条约的规定》中加以解决，给予外国实用艺术作品的权利人 25 年的保护。

在我国版权法颁布实施一段时间，特别在对这部法律修订期间，一些外国学者曾指出，对实用艺术作品不给予版权法保护就低于国际条约标准的这种担心是不必要的，因为中国专利法中对于一些具有美感和艺术性的设计等，已给予了一定保护。

在 2001 年修订完成的我国版权法中，仍然没有出现"实用艺术作品"一词。参加立法工作的专家分析的原因有三：一是实用艺术作品与纯美术作品不易区分，有些美术作品创作出来的时候属于纯美术，但是可以用在工业产品上。比如齐白石的画最初是纯美术作品，以后可能印在茶杯上。如果印有美术作品的茶杯也由版权法保护，就会混淆文学艺术产权与工业产权的界限，而工业产品本应由工业产权调整，不应由版权法调整。二是实用艺术品同工业产权中的外观设计不易区分，工业产权保护在手续和保护期方面显然不具备版权保护的优势。如果都用版权保护，将会严重影响工业产权保护体系的发展。三是实用艺术作品同工艺美术作品不好区分。该专家认为，在我国，实用艺术作品的艺术方面，可以按美术作品保护。申请外观设计的实用艺术作品，可以以工业产权保护。

一些学者指出，修改后的版权法及其实施条例虽然未明确涉及实用艺术作品，但是可以理解为实用艺术作品可以作为美术作品在我国受到版权法保护。

上述解释似乎可以归结为一点，即不论版权法是否对"实用艺术作品"有明确规定，只要请求保护的客体具有某种"艺术"成分，即可同美术作品一样，受版权法保护。

这种解释在本案得到部分印证。对于获得终审法院支持的 7 件作品，法院认定其具有艺术性和独创性，而对未获得支持的 56 件作品，终审法院认定其"缺乏版权法意义的创造性劳动"。然而，由于中国法律对何谓"创造性劳动"及满足保护条件的"创造高度"没有明文标准，这就使司法审判有可能出现随意性、前后不一的判决，影响了法律适用的公平和统一。尤其是本案有一件作品，10 年前认定有艺术性和独创性，10 年后却被同一家法院否定，难免会让当事人产生不满和疑虑。

中国版权法的立法宗旨是鼓励优秀艺术作品的创作和传播。对于我们常见的工艺美术，或者实用艺术，或者招人喜爱的"玩意儿"，只要它们的创作者有艺术贡献，统统都可以算作"美术作品"而给予版权法保护，那应该是一件大好事。而现实情况是，艺术市场上充斥着盗版、仿冒产品。我国从南到北、从东到西，你找不到多少有特点的美术作品或者"玩意儿"。这种情况值得重视和研究。笔者相信，如果对实用艺术作品能够给予强有力的法律保护，不仅有利于外国投资者，也会进一步促进中国艺术市场的繁荣。

笔者不认为本案就意味着中国法院拒绝给予（外国）实用艺术作品以版权保护，但是，在今后类似案件中，承审法院对于艺术性和创造性方面的考虑将会更加谨慎。对于像乐高公司这样的以实用艺术作品为主要商品的外国企业，在今后的维权活动中，须谨慎选择其诉讼策略。例如，可以考虑将其产品申请外观设计专利，进一步增加其产品的变化和艺术成分，在提出起诉时，应事先认真研究已有判决，对其主张版权的作品的艺术性、创造性有更多的认识和把握，把握好在庭审中的主动局面。

2.4 城市雕塑设计方案受版权法保护

一、（2003）冀民三终字第 23 号判决

案件概要：原告王小蕙于 1999 年 4 月，通过曲阳县建来石材雕刻有限公司（以下称建来公司）介绍，和另两位雕塑家按照石家庄市引水入市工程指挥部办公室（以下称引水办）《招标文件》的要求，设计了十二个方案，按照程序，参加了雕塑创作方案投标。经进一审评选，王小蕙为西里公园设计的浮雕方案被选中。在此基础上，王小蕙按照引水办的要求为西里公园做出了主雕和两侧浮雕综合配套的创作设计方案，并被引水办采纳。同年 7 月，根据《招标文件》的要求，王小蕙为西里公园主、侧浮雕方案设计制作立体模型。期间，建来公司曾取走局部模型。王小蕙继续制作立体模型，等待引水办与其商定西里公园雕塑工程实施方案和签订合同。国庆节过后，王小蕙得知西里公园的雕塑工程已经建成，使用的正是她的作品。王小蕙认为引水办的行为严重侵犯了其版权，请求引水办向其赔礼道歉并支付其创作设计费损失 20 万元，赔偿经济及精神损失费 10 万元，承担本案诉讼费用审理过程中，王小蕙申请追加建来公司为共同被告，请求判令建来公司承担连带责任。

引水办辩称，中标作品应为合作作品，王小蕙的诉讼请求超出了其权利范围。王小蕙没有购买标书，也没有以自己的名义投标，而是与建来公司一起并以建来公司的名义投标，王小蕙与建来公司是委托关系。引水办依据招标文件以及与建来公司的合同获取该雕塑作品，并已按合

同规定支付了包括版权财产权在内的各种费用，故使该作品合法。

建来公司辩称，建来公司与王小蕙之间有协议，并已履行，本案是王小蕙诉引水办侵犯版权，与建来公司无关。

河北高院判决认为，原告创作和雕塑设计方案受版权法保护，原告虽然是与他人合作参与竞标，但本案涉讼作品属原告一人所有。被告引水办未经作者同意，擅自进行立体复制的行为，构成对原告"阶段性作品平面图"的版权的侵害。引水办在最终制成的雕塑上标明作者姓名，在内容上对原告平面图做了较多增删和改变，是以导致给原告带来较低的社会评价，侵犯了原告的精神权利。故法官判决引水办向王小蕙赔偿经济损失包括为制止侵权支付的合理费用共计211000元，赔偿精神损失4000元；引水办在《雕塑》杂志或其他专业性期刊上就侵犯王小蕙版权的行为向王小蕙公开赔礼道歉。

判决理由认为：雕塑作为一种立体作品，有其特殊性。它的完成通常要经过总体构思、绘制平面稿图、立体效果图、设计立体泥塑稿、翻制特种材料制成的小立体模型、按实际需要的尺寸对立体模型进行泥塑放大并翻制成特种材料制成的定型作品等一系列过程，最后再由施工单位按设定的材质规格和技术进行复制。从构思成图到完成定型作品的整个过程中，每一阶段都有设计者对作品深化、修改、完善和再创作的成分，每一阶段都产生设计者新的作品，后一阶段作品是对前一阶段作品的完善和深化，设计者对每一个阶段的作品都享有著作权。王小蕙根据引水办的招标文件和王小蕙等三人与建来公司签订的协议书，为投标先后绘制了两个浮雕和中心主雕的平面稿图、立体效果图，并根据招标文件的要求制作了立体雕塑小样，王小蕙对其设计的平面稿图、立体效果图、立体雕塑小样均享有版权，依法应予保护。根据招标文件和王小蕙等三人与建来公司签订的协议书，王小蕙应向引水办交付全部立体小样，亦即王小蕙同意引水办使用的作品是立体雕塑小样，并有权参与立体雕塑小样的放大制作，以保护作品的艺术质量。王小蕙已交付的平面稿图、立体效果图作为一种初步的平面设计图稿，只是王小蕙为最终完成立体雕塑作品而设计的一个阶段性作品，是一个尚有待于不断完善和深化的作品。作为招投标过程中的必要环节，王小蕙交付平面稿图、立体效果图，目的只是参与评审，初步展现自己的构思和设计能力，为下一步立体作品被使用做必要准备，而并非要发表平面图（平面稿图、立体效果图）作品，其同意发表的作品是招标文件要求其提交的立体雕塑小样。引水办在王小蕙只交付了局部立体模型（主雕人物两个，浮雕局部一件）、未取得作者王小蕙的同意的情况下，即与建来公司签订协议书，让建来公司依平面图制作雕塑，并将制成的雕塑置于西里公园，而且雕塑未标明作者王小蕙的姓名，在内容上对原平面图作品做了较多的增删及改变，有的内容变更足以导致给王小蕙本人带来较低的社会评价，其行为侵犯了王小蕙对其平面图作品享有的发表权、使用权、署名权、修改权和保护作品完整权。

二、本案争点及城市雕塑作品的特殊性

（一）本案争点有三

1. 城市雕塑设计方案是否属于受版权法保护的作品；
2. 城市雕塑的招投标过程及各方的权利和义务；
3. 雕塑家的精神权利及其损害赔偿。

（二）城市雕塑作品的特殊性

美术作品是一类重要的受版权法保护的作品。它是"指绘画、书法、雕塑等以线条、色彩或者其他方式构成的有重要意义的平面或者立体的造型艺术作品"。雕塑是美术作品中的一种，是指那些立体的或者说具有三维空间的造型艺术作品。

本案涉及的不是一般的雕塑作品，而是城市雕塑。城市雕塑通常被简称为"城雕"，指的是现代城市公共空间的三维造型艺术品。这个概念界定很重要。城市雕塑首先是一种雕塑，它区别于绘画等平面二维艺术；其次，这种雕塑是位于公共空间的室外雕塑，区别于室内或架上雕塑。

城市雕塑区别于其他雕塑的根本点就在于它是一种环境艺术。这种雕塑是与城市的宏观环境和微观环境相统一的，讲究的是雕塑主体与环境背景的有机融合，而不是分割单立。因此，城市雕塑概念必须确立其

环境艺术的内涵。没有环境或不讲究环境整体的审美效应，城市雕塑是不存在的。

关于城市雕塑的类型，从功能上分类，有纪念性的城市雕塑、主题性的城市雕塑、装饰性的城市雕塑、标志性的城市雕塑、展览陈设性的城市雕塑、实用功能性城市雕塑、以雕塑为主的大型艺术综合体等。作为公共艺术，城市空间艺术的一个特殊品种，城市雕塑艺术有其独特的审美特点：环境的特定性、材质的永久性、内涵的时代性、观赏者的大众性、视觉条件的特殊性、制作加工的技术性、审美的兼顾性等。

在本案的审理过程中，承审法官较好地把握住了城市雕塑的上述特点，做出了公正裁决。承审法官认为，一件雕塑作品，需要经过总体构思、绘制平面稿图、立体效果图、设计立体泥塑稿、翻制特种材料制成的小立体模型、按实际需要的尺寸对立体模型进行泥塑放大并翻制成特种材料制成的定型作品等一系列过程，最后再由施工单位按设定的材质规格和技术进行复制。法官指出，雕塑作品从构思到完成的整个过程中，每一个阶段都有设计者对作品深化、修改、完善和再创作的成分，每一个阶段都产生新的作品，作者对每一个阶段的作品都享有版权。

在以往一些涉及艺术作品的案件中，关于（未最后完成的）设计图纸是否受版权法保护，以及根据平面图制作立体艺术作品，当事人常常会提出"作品未完成，不受版权法保护""从平面到立体不算复制""设计图不受保护"等观点。在本案中，原告据以主张权利的证据之一，就是这样一些城市雕塑平面设计图和若干雕塑小样。法院确认了这些图纸和小样是城市雕塑的不可或缺的阶段性作品，应当受版权法保护。这样的认定无疑是正确的。我们还可以这样分析，不论涉讼作品处在创作的哪一个阶段，只要它符合"作品"的条件，为人类艺术遗产做出了贡献，就应当受版权法保护。

在确认了涉讼作品的版权归属之后，接着是要看对该作品的使用是否合法。涉讼作品作为中标作品，法院驳回了被告引水办否认原告参与联合投标、引水办系从另一被告建来公司购买了雕塑成品因而是合法使用的辩词。承审法院显然是考虑到了城市雕塑的行业惯例，设计人的作品中标后，招标人要与作者签订版权许可使用合同，约定设计费标准，拟订实施计划、材质规格、技术要求、工期计划等，并由设计人与业主共同选定施工单位，设计人要对雕塑制作进行指导和监制。法院认定，"业主与中标单位另行商定加工制作是城市雕塑设计招标的惯例，也是城市雕塑设计招标的应有内容"。被告引水办在原告王小蕙只交付了局部立体模型（主雕人物两个，浮雕局部一件）、未取得作者王小蕙的同意的情况下，即与另一被告建来公司签订协议书，让建来公司依平面图制作雕塑，并将制成的雕塑置于西里公园，已构成对原告王小蕙版权的侵犯。

三、城市雕塑招投标过程中各方的权利和义务

城市雕塑通常需要较大金额的投资，由于它通常需要设置在城市显著位置，有可能对一个城市的环境、形象造成影响，因此，在选择采用具体的城雕作品时，通常需要采用招投标形式来确定作品。本案即涉及这种情况。承审经过耐心细致的工作，在许多相互冲突和矛盾的证据材料中，围绕着涉案作品的招投标过程，梳理出有关各方的权利义务关系。

关于城市雕塑的招投标，2001年"中国雕塑论坛"曾推出一个《城市雕塑招投标程序暂行条例（草案）》。该"草案"以《中华人民共和国工程招投标法》为原则，总结了国内同行业的成功经验，同时借鉴了市政工程、园林工程、土建工程等基建项目招投标法规的长处，供本行业在实施操作过程中试行。

对城市雕塑的设计、创作、实施，根据雕塑题材的特殊性和普遍性，该"草案"分为三种寻求方案的招投标方法：一是直接委托：由建设方直接委托具有特殊专业能力的作者创作方案，在多个方案中选定施实；二是定向招标：就是将一个题材的雕塑特委托二人以上创作群体共同完成设计创作，在受托群体中选定一个方案施实；三是广泛招标：就是建设方发布启事，向全社会广泛招标，从中寻求最好的方案实施。

该"草案"对城市雕塑创作设计方案招投标程序的操作做出详细规定，例如，规定了城市雕塑招投标的范围、雕塑工程招标立项程序、雕塑招标启事的发布、雕塑招标启事的内容、雕塑招标的主要对象和要求、雕塑投标的内容和要求、雕塑招标方案开标程序、颁布奖励、直接委托和

定向委托招投标事项，等等。

　　本案涉讼城雕作品即是采用公开招标形式产生的。本案被告之一引水办首先向社会发布了有关招标文件，其中《招标须知》规定：本次招标活动旨在提高石家庄市城市雕塑整体水平，以精品装点、美化石家庄。投标作品必须与标示环境密切结合。《民心河沿线主题雕塑设计招标补充说明》规定，本次招标要求投标人必须持有全国城市雕塑建设指导委员会授予的"城市雕塑创作设计资格证书"或相应主管部门分发的资格证书，本次招标分一审和二审两个阶段进行，一审不考虑费用补助，二审要求投标人必须出具雕塑小样，视小样情况给予5000元至30000元补助。

　　1999年4月，原告与另外两位雕塑家经介绍与被告之一建来公司认识，三人与建来公司与1999年4月30日签订了"关于石家庄民心河雕塑方案与加工制作的协议书"，其主要内容为：甲方（建来公司）邀请乙方（三位雕塑家）共同合作并联合组成石家庄民心河雕塑设计投标小组，达成各项合作规则。一、乙方根据甲方四个雕塑点的有关要求，推出了十二个设计方案，每个方案包括效果图、平面图、立面图以及设计说明，甲方同意给予20000元的经济补助，此费用并非创作设计稿费。二、设计方案一旦入围，乙方根据有关要求进行立体稿的设计与制作，对这一阶段乙方所投入的精力和经费，按标书上有关规定由石家庄民心河工程指挥部支付其补助。三、所有的方案不管选上或未选上，其版权归乙方所有；被选上的作品，乙方参与其作品的制作放大和艺术监制，以确保作品的艺术质量。四、凡被正式选中、要进行施工的作品，甲方拥有整个工程的承揽权。

　　从法院认定的事实看，在涉讼作品从设计到完成的整个工程中，原告与被告建来公司的关系是清楚的，即具备城市雕塑设计资质的原告与不具备城市雕塑设计资质但具备施工能力，且希望能够承揽到城雕项目的被告之一建来公司合作，联合参加竞标。原告交付设计作品，建来公司支付20000元补助；原告保留设计作品的版权。在这个协议中，没有约定一旦设计方案中标，原告如何参加工程施工，以及按何种比例从工程款中提取设计费。按照通常惯例，设计方案中标后，原告与设计作品的使用者还应当签订一份新的协议，以确保工程艺术性和施工质量，以及确保设计者获得适当的报酬。

但是，在原告设计方案中标后，招标单位引水办并没有及时与本案原告签订施工协议，而是采取欺骗手段，背着原告，于 1999 年 8 月 20 日，与本案的另一个被告建来公司订立了一份施工协议。在这份协议中，引水办为甲方，建来公司为乙方。协议的主要内容为：经公开招标，引水入市改善环境工程西里公园主题雕塑、浮雕设计中标方案为乙方合作者的《莲花仙子》《都市文化》。鉴于乙方与合作者的协议及其委托书该工程的施工制作由乙方承担，经甲、乙方研究，一致达成如下协议：一、工程内容为，主雕《莲花仙子》和浮雕《都市文化》；二、双方责任为，甲方负责为乙方在西里公园的施工安装提供便利条件，甲方在乙方制作过程中，随时派人到现场检查；甲方负责按乙方提供圆雕的技术重量及尺寸设计雕塑基础，并负责施工。乙方负责石材及其他制作材料的选购 （经甲、乙双方认可），依图制作，邀请有关设计者或专家监制并负责安装及安装后的统一整修工作，直至交工验收；三、关于工程质量，乙方必须严格按照中标方案精心施工，达到设计要求，并在施工过程中听取有关专家的合理化意见，完工后由双方及有关专家参与验收。四、关于造价及工程款支付，本工程造价为人民币 150 万元整（包括设计费、监制费及制作、安装费），采用大包形式，即包工包料，由乙方总包，并由乙方向设计者支付设计费、监制费。

如果本案被告之一引水办能够按照城市雕塑行业惯例与原告签订施工协议，如果被告之一建来公司能够按照它最初与原告达成的协议，在设计方案中标后，安排原告监督施工，并按照市场价格，向原告给付适当报酬，这起纠纷本来是可以避免的。但是，两个被告没有这样做，而是背着原告，擅自签订施工协议，在没有取得版权使用许可，没有支付报酬，没有设计人参与监制的情况下，擅自使用原告设计方案，将原告设计雕塑完成，是引发这场纠纷的重要原因。

在确定原告王小蕙设计费损失数额时，承审法院认为，中国工艺美术学会雕塑专业委员会的《雕塑艺术工程创意方案与设计费收费标准（暂行）》，北京城市雕塑建设管理办公室"关于城市雕塑设计取费的说明"，中国美术家协会、中央美术学院雕塑系、清华大学美术学院雕塑系、西安美术学院雕塑系的证明，能够反映雕塑行业设计取费的标准，应予认定。法院认定原告的设计费按工程造价的 20% 取费是合理的。该工程设计的造价为 150 万元，原告的设计费参照 20% 计算应为 30 万元。考虑到原告在雕塑小样完成后，由于被告原因原告未参加后期工作，设计费数额应适当减少。法院认为，雕塑设计是一种智力活动，其最主要的价值体现在由构思到成图这一过程中，本案中原告王小蕙已经完成了这一阶段的工作，因此原告主张按 20 万元的数额计算自己的设计费损失是合理的，应予支持。

四、雕塑家的精神权利及损害赔偿

2010 年新修订的《中华人民共和国著作权法》第十条规定了作者享有发表权、署名权、修改权及保护作品完整权等精神权利。

发表权是指决定作品是否公之于众的权利。作品是作者思想、情感、立场观点的反映。作品在创作过程中或公之于众之前，始终是个人的秘密。是否将作品公开发表，这是作者的权利。发表权的内容包括以何种形式发表作品，在什么时候发表，在什么地点发表以及在何种条件下发表作品。

署名权是指在作品上署名以表明作者身份的权利。一个人认为他是自己创作的作品的作者，这是很自然的事。由于有了创作作品这种事实的存在，该作品的创作者便有了作为该作者的身份。作品的创作者正是通过行使署名权来表明自己的作者身份的。

保护作品完整权是指保护作品不受歪曲、篡改的权利。一件作品，作为一个整体，反映了作者的创作思想和创作艺术，任何增删或修改作品的行为都有可能违背作者的创作思想或作品的原貌，使作者的人格和名誉受到损害。因此，未经作者授权，任何人不得对作品进行实质性修改，更不能故意改变或用作伪的手段改动原作品。

作者的"精神权利"，是指与作者的身份不可分离的那部分权利。人们常说：作者活在作品之中，作品反映了作者的人格。一个作者的作品被别人随意修改或擅自利用都是令人不愉快的，尤其是花费心血创作出的作品遇到这种情况更是不能容忍。如果可以随意修改或擅自利用他人的作品，那么就会影响作者的热情，使创作活动陷于停顿。因此，作者对作品所享有的这种人身权利，不能简单地看成是道德上的问题，而应由法律给予保护。

有一个例子可以很好地说明作者的精神权利的意义。1957年，著名雕塑家、美学家王朝闻赴山西。准备将他精心设计的女英雄刘胡兰雕像放大（原作石膏像仅1米高），安放在山西省文水县刘胡兰烈士纪念馆。后因种种变故，王被迫返京，雕像放大遇到困难。先后请了两个人将石雕放大，但效果与原作迥异。1986年当王在文水县目睹了被人放大的这件作品时，他说："我从石雕像的身材看到那似乎比烈士实际年纪大了很多的缺点，深感不安。"王甚至不肯在石雕像前照张相，不承认这件作品是自己的。近年来，王朝闻先后多次写信给山西省有关部门，建议重新雕塑刘胡兰烈士纪念馆的石雕像。使之恢复原作的本来面目。这里，王朝闻不承认这尊放大了的刘胡兰烈士石雕像是自己的作品。

2001年3月10日开始施行的《最高人民法院关于确定民事侵权精神损害赔偿责任若干问题的解释》为民事侵权包括知识产权侵权精神损害赔偿提供了指导性原则。该解释第一条规定，自然人因下列人格权利遭受非法侵害，向人民法院起诉请求赔偿精神损害的，人民法院应当依法予以受理：（一）生命权、健康权、身体权；（二）姓名权、肖像权、名誉权、荣誉权；（三）人格尊严权、人身自由权。违反社会公共利益、社会公德侵害他人隐私或者其他人格利益，受害人以侵权为由向人民法院起诉请求赔偿精神损害的，人民法院应当依法予以受理。第八条规定因侵权致人精神损害，但未造成严重后果，受害人请求精神损害赔偿的，一般不予支持，人民法院可以根据情形判令侵权人停止侵害、恢复名誉、消除影响、赔礼道歉。因侵权致人精神损害，造成严重后果的，人民法院除判令侵权人承担停止侵害、恢复名誉、消除影响、赔礼道歉等民事责任外，可以根据受害人一方的请求判令其赔偿相应的精神损害抚慰金。

根据上述司法解释，侵犯作者精神权利要求承担精神损害赔偿民事责任，必须具备两个条件：（1）权利主体必须是自然人而不能是法人；（2）

侵权致人精神损害已造成严重后果。本案中，法院认定引水办在王小蕙只交付了局部立体模型（主雕人物两个，浮雕局部一件）、未取得作者王小蕙的同意的情况下，即与建来公司签协议书，让建来公司依平面图制作雕塑，并将制成的雕塑置于西里公园，而且雕塑未标明作者王小蕙的姓名，在内容上对原平面图作品做了较多的增删及改变，有的内容变更足以导致给王小蕙本人带来较低的社会评价，其行为侵犯了王小蕙对其平面图作品享有的发表权、使用权、署名权、修改权和保护作品完整权。

对精神损害赔偿数额的确定，主要由法官根据侵权人的过错程度、侵害的手段、场合、行为方式等具体侵权情节，还要考虑侵权行为所造成的损害后果、受诉法院所在地平均生活水平以及受害人与侵权人的情况等因素。受害人包括公民、法人或其他组织的情况，主要包括：受害人的职业、社会知名度和影响力、商誉状况、经济状况等。这些情况通常与受害人所遭受的精神损害结果有一定联系。需要注意的是，最高人民法院的司法解释已经明确，精神损害赔偿金的性质是精神损害抚慰金，即是一种补偿性的赔偿，而非惩罚性赔偿。

河北省高级人民法院认为，引水办的招标文件明确显示其招标是对雕塑的设计招标，招标的目的就是获得优秀雕塑作品的使用权，引水办称其不是招标方案使用人的说法不能成立。根据城市雕塑行业惯例，设计人的作品中标后，招标人要与作品作者签订版权许可使用合同，除了约定设计费标准外，另一个重要约定是，设计人要对最终定型雕塑作品进行指导和监制，及时解决雕塑安置是否符合标准、朝向、主视面，垂直与倾斜等问题，以确保作品的艺术价值不受破坏。

法院查明的事实是，已完成的雕塑没有为原告署名，且与原告设计的平面图、立体效果图有较大差异。在浮雕《都市文化》中，增加了原图中没有的人物和场景，尤其是增加了与设计主题无关的少数民族人物顶水罐和农民种地的内容，并删减了平面图中原有的部分人物和场景，原图的内容多处被简化，人物形象有变形，拼接缝隙明显。在主雕《莲花仙子》中，中心石柱顶部的不锈钢莲花造型被简化，尺寸缩小，形状由圆球网状变为扁平形，没有达到原图中莲花盛开的效果，柱头、柱身的高度、粗细、大小均与原图大小有差异，柱身雕刻被删减，石柱托盘变小，底座由两层改为一层，人物形象、肢体与原图相比有差异。法院认定，事实表明，被告引水办的行为已侵害了原告的保护作品完整权，足以导致原告的社会评价降低，而且，原告尽管很想在自己的作品上署名，却由于上述原因不敢再要求署名，而这样一个作品将长期置放于一个大城市的主要景区里，这对原告这样一个雕塑家来说，给其带来的精神损害后果无疑是严重的。因此，法院酌情确定被告引水办赔偿原告精神损失 4000 元。

对于本案另一被告建来公司积极协助被告引水办实施侵权的行为，承审法院认定其有明显过错。但鉴于原告在二审庭审中提出建来公司不侵犯其版权，法院认定，这应视为原告放弃了对本案另一被告建来公司侵犯其版权法律责任的追究。

综上所述，在本案的审理和裁判过程中，承审法院较好地把握住了城市雕塑作品的特点，理清了在城市雕塑招投标以及工程实施过程中各方的权利义务关系，在确定赔偿数额时，适当参照有关社会专业团体的取酬标准和行业惯例，做出了正确裁判。

五、总结

雕塑作品是受版权法保护的一类传统艺术作品形式，司法实践中此类作品多有发生。做出正确裁判的基础是，承审法官应当对有关艺术门类、艺术创作特点有所了解，并应当尽可能地收集有关专业团体制订的标准以及尽可能熟悉有关行业惯例。就城市雕塑作品的版权保护而言，它一般需要经过招投标过程方能最后确定被实施作品，从发标、竞标、开标，到确定中标作品，向施工单位发包，及至作品的最后完成，版权保护都是一个十分重要的问题。我们着重应当关注的是，作者的对人类艺术遗产的贡献，这种贡献可能体现在创作过程的每一个阶段。只要有贡献，就应当积极给予认定和保护。

2.5 "瑕疵不担保"原则不能用作拍卖假货的遁词

2015 年秋，在北京市第三中级人民法院审理的一起案件中，尽管买家提供鉴定证书，表明通过拍卖购得的"翡翠扳指"实为染色石英岩，但拍卖公司依然表示"不保真"。根据《中华人民共和国拍卖法》（以下简称《拍卖法》）第六十一条规定，拍卖人、委托人在拍卖前声明不能保证拍卖标的的真伪或者品质的，不承担瑕疵担保责任。下面从"黄某诉北京瀚海博文国际拍卖有限公司"拍卖合同纠纷案，了解"瑕疵不担保"这一原则在实践中如何正确理解和适用。

一、案情

2013 年 8 月，黄某在拍卖公司网站看到拍卖公告，获悉拍卖公司当日举办拍卖会，网站预展中有一件标明"古董"的翡翠扳指。当日黄某以身份证登记并预交了 1 万元保证金，领取了竞投号牌，以 6 万元的价格拍下了扳指，支付了价款 6 万元及佣金 0.6 万元。拍卖会结束两个多小时后，拍卖公司从外面取回扳指交付给黄某。次日，黄某发现扳指不是翡翠的材质，向拍卖公司提出退货，拍卖公司予以拒绝。后黄某将扳指送至国家珠宝玉石质量监督检验中心检验，发现扳指的材质为染色石英岩。拍卖公司虚假宣传，利用拍卖的空子恶意贩卖假货。现黄某诉至法院，要求拍卖公司退还货款及佣金合计 6.6 万元；要求拍卖公司支付鉴定费 200 元；要求拍卖公司承担本案诉讼费。拍卖公司在一审中主要答辩理由是，拍卖规则已经明确约定拍卖公司对拍品不承担瑕疵担保责任。

一审法院驳回了黄某的诉讼请求，主要理由是：黄某与拍卖公司之间的买卖合同真实有效。黄某并无证据证明拍卖公司明知扳指的质地为石英岩而故意宣传其为翡翠扳指，也不足以证明拍卖公司有欺诈黄某的故意。拍卖公司在图册及成交确认书中均作出了不承担瑕疵担保的意思表示。《拍卖法》第六十一条规定，拍卖人、委托人在拍卖前声明不能保证拍卖标的的真伪或者品质的，不承担瑕疵担保责任。黄某在未查看原物的情况下参与了拍卖，拍卖公司已经声明对拍卖品的真伪不承担瑕疵担保责任，故黄某应自行承担交易的风险。

黄某不服一审判决，向上一级法院提起上诉。上诉理由主要是：1. 一审判决认定事实有误。2. 一审法院适用法律错误。拍卖公司对拍品进行了虚假宣传，宣传其拍品为古董，引人误解，拍卖公司对拍品的瑕疵没有披露，拍卖公司明知或应当知道拍品是石英岩而非翡翠，其不保真的免责声明无效。一审法院仅依据《拍卖法》免责条款驳回黄某的诉讼请求不当。拍卖公司同意一审法院判决，针对黄某的上诉，拍卖公司答辩称，拍卖公司在拍卖规则中已说明对瑕疵不承担责任，拍卖公司只是转述委托人的描述，对拍品真假不承担责任。同时，凭借一般人的专业知识，是很难区分翡翠和石英岩的，拍卖过程中，拍卖公司已预展拍品，并要求竞买人认真鉴别，并对材质自行承担责任。但黄某未参加预展，而且是在拍卖进行到一半时参加的拍卖会。黄某对拍到假货应承担相应的责任。

在本案二审审理期间，一审原被告均向法院提交了一些新的证据。在拍卖公司向法院提交的委托拍卖合同、委托人身份证明等证据中，二审法院发现，涉案拍卖标的委托人为李胜利，在确认涉案拍品的情况时曾注明拍品有瑕疵。但拍卖公司在随后的宣传中，未说明该拍品有瑕疵，却在网上宣传时，载明该拍品为古董，估价 6.6 万元，并注明其古董编号为 162204，说明其为翡翠扳指。二审法院还注意到，本案上诉人黄某是在 2013 年 8 月 18 日拍卖会开始后，匆忙赶到现场，中途补办手续后参加了拍卖会。庭审中，黄某称其对拍卖公司不承担瑕疵担保责任的条款并不知晓，拍卖公司亦未向其提示并予以说明。法院要求拍卖公司提供拍卖现场资料，但拍卖公司现称拍卖期间的录音、录像资料因公司搬家，拍卖活动录像已经无法找到，不能提交。

　　二审法院经审理查明，一审法院已查明的事实无误。综合一审事实、二审当事人的新证据，法院重新作出认定：一、拍卖公司在征集拍品时没有尽到审慎的注意义务。涉案拍品翡翠扳指的委托人李胜利在与拍卖公司签订的《艺术品委托拍卖合同》中已明确说明拍品有瑕疵，并且没有注明拍品的质地。在此情况下，拍卖公司在明知拍品有瑕疵的情况下，未进一步核实拍品质地、存在何种瑕疵，反而隐瞒了拍品存在瑕疵的情况，未向竞买人说明，存在故意隐瞒事实或者疏忽大意的过错。二、拍卖公司没有尽到如实公告、宣传及展示拍品的义务。拍卖公司与委托人李胜利签订的《委托拍卖合同》中，确定拍品为翡翠扳指并标明拍品有瑕疵，但在随后的《拍品图册》中不仅没有说明拍品存在瑕疵的情况，反而在网上对拍品进行预展时，宣称拍品为"古董"，并编造了古董的编号 162204，存在虚假宣传过错。三、拍卖公司错误理解《拍卖法》中"瑕疵不担保"原则，拍卖公司在征集拍品时对拍品的审核、判断存在重大过失，特别是明知拍品存在瑕疵却不做进一步核实，亦未将存在瑕疵的情况如实披露，拍卖公司的免责声明即不具有法律效力。四、由于拍卖公司的免责声明无效，拍卖公司应当对拍品的品质承担担保责任。五、黄某作为竞买人参加文物艺术品拍卖，理应具备一定的对相关拍品的真伪鉴定与价值判断知识，但其未查看原物即匆忙参与拍卖，贸然出价，存在疏忽大意的过失，对本案的发生，亦应承担一定责任。据此，二审法院判决：一、撤销一审判决；二、北京瀚海博文国际拍卖有限公司于本判决生效后十日内退还黄某货款及佣金六万六千元；赔偿黄某鉴定费两百元；三、黄某于本判决生效后十日内退还北京瀚海博文国际拍卖有限公司第 285 号拍品扳指一枚。法院还判决黄某负担本案一、二审诉讼费各一千四百五十元。

二、争议焦点

本案的核心问题是拍卖公司在拍卖图录中做出的"瑕疵不担保"声明的法律效力。与此问题相关、需要澄清的问题还有："瑕疵不担保"原则的法律涵义及立法精神，如何正确适用该原则，委托人和拍卖公司的法律义务，竞买人参与艺术品拍卖应承担的责任等。

三、法理分析

在一般情况下，该声明是拍卖公司依据《拍卖法》第六十一条规定做出的。虽然措辞略有不同，但其意思是指，拍卖公司对拍品的描述和说明等，仅供买家参考；如果拍品出现瑕疵，拍卖公司不承担担保责任。在实践中，由于个别拍卖公司行为不够规范，各利益方对法律的理解不同，特别是公众容易把它跟《消费者权益保护法》第四十三条关于"假一赔三"的原则作比较，对该有关立法精神的认识发生偏差，"瑕疵不担保"原则成为公众诟病的靶子。

《中华人民共和国拍卖法》（以下简称《拍卖法》）共有四个条文涉及拍卖标的的瑕疵及有关各方的权利和义务，主要内容包括：竞买人有权要求拍卖人说明拍品来源和瑕疵，并有权查看拍卖标的的相关资料；委托人应当向拍卖人说明拍卖标的的来源和瑕疵；拍卖人、委托人应当保证拍卖标的不存在未告知的瑕疵；拍卖人、委托人在拍卖前声明不能保证拍卖标的的真伪或者品质的，不承担瑕疵担保责任。

从这四个条文的规定看，立法者的意图是，维护拍卖市场的正常秩序，规范拍卖行为，既要维护作为消费者的竞买人的利益，也要照顾拍卖行业的实际情况，免除拍卖人在特定条件下的担保责任。《拍卖法》实施近 20 年来，有关法律条文基本上都能够得到贯彻执行，其中对拍卖企业至为重要的"瑕疵不担保"规定，对拍卖事业的健康发展起到了积极作用。但是，由于有关法律的解释不到位，个别拍卖企业操作不规范，加上个别媒体的误读，使得一个原本清晰明白的条文，成为争议和诟病的对象。

（一）"瑕疵不担保"规定的字面含义

《拍卖法》第六十一条第二款规定："拍卖人、委托人在拍卖前声明不能保证拍卖标的的真伪或者品质的，不承担瑕疵担保责任。"这款规定的字面含义是，拍卖人和委托人的免责声明必须是在拍卖活动之前作出的，这个声明所针对的是那些不能保证其真伪及品质的拍卖标的，而不是针对所有拍卖标的，在作出此声明后，如因拍卖标的的真伪及品质发生争议，拍卖人、委托人不承担瑕疵担保责任。例如，一件齐白石款的水墨画，虽然经过必要的鉴定，仍然不能断定其真伪，一辆车龄为三年的保时捷卡宴，虽然经过外观审查及实操检验，仍然不能断定其品质优劣，只要拍卖人、委托人在拍卖前作出不能保证其真伪及品质的声明，在拍卖交割完毕后，即使买受人发现那件齐白石款的水墨画系伪作，或者发现所买的卡宴存在品质问题，从法律责任角度，拍卖人、委托人也不必然承担退货或者修理责任。

（二）规定"瑕疵不担保"的理由

1."瑕疵不担保"是国际拍卖行业惯例。《拍卖法》颁布实施以后，担负立法责任的全国人大法工委的法律专家，针对第六十一条第二款，给出的解释就是，这款规定是参考了国外拍卖行业的惯例。中国拍卖行业协会花费了 7 年时间，对全世界拍卖业比较活跃的主要国家，其中既包括发达国家，也包括发展中国家，既包括欧美国家，也包括亚非国家，进行了比较系统、全面的调查研究，得到的最重要的一个数据是，没有哪一个国家，对于不能保证其真伪及品质的拍卖标的，在拍卖前作出免责声明后，仍然要承担担保责任的。也就是说，全世界那么多国家，那么多拍卖企业，找不到一家企业承担瑕疵担保责任的。

2."瑕疵不担保"规定所针对的是特定拍卖标的。拍卖是市场交易的一种方式，其交易标的多种多样，既有刚刚出厂或走下生产线的新产品，也有出厂多年或者经过多年使用的二手货，甚至还有年代久远的古物。许多走进拍卖行的买家，跟走进超市百货商店的买家，对于所购买的商品的真伪和品质就会不一样。对于超市或者百货商店的经营者来说，有关的监管法律要求其严格遵守《产品质量法》，严守进货关，确保所出售的商品的真实性及质检合格品质。而拍卖与此不同。由于拍卖标的的来源不同，拍卖企业、委托人不可能一概而论地不加区分地保证所有拍卖标的的真实性及合格品质，"瑕疵不担保"规定所针对的也不是全部拍卖标的，而只是"不能保证其真伪及品质的拍卖标的"。

3."瑕疵不担保"规定的法理依据。就一般市场交易规则而言，包括拍卖企业在内的所有经营者都需要对其所经营的商品负责。这里，"负责"一词的含义是，经营者在出售商品前须事先了解有关商品信息并将该信息向消费者如实披露。对于一些特定的拍卖标的，特别是艺术品、古物及二手货，它的真伪及品质，很难掌握百分百的信息。如果此时要求拍卖人和委托人百分百地为此承担责任，显然与事实不符，也不是如实地完整地向消费者披露信息。相反，对于某些特定拍卖标的，拍卖人、委托人事先做出免责声明，通过"不保真伪及品质的声明"，拍卖人、委托人将其无法确知拍卖标的是否存在瑕疵的状况，于拍卖前作出声明，而将判断、决定权留给竞买人，这样做恰恰是正确地向消费者披露信息，对消费者负责。

4."瑕疵不担保"规定的事实依据。如前所述，拍卖标的是一种特殊商品，其来源及品质具有多样性和复杂性，在很多情况下，即使尽到努力亦难辨真伪和品质。以艺术品为例，从古至今，还没有一套公认的、科学的仪器来鉴别真假，有时候，需要凭借有经验的专家和鉴定家，但是，即使是著名的专家和鉴定家，其鉴定意见也不能作为板上钉钉的结论，专家鉴定意见不一的情况是常见的。在这种情况下，如果一概禁止此类拍卖标的的出售，则拍卖市场将遭受过度打击；如果允许此类拍卖标的的出售，则拍卖人、委托人始终处于担保责任的威胁之下。因此，《拍卖法》做出的"瑕疵不担保"规定是实事求是的。

（三）"瑕疵不担保"不等于拍卖企业可以豁免对拍卖标的的审查义务

许多质疑或者诟病"瑕疵不担保"规定的人，他们的理由是，这样的规定，有可能导致出现拍卖企业知假卖假，或者，委托人通过拍卖行销赃。这样的指责没有道理。因为我国《拍卖法》在多处规定了拍卖人、委托人，对上拍的标的负有审查的义务。违反有关审查义务，拍卖人、委托人应当承当相应的法律责任。

《拍卖法》第四条规定："拍卖活动应当遵守有关法律、行政法规，遵循公开、公平、公正、诚实信用的原则。"第六条规定："拍卖标的应当是委托人所有或者依法可以处分的物品或者财产权利。"第四十一条规定："委托人委托拍卖物品或者财产权利，应当提供身份证明和拍卖人要求提供的拍卖标的的所有权证明或者依法可以处分拍卖标的的证明及其他资料。"第四十二条规定："拍卖人应当对委托人提供的有关文件、资料进行核实。拍卖人接受委托的，应当与委托人签订书面委托拍卖合同。"第四十三条规定："拍卖人认为需要对拍卖标的进行鉴定的，可以进行鉴定。"以上规定说明，拍卖人、委托人需要对其上拍的标的负责。《拍卖法》特别强调，拍卖人对委托人提供的有关文件、资料应当进行核实。核实的目的就是弄清楚拍品的合法来源，防止赃物进入拍卖市场。

事实上，大多数拍卖企业在实际的拍卖活动中，都能够严格遵守《拍卖法》规定，拥有自己的鉴定队伍，规范拍品征集行为，对每一件拍品都能够进行必要的、认真的核实与鉴定，并将有关信息公开披露。《拍卖法》实施近 20 年的实践证明，绝大多数通过拍卖进入市场的标的物，都经过必要的审查，是合法的、干净的，知假卖假的情况并不多见。

四、对本案的几点意见

（一）一审法院何以"失误"

本案一审法院支持拍卖人的主要依据是《拍卖法》第六十一条中的规定，拍卖人、委托人在拍卖前声明不能保证拍卖标的的真伪或者品质的，不承担瑕疵担保责任。法院认定，拍卖公司在图册及成交确认书中均作出了不承担瑕疵担保的意思表示。竞买人未参加预展，而且是在拍卖进行到一半时匆忙参加的拍卖会，因此，竞买人黄某某应对拍到假货承担相应的责任。一审法院对相关法律的理解和适用是过于机械了，而且忽略了拍卖法第十八条中对拍卖人的要求"拍卖人应当向竞买人说明拍卖标的的瑕疵"。一审法院没有及时要求拍卖人提供委托人委托拍卖的委托书，查明拍卖人遗漏或隐瞒的委托人在委托书中注明涉案标的存在瑕疵的事实。

（二）"瑕疵不担保"原则不能成为拍卖企业的"挡箭牌"

《拍卖法》第六十一条第二款规定的"瑕疵不担保"或"瑕疵免责"规定，实际上是一项国际拍卖行业通行的惯例，特别是在文物艺术品领域，针对拍品的真伪及品质，拍卖企业不知道或不应当知道拍品存在瑕疵时，可以在拍卖前作出声明并免责。文物艺术品种类繁多，而且大多年代久远，对某些艺术品的鉴定确实存在较高技术难度。这类拍卖标的，跟普通超市里面销售的批量工业化商品有很大不同。如果严格要求拍卖企业保真，将对拍卖事业及整个市场经济发展不利。但《拍卖法》第六十一条所设定的免责条款不能免除拍卖人依照拍卖法对拍卖标的审查及如实披露的义务，也不能成为拍卖公司知假拍假的保护伞。严格讲，"瑕疵不担保"所针对的是拍卖公司不知道或不应当知道拍卖标的在真伪及品质方面存在瑕疵的情况。如果拍卖公司在征集拍品时对拍品的审核、判断存在重大过失，特别是明知拍品存在瑕疵却不做进一步核实，亦未将存在瑕疵的情况如实披露，拍卖公司的免责声明即不具有法律效力。本案中，拍卖企业在与委托人签订《委托拍卖合同》时，委托人已明确告知拍品有瑕疵，拍卖公司原本有义务询问瑕疵的具体情况，要求委托人做进一步说明，并如实披露，但其未能尽到该义务。

（三）参加艺术品拍卖应谨慎小心

我们先来看发生在美国的一起案件。在魏兹诉帕克－伯尼特画廊公司一案中（1971年），一审法院裁定，竞买人之所以买了假画，是出于对画廊的信赖，相信该画就是画廊方面所说的艺术家的作品。一审法院因此支持原告，并给败诉方提出建议，拍卖行今后应以明确宣布无法进行这类担保的方式来保护自己。后来此案被提起上诉。上诉法院在1974

年推翻了一审判决。上诉法院指出，能否鉴别真伪、鉴别的可信度决定着一幅画的价值，亦为竞买人参加竞买的因素之一。上诉法院声称："（竞买人）在到处都贴有购者当心标志的环境中未能小心行事，现在就没有什么可以抱怨的。他们做的是一笔蚀本生意。"上诉法院据此驳回竞买人诉讼请求。

从美国的这起案件的审理可以看出，一审法院过多地强调了画廊的专业判断能力，竞买人无需为其行为担责。而上诉法院改判的理由恰好相反，认定竞买人参加艺术品拍卖活动，应具备一定（鉴定）知识并抱持谨慎，并因此驳回竞买人起诉。本案与美国案例相通的一点是，不能简单地把参加拍卖活动的竞买人等同于普通商场的买家。黄某作为竞买人参加文物艺术品拍卖，理应具备一定的对相关拍品的真伪鉴定与价值判断知识，特别是在拍品公告与展示阶段应仔细审看拍品实物，尽到必要的注意义务。但是，黄某作为竞买人未查看原物即参与拍卖，中途匆忙进入拍卖会现场，不去详细了解拍卖规则，便贸然出价。因此，黄某在本案中亦存在过失，对本案的发生，亦应承担一定责任。故本案终审法院判令黄某承担本案的诉讼费用。

2.6 应当尊重拍摄者的版权

1992 年 1 月 10 日《中国摄影报》刊出署名"常州日报摄影记者刘克林"的来信，题目是《悬案三年心难平》，讲述了作者的获奖摄影作品《力拔千钧》，被西安某艺术院校毕业班学生张某，在 1988 年 6 月，擅自用于创作亚运会招贴画评选的事情。张某的招贴画获得了优秀奖及奖金 2000 元。学校组织参赛的老师曾要求张某，将其一半的奖金分给原创摄影作品作者刘克林。张某承认了其招贴画是按《力拔千钧》临摹的，口头答应了学校要求。但是三年多过去了，张某没有跟原创作者联系。于是，刘克林投书报社。下面是当时应报社约请对该事件的回应。

一、刘克林对其作品《力拔千钧》享有版权

刘克林拍摄的《力拔千钧》是一幅优秀的摄影作品，拍摄者在创作这幅作品时，付出了智力劳动。在这起纠纷发生时，国家对这种智力劳动实施保护依据的是文化部 1984 年颁布的《图书、期刊版权保护条例》（以下称《条例》），《条例》第三条（三）把"照片"作为保护的作品。依据《条例》，刘克林对其拍摄的《力拔千钧》作品享有版权。其中包括"以本名、化名或以不署名的方式发表作品"的权利，"保护作品的完整性"的权利，"修改已经发表的作品"的权利，"通过合法途径，以出版、复制……形式使用作品"的权利，以及"因他人使用作品而获得经济报酬"的权利，等等。一个作者所获得的版权，既是作为他创作

工作的补偿，也是国家尊重文化财富创造者的一种标志，依据《条例》，除了几种例外情况，任何人不得擅自使用他人享有版权的作品，否则即构成侵权。

二、张某的行为已构成对刘克林版权的侵犯

把刘克林拍摄的《力拔千钧》与张某绘制的招贴画放在一起，一眼就可以看出后者是对前者的复制。张某也承认，她是按《力拔千钧》临摹的。

利用照片绘制招贴画未必不能构成一幅优秀作品。事实上根据《力拔千钧》绘制的招贴画在北京亚运会招贴画评选中优秀奖。问题是，谁是照片的作者，谁有权把照片用来绘制招贴画。毫无疑问，刘克林是照片的作者，依据《条例》，只有刘克林本人或取得刘克林授权的人才能把照片用来绘制招贴画。《条例》第六条第一款明确规定，"除本条例另有规定者外，任何单位或个人使用他人受保护的作品，应征得版权所有者同意并支付经济报酬。"张某利用照片《力拔千钧》绘制招贴画，不属于《条例》规定的"另有规定"的情况；她既未征得照片作者同意，也未支付由于这种利用所获得的利益（2000元资金），已构成对刘克林版权的侵犯。依据《条例》，张某应当承担停止侵害、公开道歉、赔偿损失的法律责任。

三、良好的动机改变不了侵权的事实

尽管张某绘制招贴画的动机是出于为亚运会做贡献，但这同样改变不了侵权的事实。为亚运会做贡献与依法使用他人作品并不矛盾。如果张某本人在绘制招贴画的时候，能够主动与刘克林取得联系，征得同意，这起纠纷本来是完全可以避免的。

四、这幅招贴画不构成一个独立的新作品

首先是否构成一个独立的新作品与对作品的使用无关。在版权法上，作品指的是作者的智力创作。就这起纠纷而言，《力拔千钧》这幅作品

不是一张张印有举重运动员和"力拔千钧"字样的照片——那些只是作品的载体，而是指通过丰富的影调、匀称的构图、生动的人物造型展现运动员拼搏向上精神面貌的智力创作。该智力创作是与作者在摄影方面的修养与磨炼以及在创作上的投入分不开的。实际上，刘克林在拍摄和后期制作完成之后，该作品就已经产生。以后无论把它怎样复制，无论它做什么使用（用作照片或用作招贴画），都改变不了它是刘克林的智力创作作品。其次，依据《图书、期刊版权保护试行条例实施细则》第五条（五）规定，"改编"是指在原有作品的基础上，通过改变作品的表现形式（如将小说改编成电影）或者用途（如将专著改变成科普读物），创作出具有独创性的新作品。张某利用《力拔千钧》照片绘制的招贴画，只对原照片做了少量加工，根本不具有独创性，谈不上"改编（或称改制）"，不能构成一件新的作品，可以说，张某绘制招贴画，没有付出自己具有独创性的劳动，而只是对刘克林照片进行简单复制。张某绘制招贴画时，缺乏版权意识，不尊重原照片作者权益，想当然地把别人的智力创作当成自己的作品，这是导致侵权的根本原因。

五、希望这起纠纷能够得到圆满解决

对于《中华人民共和国著作权法》施行（1991 年 6 月 1 日）以前的版权纠纷，一般有三种解决途径。（1）通过调解解决，即在有关单位和调解组织的主持下，根据自愿的原则，在分清是非的基础上双方当事人互谅互让，达成协议，使纠纷得到解决。（2）通过侵权人所在地出版管理机构处理解决。（3）通过向人民法院提起诉讼解决。就这起纠纷而言，笔者认为宜通过第一种途径，即通过调解解决。从张某这一方面来说，承认侵权责任，的确需要极大勇气。从刘克林这一方面来说，对待一个刚毕业的大学生，应更有耐心，更大度，从与这起纠纷有关的各方面人士来说，应当具有"法"的观念，从增强当事人版权意识入手，消除顾虑，化解矛盾，使双方尽快从这起纠纷中摆脱出来，投入新的创作中去。

2.7 个人不良感受不是判断实验艺术是否违法的标准[*]

　　艺术表现所反映的不仅仅是创作者个人的喜怒哀乐，更重要的是，它反映的是一个地区甚至一个国家的精神面貌。有时候，检验一个国家的思想市场是否活跃，通过她的实验艺术就可以看得出来。2002 年 11 月广东美术馆举办了"首届广州当代艺术三年展——重新解读：中国实验艺术十年（1990—2000）"（以下简称"三年展"）。此次展览中间的两件作品，《十二平方米》及《洗手间》，曾引发一起法律诉讼。在这起诉讼中，我们所关注的是，能否以个人不良感受作为实验艺术是否违法的标准？法律对于实验艺术中某些争议内容，应当持怎样的态度？

　　《十二平方米》是现居纽约的艺术家张洹的行为艺术作品。在这件作品中，作者浑身涂满鱼油和蜂蜜的他坐在北京东村一个肮脏公厕中达 1 小时，不仅使蜂拥的苍蝇贪婪地围绕在他身上，也给人一种极其不舒服甚至恶心的感觉。实际上，艺术家是以极为夸张的方式强调了一些底层人的生活状态。《洗手间》则是女性艺术家崔岫闻拍摄的一部长 6 分 12 秒的影像作品，她选择的是在北京某一豪华夜总会的洗手间里，那些从事夜间服务工作的女人们作为拍摄素材。她关注的是当下一个特定群体的生存状况。两部作品在展出时都以录像形式循环播出。

---

* 本案例曾在中央美院艺管学院 2017 年第一学期艺术法选修课上讨论过。案例由李佳凝同学提供。

原告苏坚是广州美术学院的教师。他说："当我看到命名为《十二平方米》的行为艺术中那个满身爬满苍蝇的裸体男人时，我就感到很恶心。接着，我看到了录像《洗手间》，里面有裸露画面。"对于上述两件作品，苏坚觉得很气愤，他认为举办此次展览的广东美术馆展出这两件作品侵犯了自己的合法权益，于是将广东美术馆告到法庭。原告认为，这两件公开展出的作品都有色情、淫秽的内容，引起了他的不良感受，侵害了他的"身心健康"。在起诉中，他要求被告：1. 退还门票款30元等费用；2. 公开赔礼道歉，赔偿精神损害赔偿金2万元等。

2003年2月20日，本案一审在广州市东山区人民法院开庭，庭审主要围绕两个焦点：一、这两件作品是否违法？二、有没有对原告造成精神伤害？原告指出，2001年，文化部早已发文明确："禁止在公共场所表演或者展示血腥、残暴、淫秽等场面，禁止展示人体性器官或进行其他色情表演等有伤社会风化的演示行为"；"禁止将以上表演及展示行为以音像或文字图片等形式进行机械复制、传播"。广东美术馆展出这两件作品是违法行为。但被告辩称，此展览是经省委宣传部和国家文化部批准的，合法性不容置疑。关于展览是否对原告构成精神伤害，原告律师认为，看到这两件公开展出的作品已经侵害了原告的身心健康，造成了"恶心、痛苦"等精神痛苦，影响了原告的艺术创作。但被告辩称，原告并没有提供相应的鉴定予以证实。

东山区法院一审判决认为，被告经中华人民共和国文化部和中共广东省委宣传部的批准，举办引发争议"三年展"艺术展览，被告的展览行为合法。原告观看展览后仅仅是产生"恶心、愤怒和失望"的个人主观感受，既未提供其人格权及其他人格利益受损害的事实，也未提供《洗手间》及《十二平方米》属色情、淫秽作品的证据，因此，判决被告不构成侵权，驳回原告苏坚的全部诉讼请求。

原告不服该判决，上诉至广州市中级人民法院。苏坚说，他在打这场官司中发现，目前国内法律方面多是对版权等艺术家权利方面的规定，但对艺术家活动权限的界定的立法却是空白。比如什么是法律不容许做的，他个人希望法律能介入艺术创作的领域。苏坚认为自己其实是在打一场公益官司，"我想以实际行动而不是口头争论的方式，开始对当前艺术界中某些敏感问题寻求答案。比如将人体作为艺术创作的载体，它在情、理、法之间的平衡点在哪里、艺术创作的法律尺度、中外艺术法律尺度的异同等。"

二审法院维持了一审法院的判决，再次驳回了苏坚的诉讼请求。在终审判决中，法院从三个方面解释了该起展览并没有违法。第一，本次展览已经过文化部和宣传部门的批准，因此展览行为合法；第二，被展播的艺术作品是在特定环境和特定的场合下进行的，面对的也是追求艺术并具有一定艺术鉴赏能力的观众；第三，上述作品是作为艺术作品展出，提供人们鉴赏和评论的，而不是为了宣扬淫秽及色情内容。从二审法院驳回苏坚上诉的三个理由，我们或可以总结出判断实验艺术是否违法的三个"标准"：一、经过行政部门批准；二、作品展览有特定环境、特定场合、特定观众；三、作品展览没有不良目的。

除了上述三个标准外，针对苏坚提出展览给他造成不良感受，侵害其身心健康，法院驳回其诉请的理由是，引发争议的两件作品曾经在多地有多次展出，其他参观者均没有产生苏坚所述的痛苦感受，也没有令普通人不能容忍和接受。因此，受众的感受可以作为判断作品是否违法，是否造成有关当事人伤害的另一个标准。

值得注意的是，判决书里有这样一段劝喻文字："苏坚作为艺术工作者，具有较高的艺术鉴赏力，应对艺术创作有一定的分析、认知水平，其在观看展览后，如认为展出作品的内容和展览形式不当，可以采取其他相应的合法途径发表自己的看法，评论作品的优劣。"据审判人员解释，这也是"司法不应对艺术创作太多限制"的进一步体现。

从法院的判决中可以感受到，法官似乎不愿意过于限制艺术创作，应留给艺术家更多的创作自由。鉴于艺术作品的特殊性，司法审查不方便直接界定其性质，艺术作品是否违法留给行政管理机构进行审查。对该案的审理，主要是审查行为是否违法、侵权行为人主观过错、造成损害结果及损害结果与侵权行为间的因果关系这四个侵权行为要件。法官在此案判决中所展现的对实验艺术的宽容是值得肯定的，但是，在判断一件作品是否为"淫秽"违法作品的标准方面，尚有一些可推敲之处。

例如，经过行政部门批准是否构成展览不违法的理由？在现代法治社会，判断某个行为的合法与非法，司法裁判才是终局裁决。举办实验艺术展览，行政部门的审批只是程序上或者管理上的需要，而不是合法与非法的判断标准（如果行政部门以作品违法为由拒绝展览，主办方可向法院起诉，要求法院对作品是否违法作出裁判）。再例如，展览的目的往往依靠人的主观判断，而不能作为判断展览是否非法的客观标准。但是，对这起案件裁判中的另外两个判断标准却是可以为今后类似案件的处理作为参考的，那就是在对作品性质做裁判时，要看这个展览是否有特定环境、特定场合、特定观众，以及参考曾经或者正在参观作品的观众的感受。实验艺术以及其他容易引起争议的当代艺术，在判断是否合法时，应当充分考虑特定环境、特定场合、特定观众及观众感受等诸项因素。

2.8 从诺德勒画廊假画案看艺术法

艺术作为一种投资对象，刺激了艺术赝品的增生。在所有的艺术品交易中，大约有 10％涉及赝品或冒牌货。制作一件足以乱真的赝品可以获得相当大一笔金钱，对于不择手段的无耻之徒来说，这无疑是一种巨大的诱惑。[①]

在专家看来，在艺术市场上，赝品或者假画一般被分为三类：第一类，冒牌货，特别是那些经过精心策划，以假充真的假画，包括伪造艺术家的签名，伪造作品的证明文件，或伪造整件作品。第二类，复制品或临摹品，开始制作时可能并不想骗人，后来由于错认或失误而被当作原作出售的假画。第三类，并非完全失真的作品，但经过修补，以新充旧，或刻意对原作进行修饰加工，剪裁拼接，补全未完成之部分，以及对原作肆意进行没有根据的挖补修复，进入市场时不做说明。

2011 年 11 月 29 日，富翁皮埃尔·罗然志（Pierre Lagrange）打算出售他的收藏，这是一幅波洛克的作品，2007 年时，他以 1700 万美元从著名的诺德勒画廊购得。诺德勒画廊在美国内战前便已开张，从摩根家族、洛克菲勒家族到福特家族都是它的长期客户。罗然志将画作送去进行司法检测，结果发现画中含有一种 20 世纪 70 年代前尚未出现的黄色颜料，而署名波洛克的《无题 1950》（*Untitle* 1950）完成于 1950 年，

---

① ［美］伦纳德·D. 杜博夫. 艺术法概要 [M]. 北京：知识产权出版社，2011.

且波洛克于 1956 年去世。这显然是一件伪作。罗然志气愤之余，给这家美国历史上营业时间最长的画廊下了最后通牒：两天内偿还画款，否则法庭上见。诺德勒画廊并未作战，而是令人震惊地关张了。

人们为何如此注重作品的真伪？答案在于，艺术鉴赏是一种"整体性的感受"，在这种感受中，人们欣赏一件作品视觉上的美，同样也欣赏其历史之悠久，其所具有的原创性，以及其在艺术创作百花园中的地位。假画打乱了这种"整体感受"，同时也会让买家或者藏家在经济方面遭受巨大损失。除此之外还有许多间接受害人。艺术史学专家可能会被假画上所出现的反常特征所误导，银行可能会把假画作为贷款的附属抵押品。对制假售者如果不加以制裁，将会刺激市场假画生产，最终将使整个艺术市场由于失信和陷阱过多而崩溃。拥有百年历史的诺德勒画廊的瞬间垮台很好地说明了这一点。

诺德勒画廊后来卷入了多起假画索赔案件中，而其中只有德·索尔夫妇对诺德勒画廊的诉讼是唯一一场进行了公开审理的官司。酷爱艺术的德·索尔夫妇曾花费 840 万美元从诺德勒画廊购买了一幅署名为罗斯科的油画，画廊给他们发了一份长达数页的"保证书"以证明作品的真实性。在此案的庭审过程中，有两位艺术修复师以及一位艺术史专家均否认他们在相关文件中，为这幅存在争议的画做过鉴定，而在那些由诺德勒画廊提供的针对这幅画的鉴定文件中，均把这几位艺术专家列为鉴定人。

这桩案件在 2016 年 2 月 10 日达成了庭外和解，不过在此之前，在庭审过程中出现的各种戏剧性的证词以及细节，让多年以来一直关注这个案件的人感到饶有兴趣。无论是求证这些作品的真实性及其归属权的历史记录，或是愤怒的受骗上当的藏家想要讨回公道的诉求，这些都让人看足了好戏。人们开始从艺术专家是否为藏家买画尽责尽职、在真伪鉴定中如何对待负面信息、如何利用现代科技手段作出真伪判断、制假者的责任、画廊的行业规范等各种角度，对此案进行分析、评论和总结。

美国的律师们对于德·索尔夫妇对诺德勒画廊的诉讼和解金额守口如瓶。据媒体报道，当年耗费 830 万美元买下了假画的德·索尔夫妇这次的索赔金额是 2500 万美元。如果媒体所述属实，涉嫌买卖假画的诺德勒画廊被迫支付巨额赔款，并且最终只能以破产关门了结，那么，它也算是咎由自取罪有应得。我们更关心的是，如果同样的事情发生在中国，画廊会付出同样的代价么？中国的法律对于买卖假画行为是怎样规定呢？

中国的艺术市场在最近三四十年里，从改革开放初期艺术市场在全球所占比例几乎为零，发展到近三五年内在全球艺术市场份额跃居前三名，实在是了不起的变化。但这还只是一种数据统计。且不论中国艺术对当今世界艺术史究竟有多大的影响，单说这数据背后，究竟隐藏了多少赝品假画，有多少注水成分，恐怕也是不说不知道，一说吓一跳，假画在市场的比例，往少说也不会低于 10%。随着民众收入增加，受投资渠道所限，投入艺术市场的资金越来越多。为了中国艺术市场的健康发展，我们的专业研究人员，值得花一点时间，对市场上买卖假画行为做一番深入调查。

2015 年 12 月 17 日经文化部部务会议审议通过并发布，2016 年 3 月 15 日起施行的《艺术品经营管理办法》，被认为是一个旨在"加强对艺术品经营活动的管理，规范经营行为，繁荣艺术品市场，保护创作者、经营者、消费者的合法权益"的行政管理办法。该办法第七条明令禁止经营"伪造、变造或者冒充他人名义的艺术品"，该办法第二十条规定，"违反本办法第六条、第七条规定的，由县级以上人民政府文化行政部门或者依法授权的文化市场综合执法机构没收非法艺术品及违法所得，违法经营额不足 10000 元的，并处 10000 元以上 20000 元以下罚款；违法经营额 10000 元以上的，并处违法经营额 2 倍以上 3 倍以下罚款。"

对于买卖假画者给予没收非法艺术品及违法所得，并处违法经营额 2~3 倍的行政罚款，不可谓不"狠"。由于该办法实施刚刚一年有余，它对制止买卖假画行为的效果仍有待观察。

针对制作、销售假冒他人署名的美术作品的行为，我国《著作权法》和《刑法》都有专门规定。《著作权法》第四十八条规定，对"制作、出售假冒他人署名的作品的"行为，对行为人"应当根据情况，承担停止侵害、消除影响、赔礼道歉、赔偿损失等民事责任；同时损害公共利益的，可以由著作权行政管理部门责令停止侵权行为，没收违法所得，没收、销毁侵权复制品，并可处以罚款；情节严重的，著作权行政管理部门还可以没收主要用于制作侵权复制品的材料、工具、设备等；构成犯罪的，依法追究刑事责任"。

对于以营利为目的，制作、销售假冒他人署名的美术作品的行为，我国《刑法》第二百一十七条规定，"违法所得数额较大或者有其他严重情节的，处三年以下有期徒刑或者拘役，并处或者单处罚金；违法所得数额巨大或者有其他特别严重情节的，处三年以上七年以下有期徒刑，并处罚金。"刑法对于买卖假画的行为的惩处，在我国法律中是最严厉的。在这条严刑峻法的背后，体现的是国家鼓励原创、打击买卖假画行为的文化政策。在实践中，为减少乃至消除市场上买卖假画行为，不仅要求每一位艺术市场的从业人员，谨守法律底线，而且还要求每一位司法裁判官，严格执行法律，真正担负起自己的职责。

2.9 建筑作品版权保护的经典案例

一、案情

原告保时捷股份有限公司的北京保时捷中心建筑，于 2003 年 12 月 10 日落成，该中心与世界各地的保时捷建筑特征一致，保时捷公司对该建筑作品享有版权。被告北京泰赫雅特汽车销售服务有限公司于 2005 年末，在北京金港汽车公园内建成泰赫雅特中心，该建筑与原告享有版权的建筑作品非常相似。原告认为，被告的建筑抄袭了其享有版权的作品，侵犯其版权，故请求法院判令被告：（1）停止侵犯原告版权的行为，改变其建筑物的侵权特征；（2）赔偿原告的经济损失；（3）在相关媒体上就其侵权行为发表致歉声明。一审法院认为，原告建筑有四个方面的特征，具有独特的外观与造型，富有美感，具有独创性，属于我国版权法所保护的建筑作品，而被告的建筑，与原告的建筑前三个基本特征相同，构成近似，侵犯了原告建筑作品的版权。原告关于建筑的内部特征也属于建筑作品所保护的客体的主张依据不足。一审法院判决，被告应承担停止侵权，赔偿经济损失的法律责任，被告应对其侵权作品予以改变。

被告不服一审判决，提起上诉。

二审法院认为，根据我国版权法的相关规定，建筑作品是指以建筑物或者构筑物形式表现的有审美意义的作品。我国版权法对建筑作品所保护的，应当指该建筑作品在外观、造型、装饰设计上包含的独创成分。未经建筑作品版权人许可复制其作品构成侵权，应当承担相应的民事责任。被告建筑与原告的建筑在外观上的相似之处在于：（1）二者在建筑物的正面均采取圆弧形设计，上半部由长方形建筑材料堆砌而成，下半部为玻璃外墙；（2）二者在建筑物的入口处将建筑物分为左右两部分，入口部分及上方由玻璃构成；（3）长方形工作区与展厅部分相连，使用横向带状深色材料。上述第三点相同之处涉及的工作区部分的设计，属于汽车 4S 店工作区必然存在的设计，其外部呈现的横向带状及颜色与所用建筑材料有关，并非原告建筑的独创性成分，应当排除在版权保护之外。被告主张第一点和第二点相似之处，系基于建筑物的橱窗展示功能和节能采光功能限定的特征，不构成该建筑的独创性成分，缺乏事实依据。被告主张其中心建筑下方有一个高台、建筑物左右两侧均加有护栏，其弧形结构的圆弧度不同，两个建筑根本不相同也不近似。但是，法院认为，就两个建筑的整体而言，如果舍去上述第一点和第二点，整个建筑也将失去根本，因此，可以认定上述第一点和第二点构成两个建筑的主要或实质部分。在此前提下，虽然，被告中心建筑下方多出一个高台，建筑物左右两侧均加有护栏，但是并不能否认二者实质上的近似。因此，被告侵犯了原告对该建筑作品享有的版权。一审判令被告应对其中心建筑予以改建，使该建筑不再具有与上述主要特征组合相同或近似的外观造型，是正确的。被告上诉认为，其已经在一审审理过程中，对其建筑进行了改造，而一审法院对此，未予审理。根据查明的事实，被告所称的改造，系仅对其建筑使用白色涂料进行粉刷，并未涉及本院认定的前述第一点和第二点相同之处。一审法院对事实作出的认定和处理并无不当，故判决驳回上诉，维持原判。

二、案例分析

本案由北京市高级人民法院裁判，是我国第一例典型的侵犯建筑作品版权案。认真分析本案，总结审判经验，对于以后有关各方处理此类案件，可以提供有益借鉴。

1. 认定有版权的建筑作品被抄袭

本案法院面临的主要问题是，如何把握建筑作品受版权保护的标准，以及如何认定该有版权建筑作品被抄袭。

对于一个具体的三维建筑物的版权保护，本案一审和二审法院很好地把握了标准，即对原告和被告的建筑物所具有的特征进行比较，确认主要特征存在一致性，进而确认被告存在抄袭。法院没有过窄地定义原告三维建筑作品受保护的特征，而将保护的焦点集中在保时捷中心相对于相同功能建筑物表现的新颖特征，并将版权保护的范围限定于这些特征。

一审法院的判决认为，我国版权法所保护的建筑作品，是以建筑物形式所表现出来的建筑物的外观和造型，不包括建筑内部的装潢特征。这项判决的主旨是，把握对建筑作品的版权保护，主要看其外观，即人们所能看到的某建筑作品的外部"形象"。从本案实际情况分析，原被告建筑作品的外观，在主要方面存在明显的相似之处，基本特征相同。故法院判决被告败诉。

需要指出的是，承审法院将保时捷中心建筑物的侧面和背面，排除出保护范围，如工作区域的外墙使用有水平条纹的深色材料。二审法院的判决认为，这些背面和侧面的外观"属于汽车 4S 店工作区的必然存在的设计"。该院进一步认为，"其外部呈现的横向带状及颜色，与所用建筑材料有关，并非保时捷中心建筑的独创性成分"，因而这些要素"应当排除在版权法保护之外"。

2. 判决侵权建筑物必须改建

一般认为，建筑作品具有功能性和艺术性合一、原创性认定难、抄袭认定难的特点。但是，本案承审法院通过判决，比较好地处理了上述问题。接下来的难题是，如何判决被告的侵权责任。

我国版权法规定的承担侵权责任的方式有：停止侵权、消除影响、赔礼道歉、赔偿损失等。一般版权侵权案中通常适用销毁侵权物的方式，对于涉及建筑作品的版权侵权，如何停止侵权？合法的有版权的建筑在一边，非法的侵权的建筑在另一边。如果不对侵权建筑物本身做出任何改变，侵权行为将一直延续。所以，在认定抄袭侵权后，在判决被告停止侵权时，一定会有对侵权建筑予以改建的要求。

在判决（建筑作品）侵权者的法律责任这一关键点上，本案判决为建筑作品侵权纠纷提供了一个很有借鉴意义的案例。在侵权责任形式的选择上，法院不是判决通常适用的销毁侵权物的方式，而是判决侵权人对涉案建筑物予以改建，改建后的建筑物不应具有与涉案有版权建筑作品相同或相近似的组合建筑特征。这项判决，既考虑了建筑作品侵权的特殊性，也体现了法院适用法律的灵活性。

一审法院的判决是："关于停止侵权的具体方式，本院结合原告保时捷公司要求对侵权建筑物予以改建的诉讼请求，和本案的具体情况酌情予以确定。鉴于涉案保时捷中心建筑由正面呈圆弧形，上半部由长方形建筑材料对齐而成，下半部分为玻璃外墙；建筑物及其上方将建筑物正面分为左右两部分，建筑物入口部分及其上方由玻璃构成等主要特征组成，本案被告应对泰赫雅特中心予以改建，使该建筑不再具有与上述主要特征组合相同或近似的外观造型。"

被告应对其抄袭原告建筑作品的主要特征予以改建，这就是判决被告停止侵权的具体要求；被告侵权建筑不再具有与原告作品主要特征组合相同或近似的外观造型，这就是判决被告改建的具体标准。

在一审判决之前，被告已经将侵权建筑正面上部粉刷为白色。被告在上诉状中称，其建筑物外观的变化，足以区别原告的建筑，已经消除了侵权影响。对此主张，二审法院没有采信。二审法院认定，被告改变建筑物颜色，不足以避免侵权。二审法院维护一审判决，责令被告必须改建建筑。①

---

① 在最高人民法院公布的"2008年中国知识产权十大案件"中，本案位列"十大案件"之首。法院的裁判已经得到执行。

2.10 从"猴照"论版权

2014 年 8 月，一则来自英国的新闻引起轰动：据英国《镜报》8 月 6 日报道，摄影师大卫·斯莱特 (David Slater) 在去印度尼西亚的一次旅途中偶遇一只母黑冠猴（Macaca nigra），他突发奇想，把带自拍功能的相机故意丢给它。结果，正如我们所看到的那组黑冠猴肖像照。它直视着我们，虽然龇着牙，努着嘴，但表情自然，充满好奇和友善。这组照片在全球各大报纸与网站上迅速走红，就连维基百科也使用了这组照片。当大卫试图要求维基百科撤掉照片，将版权归还给他时，维基百科却表示："这组照片是猴子自己拍的，所以版权应该属于猴子。"①

其实，早在猴子自拍之前，人们已经领略了大象用它的长鼻子绘制自画像的风采。那段视频至今还可以在网络上看到。② 可是，大象画画远没有这次的猴照新闻那样轰动。那幅"猴照"拍得太好了，以至于凡是喜欢动物的网民都可能会下载它，或者至少要多看它一眼。另一个原因是，人们不禁怀疑，难道猴子也会拍照？为什么智商比猴子高得多的人类，却很少能拍出那样一幅优秀照片呢？接着问题就来了，猴子可以享有版权么？显然，大多数人接受了动物不享有版权的观点，因为他

---

① 信息来源：http://look.huanqiu.com/article/2014-08/5098763.html.

② 详见：http://www.iqiyi.com/v_19rrhc22h8.html; http://v.ku6.com/show/7xYUDxtX4bSVRFCBOsoYlQ...html.

们都知道并且相信，版权是赋予自然人的。无怪乎维基百科也提出"猴子版权"论，生硬地拒绝大卫的版权主张。确实，尽管动物是人类的朋友，而且在很多国家，还制订有动物福利法，[①] 但是所有相关法律，却是调整人与人之间的关系，动物自身，不享有任何法定权利。不能否认动物也具有某种"创造"能力，在某些条件下，它们还可以尽情发挥，进行"智力创造"，产出"智力成果"。[②] 饲养员可以把大象的自画像拿去拍卖，但是，他们却不能阻止人们把大象的自画像拿去复制。因为，对于大象用鼻子画的画，大象没有版权，饲养员也没有。[③]

猴子对那组肖像照享有版权么？当然没有！不过，这个问题本来就不该这样去问。只有猴子或者像猴子那样思维的人，才会这样提问题。不知道天底下是否有人真的去研究猴子的思维或者语言，不过，《猿猴世界》[④] 一书作者，对猿猴的群体行为和交流方式等有很好的研究。但是，再聪明的猿猴也不会想到要对它们的"创作成果"——自拍照，主张版权。当维基百科负责人说出 "这组照片是猴子自己拍的，所以版权应该属于猴子"这句话时，我们才知道，天底下竟然还有用"猴子版权"的思维，去否认人的版权的逻辑。猴子有没有版权根本就不是问题，需要回答的，是大卫发布的黑冠猴影像，究竟是不是他的智力创造，他对那组作品，能否主张版权。

版权是知识财产之一种。版权人的财产利益，是通过作者对他所创造的智力成果行使支配权来实现的。猴子聪明好动，具有很强的模仿能力，猴子自拍，并非有意识的创造，而是出于好奇和模仿。碰巧了，在数万次按下相机快门之后，大卫从猴子爪下重新夺回相机，取出存储影像的记忆卡。然后，他打开电脑，读出记忆卡中记载的内容，在海量清晰或者模糊的影像中间进行筛选，进行必要的调色、剪裁、压缩及影像

---

① 常纪文.动物福利法 [M]. 北京：中国环境科学出版社，2006.

② 这或许是颇有争议的，请参阅 [法] 彼埃尔·布勒. 猿猴世界 [M]. 北京：海洋出版社，1982. 第 16 章"模仿不是创造".

③ 有关信息显示，在大象"创作"完成之后，饲养员将它直接卖给游客.

④ [法] 彼埃尔·布勒. 猿猴世界 [M]. 北京：海洋出版社，1982.

制作。如果要把它们放大，并且要保留足够丰富的细节，还要制作中间底①，经过数字扫描，选择适当的相纸，然后进行喷绘，才能获得一组既生动又富有美感的猴子影像。如此说来，我们所看到的那组黑冠猴影像，猴子自拍仅仅提供了部分创作素材，如果没有大卫的智力劳动，是根本不可能实现的。

这不是简单的通过猴子的思维，也不是简单地掌握了动物福利法、版权法、知识财产法等法律就能解决的问题。判断究竟是猴子的版权，还是大卫先生的版权，你不仅要懂法律，还要懂摄影（艺术），不仅要知道版权是赋予自然人而与动物无涉的道理，还要知道法律保障艺术创造和艺术市场健康发展的目标。数字影像技术不仅给了所有具备 0.1 视力以上的人成为摄影大师的可能，② 也为人类利用动物特殊的视觉能力和行为能力创造出更新更美的影像带来便利。这就是艺术法③ 的思维。这就是艺术法在解决类似"猴子版权"这类看上去很傻很天真的问题时，能够充分发挥其作用的地方。

了解摄影（艺术）创造的人应当知道，在大多数情况下，影像的作者是那位按下快门的人，但这不是绝对的。虽然摄影有"瞬间艺术"④之说，但是，一幅摄影作品，特别是一幅优秀摄影作品，离不开暗房加

---

① 一种用于放大照片的"过渡"介质，也是一种放大照片的技术，目的是保留足够的细节，确保影像质量。

② 这是一种极端的说法，原本是为了打破摄影艺术的神秘，以及说明现代科技发展为普通人进行摄影创造提供的便利。

③ 关于艺术法的定义，请参阅，周林 . 艺术法实用手册 [M]. 北京：国际文化出版公司，1998；[美] 杜博夫，等 . 艺术法概要 [M]. 周林，译，北京：知识产权出版社，2011. 一般认为，艺术法要研究和解决的是艺术品在创造、发掘、生产、销售、流转、展览和收藏等过程中所涉及的有关法律问题，诸如艺术品的进出口、拍卖、鉴定、保险、税收，以及艺术家的言论自由和知识产权保护，等等。这些问题不可能单靠某一部单行法规来解决，而必须要由多种法律和法规加以调整。

④ 尤其指新闻摄影，摄影师借助摄影技术，能够精确地把稍纵即逝的形象迅速地固定下来。

工和后期制作，尤其是在数字影像技术出现之后，后期制作的贡献，不能被轻易忽视。后期制作是一幅优秀摄影作品不可或缺的重要组成部分。版权法鼓励创造。在摄影作品越来越强调和注重后期制作的数字影像时代，摄影创造的"决定性瞬间"理论① 已经不敷应用，后期制作者的创造和贡献，越来越受到重视。大卫先生巧妙地利用了那只母黑冠猴聪明、好动、善于模仿的性格特征，教给它按动快门的动作技巧，任由它玩弄相机，摄下包括它自己在内的海量影像素材，然后他再从中筛选，进行调色、剪裁、加工，从而创作出了那组生动影像。这是一个完整的构思和创造过程。从艺术法角度分析，大卫先生对那组黑冠猴影像，完全可以主张版权保护。

版权，一言以蔽之，说的是创作投入的归属、控制及保护。② 在版权制度建立之初，乃是印刷术萌发突进之时，其基本功能，乃是赋予作者和出版商对其出版的图书，在一定期限内的控制权。摄影技术的出现稍晚，版权法又将摄影复制规定为一项新的权利。能够证明摄影作品创作投入的，要看摄影师能否拿得出记录影像的"底片"。把底片作为证明创作投入的证据，这种做法，在中国，一直延续到 20 世纪八九十年代。③ 从那以后，自 21 世纪初始，随着数字复制技术的广泛应用，胶片摄影逐渐式微，而数字影像则成为摄影主流。能够证明摄影作品创作投入的，是记录影像的原始数据或代码。

依据达尔文的进化论，人是经由猿猴进化而来。人类跟他们的"祖先"相比较，最大的区别在于对信息的掌控——人类在收集信息、交流信息、创造信息、利用信息方面，处处显示其作为高级动物的特征。由这一特征所决定，人类也可以称作"信息动物"。版权就是这些"信息动物"

---

① "决定性瞬间"由法国摄影师布列松提出，这一理论曾对新闻摄影的实践有着重要的指导意义。

② ［美］保罗·戈尔茨坦 . 论版权 [J]. 任允正，译 . 著作权，1992（1）：41.

③ 例如，1990 年前后，在影楼和消费者之间，围绕着底片的归属，曾经发生过较多争议甚至诉讼。参阅，周林 . 关于人像摄影室几个法律问题的探讨 [M]// 艺术法实用手册 . 北京：国际文化出版公司，1998：139-141.

的发明。你拍摄了一幅优美的照片，或者绘制了一幅动人的图画，对那些传情达意、养眼怡情的信息，法律赋予你一定期限的"专有使用权"。你可以自己去使用这项权利，也可以把这项权利拿去跟别人交换或者买卖。版权的发明者认为，通过这种方法，让那些艺术信息创造者得到某些补偿，从而刺激或者鼓励他们可以有更多更美的创造。

在互联网时代，借助数字复制和网络传播技术，艺术家们可以把他们创造的视觉艺术信息，瞬间传遍世界。这是一个以"量"取胜的时代，也是一个眼球经济时代。对于艺术家来说，他的成功，在一定程度上，取决于作品数量的多寡和网民关注度的高低。对于信息网络服务商而言，他的生存和发展，取决于他向公众提供的信息的"量"与"质"。在这个由艺术家、网民、网络服务商组成的"江湖"上，版权方显示出其存在的价值。[1] 版权建立之初旨在调整出版商、作者、读者利益关系，奖励创作的功能，变得更加广泛和精细。就拿大卫创作的那组猴照来说，那是一组极具原创性的信息，一经发布即吸引亿万眼球。对维基百科这样的信息网络服务商而言，它绝不会放过利用这组猴照信息的机会。

任何信息，均具有自由流动和传播的特质。以往那种艺术家即使离群索居，照样能扬名立万的生活和创作方式，开始发生变化。任何艺术信息创造，如同现实中的任何一件事情，只要发生了，任何力量，都很难再挡住它的传播。艺术家不仅是艺术信息的创造者，同时也是艺术信息的使用者和消费者。大卫的猴照放到网上后，就很难再阻止它的传播。版权赋予大卫的权利，不是让他阻止猴照的传播，而是赋予他若干权利，对任何利用猴照的行为予以阻止，或者向任何利用猴照的个人或者网络服务商收取报酬。信息是自由流动的，但是，对信息的利用确要付出代价。[2] 因为如果任何信息利用均属免费，信息自由流动的特质，就要发生

---

[1]　版权只有在创作者、传播者、使用者三方共存的情况下方有价值，缺少了任何一方，版权即失去意义。

[2]　我把这段话总结为"网络生存定律"，周林 . 信息自由与版权保护 [J]. 电子知识产权，2007（8）.

变异，作为信息使用者和消费者的艺术家，就再难获得可资利用的信息。因此，与其说版权是一种特权，毋宁说版权是一套保障信息自由（流动）的工具。按照版权法一般规则，大卫先生可以自己去利用那组猴照，也可以向任何利用猴照的网络服务商索取适当报酬。

艺术法是一门新兴学科。艺术法不是一部单行法。艺术法综合了若干部法律内容，例如版权法、合同法、网络法、信息法等，在本文所说的案例中，它还可能包括动物福利法，它把所有相关内容联系起来，结合艺术创作规律，艺术史学研究方法，从有利于化解社会矛盾，鼓励艺术创作、繁荣艺术市场、提升民众艺术素养角度，对有关艺术实践和法律案例，从一个新的视角进行分析和解读，从而找到一个更加合情、合理、合法、合乎艺术规律的结论。本文这个猴照案例给我们提供了一个从艺术法角度切入进行讨论的实例：在综合了版权法、合同法、网络法、信息法、摄影史、艺术史的多元信息和观点之后，我们可以得出一个更加接近事件本来面目，更加公正和开放、易于接受的答案。

第三编

艺术市场

摄影作品：2017·艾特金牛好回家

作者：周林

3.1 顺德老农的版权意识

现在玩相机的人越来越多。可谁能想到呢，一位 60 多岁的老农第一次玩相机——一架"廉价"相机，竟"玩"出了一个"巨佛"引发了一桩"公案"！

1989 年 5 月 11 日，广东省顺德县冲鹤乡老农，年逾花甲的潘鸿忠，用他首次购买的一架廉价相机，拍摄乐山市乌尤山、凌云山、龟城山全景。潘在第一卷胶卷冲洗出来的第十八张照片上，突然发现"山形如健男仰卧"。遂撰写《乐山巨佛发现记》，题于放大的照片上，翻拍后寄赠有关方面存档，发表。

"巨佛"的消息传开后，中外游客纷至沓来，历久不衰。据报道，两三年间，乐山市的旅游收入增加了上亿元。潘亦因对乐山的贡献而被授予"乐山市荣誉市民"称号。

老农潘鸿忠的这个"发现"。确实非常偶然，甚至有些不可思议，春来秋往，在同一个地点拍照的人恐怕有成百上千，但他们竟都视巨佛而不见，没有拍出个"名堂"。这恐怕与许多玩相机的人缺少"发现"有关。然而，更加值得我们玩相机的人重视的是老农潘鸿忠的"版权意识"。

1991 年潘鸿忠在乐山就发现有人既未经他同意，又不署他的名字，非法翻拍、大量出售他拍摄并题记的巨佛彩照。他当即向乐山市有关部门提出了对《乐山巨佛发现记》摄影作品进行版权登记的口头申请。由于问题得不到解决，1992 年 12 月，潘鸿忠分别向全国人大版权检查团、国家版权局和四川省版权局提交其关于版权被侵犯申诉书，控告乐山市文物保护研究所等 6 家单位侵犯了他拍摄的巨佛照片的版权，并要求赔偿精神和经济损失 12 万元。据悉，这起纠纷经过四川省版权局受理已经获得圆满解决。

我们认为，在这起案子中，下述两点是完全可以肯定的。

第一，顺德老农潘鸿忠对其拍摄的乐山巨佛照片享有版权，毫无疑问，潘是发现巨佛并把这个发现用照片形式表现出来的第一个人。在版权法上，发现并不受保护——任何人都可以对同一个景观进行拍摄，但记录发现的照片受保护。潘鸿忠并不是专业摄影师，他所拍摄的巨佛照片用专业人员的眼光来看可能缺少艺术性，但这并不妨碍它仍然能够得到版权保护，任何人把它拿去复制销售均构成侵权。如果巨佛照片的使用者自己去同一地点拍摄（其实这并不费事，而且效果可能还会更好），或取得潘鸿忠许可，给付相应报酬，这桩案子本来是可以避免的。

第二，顺德老农潘鸿忠有这样高的版权意识真是难能可贵。潘曾在申诉阐述了他索赔的直接原因，他"向侵权行为提出的申诉，只是为了行使公民权利，无愧公民称号"。现在有些"玩相机的人"，不是仔细地去发现，去创造，而是靠"玩相机兼玩剪刀"。靠非法翻拍别人的摄影作品，欺世盗名，从中牟利。也有一些人，明知自己的作品被人家盗用了，却不敢"玩真的"——法庭上见。甚至羞于给对方"曝光"，他们在"版权意识"方面，真不如"玩廉价相机的"顺德老农。

3.2 艺术代理研究

在艺术市场上，假画的出现不仅给买家造成重大损失，也给艺术史研究者造成极大困惑。对艺术史研究者来说，他们注定要花费更多时间和精力，来仔细辨别作品真伪。解决这个问题有多种办法，比如，加强行业自律、市场监督、作品鉴定，画家自行在技术上采取的各种有效的"防伪术"，等等，但是，最有效的办法之一就是建立起一套规范的艺术代理机制。

一、认识画商

画商在文化发展和建设中扮演着一个重要角色，应得到社会的承认和鼓励。然而，在世界许多地方画商的名声并不好。他们的形象被那些经营被盗物、走私品或冒牌货的画商所玷污。特别是那些破坏、盗掘文物古迹的情况。出于职业道德和法律的原因，讲信誉的画商须时时提醒自己，绝不染指此类物品。对于那些故意买卖假画、扰乱市场、牟取暴利的行为，工商及文化主管部门应采取行动予以制止。在艺术市场上，画商、艺术代理人或者"经纪人"就是为买卖双方介绍交易以获取佣金的中间商。根据交易种类及各地习惯，这类从业人员在历史上还有其他别称，如"掮客""倒爷""黄牛""抄家""穴头"等。在美术圈里，如果不是很严格地去抠字眼，以美术作品为交易对象的代理人或经纪人也可以称作"画商"。

画商可以是一个人、一个画廊、一个商业机构，甚至还可以是一个官办组织。但无论是以什么面目出现的画商，都只能是一个独立的法律主体（个人或法人），与其相对的是另一个独立的法律主体即艺术家，二者在法律上均处于平等地位。某些官办组织常常标榜自己的行政级别，是令人不齿的。画商与艺术家应当在自愿、平等、等价有偿、诚实信用的基础上缔结代理关系。任何一方，尤其是画商一方，都不得利用自己的优势地位，把自己的意志强加给对方，或强迫或诱骗对方与之签订不平等协议。

曾经在相当一段时间里，经纪人一直被视为"不劳而获的吸血鬼"或"不法之徒"。但是随着改革开放的深入进行和市场经济的确立，对于经纪人提供服务时收取佣金的行为已获得法律保护。目前，经纪人已越来越多地参与到社会经济文化生活中的各个领域。但是，在美术圈里，由于缺乏对画商这种居间行为的明确的法律规范，有些"倒画高手"以其老谋深算，有些托庇于官办组织之下的"官商"，凭借其手中掌握的办展、评奖等权力，欺骗画家、强扣作品的事件屡有发生，这应当引起画家及艺术市场工作者的警惕。

二、画商代理的三种基本形式

对画家的代理，大概有三种基本形式：作品买卖代理，作品寄售代理，作品垄断代理。画商代理的目的是为了经营画家的作品，而不是画家这个人。

作品买卖代理，是指画商上门找画家买作品，然后他再把作品转卖，从中牟利。这种代理，画家与画商的关系相当于一种买卖关系。画家出价，画商认可。一手交钱，一手交货。钱货易手之后，双方关系终结。

作品寄售代理，是指画家把自己的作品交给某一特定的画商，由画商代为出售。作品售出后，画商一般将卖价的三分之一作为佣金，其余三分之二为画家所得（具体分成比例根据合同确定）。寄售代理一般有时间的限制。超过一定时间作品没有卖出去，画商得把作品交还画家。如果作品全部卖掉，并且双方结清账目，或者作品没有卖掉，到寄售期满后全部退还画家。这时，双方的关系亦告结束。

作品垄断代理，是指画商在一定时间内作为某画家全部作品的独家代理人，全权负责画家作品的销售。在前两种代理中，画家只是将其部分作品，或者一次性跟画商结清价款，或者在卖出作品后再结清，自己尚保留着自行出售作品的市场空间。而作品垄断代理，则是约定在相当长一段时间里，画家的全部作品均交给一家画商对外出售，根据合同约定，画家个人已无权自行出售自己的作品。当然，独家代理的画商通常要付给画家比前两种代理多一些的代理费，他／她需要能够满足画家在一定时间里创作和生活所需，让画家不必为赚取必要的生活费而劳心费力，而且还应当维持画家的生活始终处于一种比较轻松舒适的状态。

三、艺术代理的好处

首先应当承认，一个画家能够被画商代理总是一件好事，它意味着在艺术市场上有人开始注意到你了。如果能够处理好画商跟画家之间的关系，将给双方都带来好处。艺术代理的好处：

1. 艺术家可以安心创作。艺术家可以专心从事创造，不必再为每日三餐的油米柴盐劳神费力。有时候，连购买创作耗材，旅行写生行程，住宿起居等，都有人打理，为艺术家省下大把时间。

2. 在画商那里可以买到货真价实的作品。规范的画商不卖假画，这不仅是个人或者企业的名声问题，而是市场使然。假画可以得益于一时，不可能保持长远。一旦假画被揭穿，生意就做不下去了。

3. 艺术品流转有序，方便艺术史研究。很多画商为了自身利益，也是为了所代理的画家的市场成长，总会花费时间和精力，对所代理的画家进行研究，对其作品进行登记编号。这些研究和编号极大地方便了日后的艺术史研究。

4. 交易透明，避免逃税。艺术市场的监管，特别是私下卖画的监管十分重要。偷逃税款是一个不容忽视的问题。一些藏家总希望能低价买入心仪之作，而一些艺术家则希望少缴税款，因此有些交易转入"地下"，这种做法是违法违规的。通过代理画商进行艺术品交易，便于工商监管，可在一定程度上保证交易透明，避免逃税，应当是画商、画家、市场管理多赢结果。

四、艺术代理中存在的问题

中国艺术品交易金额虽然早已经进入世界前三位，但是这个市场远未成熟，艺术代理的现状也是与之相适应的。艺术代理尚未成为艺术品交易主流，私下交易仍然大量存在。我们注意到，在过去大约十年里，文化部艺术人才中心曾经组织过十数期针对艺术市场经纪人、画廊经营人员的培训班，还有一些大学、研究所针对各类艺术市场从业人员的培训班，已经在相当多从业人员中间灌输了艺术代理的理念。笔者也曾就此提议成立相应的艺术经纪人协会或者画廊协会，通过行业规范化建设和管理，以及从业人员的自律养成，进一步促进我国艺术代理制度的发展。但是，这仍然需要较长一段时间才能做到。

在艺术代理方面目前存在的主要问题有：

诚信问题。艺术代理是一种民事活动。在艺术市场上，画商、画廊跟艺术家之间有时候存在着信息不对称的情况。个别画商借助自己的信息优势和财政实力，剥削画家，隐瞒画价，欺负处于弱势的画家，特别是年轻画家。

不平等协议问题。根据一般民事法律规定，民事活动应当遵循自愿、公平、等价有偿、诚实信用的原则。有时候，有的画商依靠自己的优势地位，或者看到画家急于出名或者经济方面的困难，迫使画家跟自己订立不平等协议。应当认识到，这种协议从长远看，不利于艺术市场发展，也对画商没有好处。因为一旦艺术家认识到自己的权利遭受侵害，就会断绝跟画廊的关系。

最近十几年来，许多艺术院校纷纷成立艺术管理学院。随着一大批经过专业训练的艺术管理人才进入到艺术市场，艺术代理得以逐渐发展。很多年轻的画廊和年轻的艺术代理人，跟他们所代理的年轻画家一道，随着市场的成长而成长，逐渐培养出相互信任、相互合作、相互提高的良好合作关系。这应该是艺术代理今后发展的方向。

五、艺术代理是解决假画问题的有效途径

我们的艺术市场，每年都有专业统计和研究人员完成一份艺术市场报告。从这些艺术市场报告中，我们看到中国艺术市场的成长，看到中国艺术市场在国际艺术市场的位置。但是，需要注意的是，在诸多统计数字中间，究竟有多少假画？能不能有一个干净的数字，把假画所占的比例从每年的年度报告中剔除出去？

客观地分析假画泛滥的原因有以下几个

——从习画传统分析。中国传统绘画讲究师承，讲究临摹。很多艺术家就是从临摹他人画作成长起来的。这种习画传统，特别是在市场需求面前，很多临摹之作，可能就被当成真品，混进市场。相比较油画，水墨画制作成本较低，仿制容易，在一定程度上催生出一批专门制售假画的不法之徒。

——从画家缺乏自我保护意识分析。一些成名画家，他们的画作在市场上卖得越好，仿冒他们的假画就越多。国家通过制订法律，赋予艺术家权利，例如版权法，就赋予艺术家针对假画的权利。艺术家可以依法维权。但是，版权作为一项民事权利，民不举，官不究。很多侵权案件就是因为艺术家放弃维权，让侵权人逃避法律追究。

——从现有法制环境分析，维权成本过高，诉讼程序太繁琐，这些也是制约画家维权积极性的重要因素。

——就市场观察而言，造成假画泛滥的根本原因是私下卖画！我们看到，市场上有那么多每平尺逾万元甚至十数万元的画家存在，特别是那些身居一些艺术家团体领导层的大大小小的官员，他们很多作品都有较高卖价。但是，他们每年向国家交付的税金究竟有多少？究竟有多少这样的作品私下成交？我们的市场监管和艺术行政主管部门应当加强这方面的管理。

针对上述假画泛滥原因，如果我们艺术市场能够建立起一整套规范而完善的艺术代理制度，减少乃至杜绝私下卖画，不仅能够有效地解决假画问题，而且能够极大地促进中国艺术市场发展，促进中国艺术软实力的提升。

结语：

21 世纪前后几十年的中国艺术史，注定是一段充满困惑的历史；由于没有形成一个规范的艺术代理机制，治史的人可能要花更多的时间去鉴定作品的真伪。

中国艺术市场有赖于一个规范的艺术代理机制的建立。建立艺术代理机制是解决假画问题乃至解决艺术品出路的根本途径。

3.3 与艺术市场有关的税法刍议

2017 年 12 月初，在中国拍卖行业协会的配合下，财政部、商务部、文化部、海关总署、国家税务总局、国家文化局等六部门调研文物回流税制，倾听了来自业界的政协委员、行业协会及有关专家提出的意见和建议，传递出文物税收政策利好的一些信号。

在我国艺术市场，与税法相关的问题屡见不鲜，特别是 2012 年某进口艺术品查税事件曾引起社会的普遍关注，[①] 艺术市场管理者、从业者及专家对此持两种观点。一种观点认为，我国艺术品行业税收混乱，进口艺术品偷税漏税现象严重，必须严厉打击。另一种观点则认为，现行税收政策已经落伍，行业税赋过高，关税不合理，缺少鼓励捐赠减免税负的法律法规，严重阻碍艺术品进口及文物回流，不利于艺术品市场的良性发展。因此，为促进我国艺术市场健康发展，结合中国实际并参考国外经验，制订适应市场发展的税收政策，改革现行与艺术市场有关的税法，势在必行。

一、艺术品进口关税

在我国，艺术品被列为进口商品的第二十一类，与奢侈品同属一类。

---

① 艺术品"查税门"升级，大佬纷传被拘 [N]. 东方早报·艺术评论，2017—05—21（29）.

2012 年以前，与我国签订过优惠贸易协定的国家，艺术品进口时需申报缴纳进口关税 12% 和进口环节增值税 17%；没有与我国签订过优惠贸易协定的国家，艺术品进口关税为 50%。自 2012 年起，国务院税则委员会将油画、粉画及其他手绘画原件 雕版画、印制画、石印画的原本，各种材料制的雕塑品原件的进口关税税率由 12% 降至 6%（暂行 1 年）；该暂行税率按照年度制订，一直沿用至 2016 年。

2017 年 1 月，中国海关总署发布的《关于 2017 年关税调整方案》指出：对 822 项进口商品实施暂定税率，其中 97011019（油画、粉画及其他手绘画原件）、97020000（雕版画、印制画、石印画的原本）、97030000（各种材料制的雕塑品原件）三个税则号的关税暂行税率再次降至 3%（正常税率为 12%，2012—2016 年暂调至 6%）。调整方案自 2017 年 1 月 1 日起实施。

该方案公布之后，业内人士的反应却较为冷淡，原因主要在于，艺术品进口税主要包括两类：一类是海关征收的进口关税；另一类是进口后所在国家税务机关在国内环节征收的税，在中国则被称为"进口增值税"。此次下调的是前者，而业界更为关注的 17% 的进口增值税依旧未改。

放眼海外，据不完全统计，对艺术品实行零关税的国家和地区有美国、英国、法国、德国、瑞士、加拿大、日本、韩国、新西兰、白俄罗斯，以及我国香港和台湾地区。以美国为例，自 1958 年关税法修订以后，依据协调关税表，以下类别作为艺术品可以免征进口关税：（一）绘画和素描原件，（二）拼贴画和装饰板，（三）拓印、雕刻和版画原件，（四）雕塑和雕像，（五）邮票，（六）珍藏品，以及（七）古董。英国等欧洲国家对进口环节增值税税率的设定也仅在 5% 左右。相较于海外宽松的艺术品关税政策，即使将关税税率调整至 3%，但再加上 17% 的进口环节增值税，我国的税率仍然显得偏高。

税收政策与各行各业的生存和发展息息相关，具有十分重要的现实意义。从税收理论看，税收是国家为了实现其职能，凭借政治权力，依照法律规定的标准，强制地、无偿地参与社会剩余产品分配而取得的一种财政收入。我国税收主要分为四大类，分别是流转税、所得税、财产税和行为目的税。关税属于流转税，是由海关代表国家，按照《中华人民共和国海关法》《中华人民共和国进出口关税条例》以及每年公布的《中华人民共和国海关进出口税则》对进出口中国关境的货物和物品征收的一种流转税。进口增值税是专门针对进口环节的增值额进行征税的一种增值税，也属于流转税，由海关代征。

近几年，一些海外国家已经着手开始对艺术品税收制度进行修改与调整，以活跃艺术品市场的交易，吸收国际艺术品资源和资本投资，从而带动本国经济与文化的可持续发展。在我国，尽管自 2012 年起，国家将部分艺术品进口关税税率由 12% 下调至 6%，至 2017 年税率进一步下调为 3%，以促进艺术品行业的发展。这种持续性地下调关税表明了国家支持艺术市场的态度。现在的问题在于，征收 17% 的增值税是争议的重点。有专家认为征收增值税没有问题，额度高低未来可调整，现阶段问题出在征收方式上。当前，国内实行预征艺术品增值税的方式，跟艺术市场发达的国家或地区有较大不同。在一些艺术市场发达国家，是在再次交易后，根据藏家持有艺术品的时间差异进行不同额度的增值税征收[1]。因此，有专家建议，应改善目前"高税率、低税收"的不合理现象，具体建议包括：1. 实行艺术品进口零关税；2. 建立艺术品出口退税制度；3. 停止预征艺术品增值税，推迟至交易环节征收；4. 对画廊和拍卖行实行单一的综合税，税率 5% 为宜；5. 简化艺术品进出口手续；6. 完善艺术品捐赠税收优惠制度。[2]

二、艺术品交易税

在艺术市场上，艺术家销售自己的作品，主要有三种途径：第一种，艺术家直接把作品卖给收藏人，这就是一般常说的"私下卖画"。第二种，就是艺术家自己不直接卖画，而是把作品交给中间商，由中间商代为销售，这可以称作"中介销售"或者"店堂交易"。第三种就是通过拍卖企业

---

[1] 艺术品"查税门"升级，大佬纷传被拘 [N]. 东方早报·艺术评论，2012-05-21.

[2] 同上。

公开竞价销售。

这三种销售作品的情况，无论哪一种，都产生税务问题。

"私下卖画"，艺术家把作品直接出售给收藏人或其他购买者，艺术家必须按照财产转让所得税目，适用 20% 税率，自行申报缴纳个人所得税。艺术家凭借合法有效凭证，从其转让收入额中减除相应的财产原值、拍卖参展过程中缴纳的税金，以及有关合理费用后的余额，按 20% 的税率缴纳个人所得税。艺术家如果不能提供合法、完整、准确的财产原值凭证，不能正确计算财产原值的，按转让收入额的 3% 征收率，计算缴纳个人所得税。

"中介销售"分两种情况。第一种情况是中间商一手交钱一手交货，直接把钱交付给艺术家，这个时候，艺术家对其收入，须按照个人所得税的规定纳税。第二种情况是针对中间商来说的。中间商，也就是画商，也分三种情况，一种是没有办理注册登记的中间商，他必须按照劳务报酬所得的税目，适用 20% 的税率，自行申报缴纳个人所得税。此时，跟艺术家应缴纳的劳务所得税一样。第二种情况，指的是已办理注册登记的个体画商、画廊或者经纪公司，这时候，他们的收入，应当按照"个体工商户生产经营所得"征收个人所得税、增值税及相关税费。第三种情况，指的是按照企业法人办理工商注册登记的大型艺术品经营企业或者机构，按照企业登记依法缴纳增值税、企业所得税、城市维护建设税、教育费附加和地方教育附加等，其经营所得，应当按照《中华人民共和国税收征收管理法》和相关法律、法规依法纳税。

艺术品通过拍卖形式销售出去，对拍卖企业来说，除了按照工商注册登记企业纳税以外，根据《国家税务总局关于拍卖行取得的拍卖收入征收增值税、营业税有关问题的通知》（国税发〔1999〕40 号）： 第一条规定，对拍卖行受托拍卖增值税应税货物，向买方收取的全部价款和价外费用，应当按照 4% 的征收率征收增值税。拍卖货物属免税货物范围的，经拍卖行所在地县级主管税务机关批准，可以免征增值税。第二条规定，对拍卖行向委托方收取的手续费征收营业税。艺术家从拍卖企业取得的卖画收入，应当按照《个人所得税法》的规定纳税。

三、艺术品捐赠税赋减免问题

私人或企业向博物馆、美术馆或者慈善机构捐赠艺术品，税务机关根据捐赠品的估价作相应的税收减免，这种做法在艺术市场发达国家是司空见惯的。例如，在美国，收藏家或艺术商将艺术品捐赠给某个符合规定的慈善机构时，可以从核算后的总收入中作税务扣减。这类扣减的总额有一定的比例限制。公司最高额为其应纳税收入的 10%。个人向教会、教育机构、政府部门及其他法定组织所作捐赠，扣减额可高达其核算后总收入的 50%，但向其他慈善性团体捐赠，扣减额仅为 30%。如向教会、学校等机构捐赠有资本收益之财产，诸如艺术作品，捐赠人扣减的限额为 30%，向其他慈善性团体捐赠，扣减额仅为 20%。根据美国《国内税务法》第 55~59 条其他最低限度征税条款的规定，向慈善性团体捐赠某些增值财产的人可享有纳税优惠。该项优惠旨在鼓励向博物馆与美术馆捐赠艺术品，允许捐赠人根据所捐赠物品的合理市场价而非基价作扣减。该规定的截止期为 1992 年 7 月 1 日，但国会可以通过追溯方式来延长优惠期。

在中国，随着人们收入的增加和艺术市场的发展，有越来越多的企业和个人，有意愿将其收藏的艺术品捐赠出来。但是，在国家立法层面，尽管呼声很高，关于捐赠艺术品免除部分税款的法律、法规还没有制订出来。我国现行《税法》中没有具体规定，私人或企业捐赠者不能获得国际通行的免税鼓励，也难以获取公益形象带来的商机。有专家表示，国外有相对完善的税收制度和免税制度，制度的杠杆和调节作用，有益于公众利益。这是好机制促成好结果。但中国的情况与国外不太一样。中国目前还没有真正的收藏家阶层，或者收藏家集群，中国涉及的捐赠多是艺术家的捐赠，不涉及税收问题，是艺术家对社会的奉献。[①] 例如，

① 陆斯嘉. 中西艺术品捐赠何以冰火两重天 [N]. 东方早报，2012-05-27.

许多美术馆历年来主要从艺术家，而不是收藏家处获得捐赠艺术品。

从美国艺术法的实践，在捐赠艺术品减免税款方面，有一些值得我们思考和借鉴之处。例如，捐赠人保留版权问题。根据美国现行法律，向慈善机构转让一件艺术品原作，如捐赠人保留版权，或将版权转让给捐赠人的家庭成员，一般都不能享有慈善用途捐赠扣减。原因在于捐赠人转让某些具体权利而保留其他权利，这种转让不能被视为捐赠未经分割的权益。但从遗产赠与的慈善用途税务扣减的角度来看，一件艺术作品及其版权被视为不同的财产。对于 1981 年 12 月 31 日之后去世者的遗产，如向慈善团体转让其中的一件艺术品，即使版权为政府所保留，或转让给了一位非慈善机构的受赠人，仍可享有慈善用途捐赠扣减。

再如，扣减额的确定问题。一项具体的慈善用途捐赠的扣减额一般是指它的合理市场价，但可能需要根据捐赠财产在捐赠人手中时的性质以及受赠人接受该财产后的用途而作削减。如将捐赠财产出售可产生短期资本收益或一般收入的话，捐赠扣减额应以财产核算后的基价为限。如财产是赠与私人基金会，或者如财产是有形的个人财产而其用途与受赠方的宗旨或职能毫不相干（诸如向博物馆捐赠牲畜，或向联合基金会捐赠绘画），那么扣减额将被削减，削减额为该财产出售时可能获得的收益的数额。

在美国，捐赠品价值超过 5000 美元者必须在捐赠后 60 天内出具一份符合规定的评估文件，该文件应说明捐赠物品的名称，其具体形状，所涉及的税务问题，捐赠日期，捐赠方与受赠方就捐赠品所达成协议的内容，评估人姓名、地址与资格，评估日期，该物品的估价，评估方法及定价的依据（参见《财政条令》第 1-1704-13 条）。就捐赠艺术品而言，专家们常会对一件具体作品的合理市场价意见不一。值得庆幸的是，纳税人可以根据《国内税务法》第 212 条 (3) 款扣减慈善用途捐赠评估成本费，该条款允许扣减在计算税额、纳税或退税过程中所有有关的一般费用和必要费用。参见税务裁定第 67-461 号，国内税务局补充公报第 1967-2 期第 125 页（1967 年）。但是如果在纳税额问题上出现分歧，纳税人就负有举证义务，以证明其所申报的扣减额是适当的。

然而，如果对一件作品的估价大大超过其实际价值，纳税人就可能被课以罚款。《国内税务法》第 6662 条规定，个人、私人服务性公司或股票不上市的公司在交纳所得税时，如因估价超值而纳税不足，将以附加税的形式课以罚款。如纳税人在税务报表中所申报的财产价值是正确评估价的 200% 或更多，而且在本税务年度内，因纳税人估价超值而造成的纳税缺额总额超过 5000 美元时，将会被课以罚款。罚款数额为纳税缺额的 20%。如所申报的财产价值为实际价值的 400% 以上，罚款则为 40%。采取这些严厉措施是为了促进纳税人尽可能实事求是地估价捐赠给慈善团体的作品。

在中国，艺术捐赠税负减免立法，从艺术家和捐赠者这个方面，要看到目前的艺术收藏环境还有待净化。在很多时候，艺术收藏主要不是出于对艺术的热爱，而是把它当成一种赚钱工具。另外一个问题就是诚信建设。如果市场上假画很多，捐赠税赋减免就很难产生良好效果。对接受捐赠的博物馆和美术馆这个方面看，也存在一些问题。例如，一些机构在接收艺术品后，不能善加利用，而是把它们束之高阁，把自己当成保管仓库，失去了博物馆、美术馆的教育、展示的功能，对捐赠人也不够尊重。

在目前艺术捐赠税赋减免立法尚未出台之前，为了培养良好的收藏环境，不断提高收藏品位，鼓励有条件有意愿的企业和个人实施艺术捐赠，可以从以下几个方面入手：第一，完善捐赠协议。这里主要是对接受捐赠的单位说的。应主动跟捐赠人签订详细的捐赠协议，载明捐赠作品情况，捐赠人情况，捐赠作品入藏管理方案，展出方案，出版方案，对重要的艺术作品，应确认永久保藏。第二，根据不同情况，应尽可能满足捐赠人方便地接触捐赠作品，出版作品集（或提供作品复制品留做纪念）等要求。第三，向捐赠者发放入藏证书，在适当场合，公开表彰捐赠者的善举，或者以适当方式，在藏品保管地为捐赠者留名，以示褒扬。

3.4 应当为"非遗"传承人说句公道话

据近日多家媒体报道，2016 年 2 月 19 日，"五道古火会"传承人杨风申在制作古火会上需要燃放的烟花时，被警方拘留，后经一审判决，法院以非法制造爆炸物罪判处其有期徒刑四年零六个月。对大多数人来说，知道"五道古火会"的可能并不多，但在赵州桥所在地的河北省赵县，可以说是深受当地民众欢迎。"五道古火会"已经被列入 2012 年河北省非物质文化遗产名录，其传承人是今年 79 岁的赵县村民杨风申。

一审法院判决杨风申有罪，依据的是《中华人民共和国刑法》，杨风申的"非遗"传承人头衔，则是依据《中华人民共和国非物质文化遗产法》被安上的。依据《刑法》，法院有言，被告人杨风申因该村过庙会，组织部分村民在该村居民区非法制造烟花药被举报。公安干警当场查获用于制造"梨花瓶"的烟火药 15 千克、"梨花瓶"成品 200 个以及其他原料和工具。经鉴定，查获的烟火药具有爆燃性。赵县人民检察院认为，被告人杨风申已构成非法制造爆炸物罪，依法应追究刑事责任。依据《中华人民共和国非物质文化遗产法》，杨的儿子杨现坡说，我是非物质文化传承人，你国家给我经费，给我经费干嘛？就是做这个东西呗，没这个东西我就不叫"非遗"了。

"五道古火会"已在赵县南杨家庄村流传了几百年，近年不但没消亡，反而一年比一年旺盛，这说明这项遗产广受欢迎，且得益于被列入"非遗"名录。据当地文化部门考证，在会上燃放"梨花瓶"，是古火会活动的标配。包括"省级'非遗'传承人"杨风申，制作"梨花瓶"

已经有 20 余年。据河北非物质文化遗产保护网介绍，赵县"五道古火会"是以燃放烟火来庆祝丰收的盛大民俗活动，每年都要放烟火、唱大戏、挂彩灯，还邀请邻村民间艺术队来助兴表演，丰富了群众文化生活，具有很高的研究价值和艺术欣赏价值。

一审宣判后，一时舆论大哗。一种观点认为，此案入刑并无不当。因为民间非法制造烟花，造成重大事故屡见不鲜。杨风申在居民区非法制造烟火药对居民构成危险。制造烟火药数量超过入罪起点，属犯罪既遂。但是，考虑杨风申无主观恶意，且年龄超过 75 周岁，法院在判决时应减轻处罚，可处缓刑。另一种观点认为，对"非遗"传承人判刑是机械执法。这个村在庙会期间制作烟花已有数百上千年历史，之前没有人告诉这位"非遗"传承人会涉及违法，等其被举报后被抓并判刑的做法就存在问题了。如果将杨风申老人判处刑责，那么，当初把老人评选为"非遗"传承人，并以此鼓励老人制作"梨花瓶"的行政主管部门的官员们，是否也应当被治罪呢？

光明网一篇《正视传统文化与现代秩序的冲突》的评论称，"非遗"传承人因传承"非遗"而获刑，看起来只是一个个体不知法不懂法的偶发性事件，实际上反映的是一些古老民俗文化与现代秩序发生的激烈冲突。法律和传统民俗活动应减少相互的抵触和冲突，找到一条既确保安全又成全文化的路径，实现应有的互洽。法律不妨给民俗文化一个出口。

其实，针对此案，最应当站出来为杨风申老人说话的，是当初把他列入"非遗"名录的行政管理部门。我们注意到，河北省非物质文化遗产保护中心就杨风申被判刑一事发出了一份官方说明。希望国家在"非遗"保护工作中，尽快出台涉及火药这一危爆物品的具体适用法律解释，确保"非遗"保护工作有法可依。这个说明虽然没有说错，但是并不及时。鉴于早在 2008 年已经发生过浙江温州市泰顺县的国家级非物质文化遗产项目"药发木偶戏"传承人周尔禄"因涉嫌非法制造爆炸物"被刑事拘留的案件（此案后因行政管理部门的介入而免予刑事处罚），有关行政主管部门应当在给"非遗"传承人"挂牌"的同时，就应做好相应的协调工作。即使国家尚未出台配套法律或者做出法律解释，也应当尽早跟有关执法部门协调，避免因传承需要使用火药而致传承人入罪。

刑法是惩治犯罪的。刑法理论除了犯罪主体即犯罪行为人这个要件外，还要求至少有犯罪客观要件和犯罪主观要件。犯罪客观方面首先是指行为人实施了危害行为，没有危害行为，就没有构成犯罪的前提。其次，是指危害行为造成或可能造成的危害结果。不管具体的犯罪行为表现形式如何复杂或具体的危害结果表现形式如何，他们都是犯罪构成的不可缺少的因素。犯罪主观方面包括两种形式，即故意和过失。每种犯罪都必须具有一定形式的主观要件，行为人的行为在客观上虽然造成了损害结果，但不是出于故意和过失，则不构成犯罪。杨风申老人制作"梨花瓶"烟花的行为，是国家通过立法、给予奖励金、赋予他作为"非遗"传承人的权利，同时，老人制作烟花的行为也是他作为传承人应尽的义务。老人依法传承民间习俗，何罪之有？

由此我们想到必须要回答的一个问题，国家为何要立法保护"非遗"？"非遗"法律保护的目标究竟为何？《中华人民共和国非物质文化遗产法》第一条开宗明义："为了继承和弘扬中华民族优秀传统文化，促进社会主义精神文明建设，加强非物质文化遗产保护、保存工作，制定本法。"继承和弘扬传统文化，促进精神文明建设，说的都是正面的宏大事项。具体到"五道古火会"，对它的保护，就是这宏大事项的一个组成部分。河北赵县"五道古火会"，浙江泰顺县"药发木偶戏"，北京延庆区"打树花"，广西大化县贡川纱纸手工制作、扁担舞，以及其他地方的文化习俗和传统知识，它们统统来自民间，属于我国非物质文化遗产的一部分——在我们每一个人身上，只要是流淌着华夏民族的血，都带有那些文化习俗和传统知识的基因。保护"非遗"和传统知识，就是要留住这份基因，让我们的子子孙孙从中受益。从杨风申、周尔禄以及千千万万个知名或者不知名的民间文艺和"非遗"传承人那里，我们不仅依稀看到了祖先当年的模样，更是清楚地看到了当下的自己。善待他们，就是善待我们自己。

2017年6月，笔者曾跟广西区"非遗"中心主任朱凤立先生，赴南宁市大化县和都安县，实地采访了那里的"非遗"和传统知识保护情况。在大化县贡川乡，我们采访了当地的纱纸手工制作作坊。贡川纱纸纤维长，纸薄而透明、耐拉扯，质量上乘，具有悠久的历史，它始于唐朝，盛于清代，远销新加坡、加拿大、美国等国家和地区。朱主任详细地询问纱纸的原料来源，在制作过程是否存在污染，纱纸的产量、卖价及村民收入。在都安县东庙乡东庙村，针对被列入区"非遗"名录的旱藕粉丝制作技艺传承人遇到的实际问题，例如，由于生产原料芭蕉芋在种植过程中性状改变，产量逐年递减，影响到旱藕粉丝生产的问题，朱主任均一一给出具体的意见和建议，目的是确保这项"非遗"技艺可持续发展，不至于因市场冲击而消亡。如果我们从事"非遗"保护工作的各级官员，都能够像朱凤立主任那样，认真对待每一个"非遗"传承人，在他们遇到问题时，都能够及时给予解决，我国的"非遗"保护工作将会提升到一个新的台阶。

据《新京报》披露，有人发现石家庄中院已在 2017 年 6 月 14 日将该案的二审裁判文书上网，结果为"驳回上诉，维持原判"，但该案二审审判长又向记者表示，二审裁定书虽已上网，但这并非最终判决结果，目前该案还在审理期间。针对"本案裁决书已经上网，但是这并非最终判决结果"，已经有律师质疑本案二审裁判是否程序公正。在当下事关杨风申老人罪与非罪的这个关键点上，我们希望有关行政管理部门能够站出来，依据《中华人民共和国非物质文化遗产法》，为"犯罪嫌疑人"说几句公道话，为自己当年评选老人为"非遗"传承人的行为承担几分道义责任，让《刑法》发挥它在惩治违法犯罪方面的功能，让《中华人民共和国非物质文化遗产法》起到"继承和弘扬中华民族优秀传统文化"的作用，让正义以看得见的方式实现。

3.5 临摹作品应注重版权

一、临摹他人绘画作品应注意什么问题？

许多艺术家和艺术爱好者都非常关心临摹问题，因为临摹是学习绘画的一种最常用的方法，要掌握艺术技巧，就离不开临摹。临摹包含两层意思，"临"指的是照着原作写或画，可分为对临、背临和意临三种。对临是照着原作进行临写；背临是将原作收起，凭记忆进行默写；意临则不拘泥于与原作相似，着重强调将原作中的笔墨章法与自己的创作风格相互融合形成二次创作，具有较强的创造性。"摹"指的是用薄纸或透明材料蒙在原作上照着写或画。与"临"相比，"摹"的可发挥性相对较小，其创作个性也在一定程度上受到了限制。

临摹他人艺术作品，如果是为了个人学习或者课堂教学目的，应属于合理使用范围，是法律允许的。但是，如果是出于销售或者其他营利目的，则应谨慎行事，以免构成非法复制的侵权行为。我们根据被临摹的绘画作品是否享有版权分为两种情况：如果被临摹的作品是不享有著作权的作品，如古画或超过版权保护期限的作品，任何人均可不受限制地临摹复制，也可以把临摹作品出售或作其他利用，但应注明"临摹品"；如果被临摹的作品有版权，如临摹仍在世的艺术家的作品，就一定要在征得艺术家本人同意后，才能将临摹作品出售、展览。

实际上，临摹是专门对艺术作品使用的一种方式。《著作权法》实施以后，每一个艺术工作者都应具备这样一个意识：使用他人的智力劳动成果，就像借了人家的东西来用一样，应当先征求同意，然后给人家一点儿补偿。看见人家的东西（绘画作品）不错，拿来就用（临摹），甚至再拿去卖，或当作自己的东西拿去发表或者展览，这就跟"偷东西"没有什么两样了，绝不是一件光彩的事，应尽量避免。

二、临摹作品有版权吗？

对于这个问题，笔者认为不能一概而论。有的临摹作品是可以受版权法保护的。因为临摹与抄袭他人文字作品的复制有很大不同。正如回答前面一题所述，例如"意临"就具有较强的创造性，在临摹过程中，临摹者往往注入自己对原作的理解，增加自己新的创造性劳动。因此，取得原作作者（或其版权继承人）许可而临摹完成的作品，在不损害原作者版权的前提下，临摹者对其可以享有自己的完整的版权。例如，油画《开国大典》是我国著名画家董希文的代表作，创作完成于 1953 年。由于历史原因，董曾先后对该画进行修改。1972 年，根据需要，由中央美术学院的靳尚谊、赵域临摹复制了《开国大典》。1979 年，北京画院的阎振铎和北京电影学院的叶武林两人，在靳、赵临摹复制品上进行修改，恢复了《开国大典》的原貌。靳、赵、阎、叶在对《开国大典》的临摹复制过程中，不是简单的复制，而是渗透着自己对原作的理解，增加了新的创造性成分。因此，董希文及其后面四人应对目前陈列在中国革命博物馆中的《开国大典》临摹复制品共同享有版权。

对超过版权保护期的作品（如古画）进行临摹所得到的临摹作品，临摹者也同样享有自己独立的（即不受任何人限制的）和完整的版权。例如，著名画家常书鸿临摹敦煌壁画，将残损的壁画移到纸上，也需要投入再创作的劳动，也形成了新的作品。因此，他对自己的临摹作品也应享有版权。临摹不是跟复制画等号的，不应机械地理解临摹行为和临摹作品，应具体情况具体分析。

还须指出的是，无论哪一种临摹者，都无权禁止其他人对原作进行临摹。例如，临摹者靳尚谊等四人和常书鸿，只对其"临摹作品"享有版权，别人要对其"临摹作品"进行临摹，须征得同意，但他们无权阻止他人直接对董希文《开国大典》原作和敦煌壁画直接进行临摹。

三、怎样看待画家重新利用草图？

我们这里所说的"重新利用草图"，是指对已出售的作品，或者对已将某项版权许可他人使用的作品，由作品的原作者本人重新进行复制，或者只做少量变动，基本上重现原作面貌。这会引起什么法律问题吗？回答是肯定的。

我们假设两种情况。第一种情况，对已出售的作品重新复制。据香港报纸报道，中国画家陈逸飞的油画《浔阳遗韵》，在拍卖行以 137 万港元卖出，创下当时中国油画拍卖最高纪录。假设《浔阳遗韵》除了成交的那幅以外，还有若干幅复制品存在，势必会对其价格造成影响。此次拍卖成交后，陈逸飞如果再重新复制若干幅，大概也不行。因为谁都知道"孤品"的价值，如果允许作者复制原画，就不会有人肯出那样高的价了。当然，这种情况可以在作品拍卖时，由双方通过合同约定。

第二种情况，对已将某项版权许可他人使用的作品重新复制。例如，将一幅作品的出版权许可他人使用之后，作者将同一件作品原样复制，或稍加变化，并把复制品当作一件新作品许可另一家出版社使用。我们认为，作者的这种行为侵犯了出版者的权利，而且，也有损于作者自己的名誉。因为在实践中，出版者通过出版合同取得了对作品的专有出版权，即在一定期限内独家出版该作品的权利。如果此时作者又把所谓的"新作品"许可另一家出版社使用，势必给第一家出版社的作品复制品（画册、画页等）的发行销售市场造成不利影响。这种行为是为法律所禁止的。当然，作者和出版者也可以在签订出版合同时把这个问题明确规定下来。

艺术贵在创新，每一个严肃的艺术工作者都懂得这个道理。模仿是成功的必经之路。但一味地模仿，甚至大量临摹复制自己的一两幅"得意之作"赚钱，这种作法不足取，最终也会伤害到画家自己。

四、画家对售出的作品享有哪些权利？

画家李某与某画店发生一场纠纷。原来李某在 60 年代被画店收购去一些作品，近年来，随着李某绘画技艺日臻成熟、知名度日益提高，其作品颇受收藏家们青睐。画店遂将原先收购的李某的作品举办收藏展，并将其大部分作品印制画册出售。李某认为，早年那批作品有些表现手法幼稚，有些纯属"应景之作"，举办收藏展并出售其复制品画册，有损其名誉，要求画店停止展览，销毁画册，并愿出高价将这批作品收回。画店经理则认为，那些作品早为画店收购，钱货两清。画店对他所购买的物品可以随意处置。

这起纠纷向我们提出的问题是：画家对售出的作品是否还享有权利？享有哪些权利？

依照《著作权法》第十八条的规定，"美术等作品原件所有权的转移，不视为作品著作权的转移，但美术作品原件的展览权由原件所有人享有。"这就是说，画店只得到作品原件（物）的所有权，而没有同时得到由作品原件所产生的除展览权以外的著作权。

作者完成一件作品，如中国画、木刻、雕塑或手稿，就产生了两个既有联系又彼此独立的民事权利，即有形的作品原件的财产所有权（物权）和无形的原件的版权（知识财产权）。版权是一种既带有经济性质又带有精神性质的权利：从经济层面来看，作者享有许可他人以复制等方式使用其作品并获得报酬的权利；从精神层面来看，作者享有以其真名或假名发表或不发表、署名、修改、保护作品完整等权利。未经作者同意即复制出售其作品，这种行为便构成侵权。虽然在一件美术作品上，版权与物权紧密相联，但必须区分性质，不能混淆。

就本案而言，李某的作品卖给画店，作品的物权已转移到画店，依版权法规定，画店可以展览这些作品，但画店未经李某同意或授权，擅自将李某大部分原作制成画册出售，是非法复制行为，侵犯了李某的版权，应承担相应的民事责任。

至于李某提出，画店收购那批作品为其早期作品，举办展览有损其名誉，愿出高价收回作品。这个要求，不是我国版权法赋予版权人的权利，因而得不到法律保护。

3.6 手稿拍卖的法律问题

在拍卖市场上，因手稿拍卖引发的法律纠纷时有发生。为规范手稿等文物、艺术品拍卖行为，保障拍卖活动有关当事人合法权益，规范拍卖市场秩序，促进拍卖市场健康发展，本人依据《中华人民共和国拍卖法》《中华人民共和国著作权法》《中华人民共和国文物法》等法律、法规、规章等国家规定，提出以下建议，供艺术市场有关参与者参考。

一、手稿的属性

在现代汉语中，手稿指的是"亲手写成的底稿"。根据不同的书写内容，手稿分为小说手稿、论文手稿、信札手稿、音乐手稿、画稿等。由于手稿一般均由作者亲笔书写，或者在打印稿上有作者亲笔签名或者名章，形式上不论是文字、图形或者符号，手稿均在一定程度上承载着历史的、艺术的、文献的信息。因此，手稿一般应等同于文物或者艺术品。

二、手稿所有权归属

1. 归持有人所有。在物权法上，手稿属于特定的物，一般归其合法持有人所有。在实践中，因获得方式不同，手稿的归属也可能不归持有人。例如，作者向出版社投稿，在稿件出版后或者审读完毕，作者有可能向出版社索要原稿；手稿失窃寻获后，原所有人向善意第三人索要原稿；以及，在继承案件中，多个继承人要求分割原稿所有权。在征集拍品时，需要根据具体情况判明手稿所有权归属，只有权属清晰的手稿方可上拍，以避免不必要的法律纠纷。

2. 信札手稿归收信人所有。在通信交往中，信札原件一般归收件人所有。对寄信人或者寄件人继承人对信札手稿主张物权的主张，拍卖企业可要求其出示在寄信同时附带要求归还原件的证据，如无此证据或其他相关证据，可判定该信札手稿归收信人所有。

三、法律冲突解决

1. 物权与隐私权、名誉权、肖像权的冲突。手稿的内容，特别是名人信札的内容，有可能涉及有关当事人的个人或者家族、亲朋故旧的隐私或者名誉。因为拍卖是公开的，不特定观众可以通过参观预展或者购买图录获知手稿内容。公开拍卖势必将有关当事人的隐私公之于众。有关当事人可能就手稿的内容涉及其本人、家族或者相关人的名誉而提出要求取消拍卖，甚至要求追究拍卖企业侵犯其隐私权或者名誉权的侵权责任。目前我国尚无具体的法律对此类行为作出具体限定。解决该冲突的原则是，手稿涉及隐私权等人格权的，以保护人格权优先，在一般情况下，未经许可，不得上拍。

2. 物权与版权的冲突。手稿拍卖时需要印制图录，有可能复制全部或者部分手稿内容。版权人可能以侵犯版权为由提出取消拍卖。此时，物权与版权的利益平衡需要根据具体情况综合考量。按照版权法第十八条规定，物权人除享有作品的展览权外，其他版权应由版权人行使。在手稿不涉及隐私权的情况下，对于已发表作品的手稿印制图录或者通过互联网展示，符合拍卖法规定，也不存在侵犯作者发表权问题；但对于未发表作品的手稿，特别是信札手稿的情况，除涉及复制权外，还有可能涉及发表权。处理原则是，应尊重原作者版权（主要是发表权、复制权、信息网络传播权），不上拍此类手稿，或者在印制图录或者通过互联网展示此类手稿时，使用的数量或篇幅原则上不超过原手稿数量或篇幅的十分之一。

四、印制图录或者通过互联网展示注意事项

对于仍然处在版权保护期的任何作品，依据版权法，印制图录或者通过互联网展示均应以不得不合理地损害版权人的合法利益为原则，即图录印制数量应以满足拍卖会需要为准，不得通过印制及销售图录营利，通过互联网展示时间应以满足拍卖会需要为准，在拍卖会结束后一定期限内（例如 10 日内）应及时对展示内容进行调整。对于仍然处在版权保护期的任何作品，特别是对摄影作品、美术作品和手稿的互联网展示，在拍卖会结束后一定期限内要全部删除，或者在对相关内容进行缩小格式、删减篇幅、附加水印及限制下载等技术处理后，再继续作为拍卖史料展示。

五、风险防范

1. 拍卖企业应加强拍卖流程管理：（1）尽职了解核实；（2）在《委托拍卖合同》签署时，要求委托人承诺手稿拍品在权属上没有瑕疵，承诺拍品来历正当，并愿承担相应法律后果，由此引发的争议与拍卖公司无关；（3）为减少侵权风险，在制作图录时，不宜将手稿内容全部公开，尤其是对敏感信息加以遮盖，在各种宣传报道中要注意适度。

2. 对于委托拍卖的手稿，首先应弄清楚其来历和出处，特别是由第三方提供的手稿，要核实其合法来源，尽量防止将被窃手稿，或者在所有权权属上存在争议的手稿，进入拍卖。如果多人对同一件手稿主张所有权的，或者其中一人或者多人提出要求撤拍的，应当立即中止拍卖，待查明权属后再行拍卖；或者敦请异议人向公安机关报案，要求公安机关查明事实，或者由公安机关提出禁拍要求。

3. 对于拍卖的信札手稿，第三人在拍卖前提出存在隐私权或者名誉权争议，要求撤拍的，应当立即中止相应的展示和拍卖活动，对可能存在的争议进行核实。有关核实内容包括：（1）是否有报案记录及公安机关处理意见；（2）异议人真实身份，异议人跟争议手稿的关系；（3）对手稿中争议内容进行审核。如争议属实，应当撤拍。

4. 由手稿作者或者该作者的继承人，针对手稿拍卖而提出侵犯其版

权，要求撤拍的，根据不同情况，按以下方式处理：

（1）如果手稿内容，不论是书信还是书稿，如果已经公开发表，则不涉及版权的发表权，一般也不会涉及复制权等版权的其他权项。可以按照本会对拍卖摄影作品的指导意见处理。

（2）如果手稿内容尚未发表，特别是信札手稿，作者或者该作者的继承人以侵犯著作权为由，要求撤拍的，应当立即中止相应的展示和拍卖活动，对可能存在的争议进行核实。如争议属实，应当撤拍。

（3）拍卖是市场交易的一种重要形式，对于实现手稿作为文物或者艺术品的价值最为有利。在手稿的物权跟版权发生冲突时，可以及时向手稿的作者或者该作者的继承人说明：手稿拍卖的公示、图录、展览、网络传播等，是拍卖活动必要的组成部分；手稿物权与版权的利益平衡需要根据各方信息和社会经济文化发展需要综合考量；手稿拍卖除了能够实现其经济价值以外，还有其他诸多好处：让公众认识到手稿的价值，加深保护手稿意义的认识，鼓励名人手稿进入市场不仅方便学术研究，而且可以让公众一睹手稿风采，并体会作者当年创作过程的艰辛。

3.7 文物拍卖应妥善处理"权利竞合"关系

2016 年，国家文物局颁布实施了《文物拍卖管理办法》（以下简称《办法》），其中对有关政策做出了一些调整。例如，《办法》明确指出，被盗窃、盗掘、走私的文物或者明确属于历史上被非法掠夺的中国文物等几类物品，不得作为拍卖标的；同时，国家对拍卖企业拍卖的珍贵文物拥有优先购买权。

《办法》所涉及的文物包括：1949 年以前的各类艺术品、工艺美术品；1949 年以前的文献资料以及具有历史、艺术、科学价值的手稿和图书资料；1949 年以前与各民族社会制度、社会生产、社会生活有关的代表性实物；1949 年以后与重大事件或著名人物有关的代表性实物；1949 年以后反映各民族生产活动、生活习俗、文化艺术和宗教信仰的代表性实物；列入限制出境范围的 1949 年以后已故书画家、工艺美术家作品；法律、法规规定的其他物品。

在实际拍卖活动中，要落实好《办法》的各项规定，理顺各方面关系，使我国文物艺术品市场得以健康发展，应当注意处理好两对"权利竞合"关系。

第一对"权利竞合"发生在国家对拍卖企业拍卖的珍贵文物行使优先购买权时。拍卖是市场交易的诸种形式之一，由于其实行"价高者得"的规则，相较固定价格销售或者"砍价"，更能体现文物艺术品的市场价值，对于文物类标的较为适用。从藏家或出卖人角度看，一般均希望能以较高价格卖出，而对买家来说，则刚好相反。对于某些珍贵文物，一方面市场有强烈需求，而国家收藏单位也希望能以合理的价格获得。

《办法》第十六条规定："国家对拍卖企业拍卖的珍贵文物拥有优先购买权。"此处的优先购买权应如何理解？优先购买权并不意味着压低所拍卖珍贵文物的价格，也不限制其他竞买人参加竞买，否则就等于不适当地干扰藏家对其藏品物权的行使。通常的做法是，将该珍贵文物标示为"定向"拍卖，表明该拍品有可能由国家行使优先购买权。在进入拍卖程序、公开竞价、拍卖师落槌之后，由国家指定的文物收藏单位以落槌价行使优先购买权。如果国家放弃购买，则该拍品由最高出价者获得。这种做法的好处是，既最大限度地保障了藏家对其物权的利益，又确保了国家对珍贵文物的优先购买权。

《办法》第十六条第二款还规定了优先购买权的另一种形式，即优先购买权以协商定价的方式行使。"以协商定价方式实行国家优先购买的文物拍卖标的，购买价格由国有文物收藏单位的代表与文物的委托人协商确定，不得进入公开拍卖流程。"以协商定价的方式行使优先购买权，体现了买卖双方的意愿，在藏家的物权与国家的优先购买权之间也可以取得利益平衡。需要注意的是，《办法》所规定的这种实现国家优先购买权的方式是"协商"，而排除了"协商"以外的任何定价形式。

第二对"权利竞合"通常发生在藏家对其藏品的物权与该藏品之上所承载的知识财产权持有人之间。不过，《办法》对此未置一词。由于《办法》涉及手稿、书画作品，而在实践中，因此类拍卖标的物的拍卖已发生多起法律纠纷。在宣传、学习、实施《办法》时，尤其应该处理好对文物拍卖所涉及的物权与知识财产权，特别是版权之间的权利竞合关系。

以某拍卖公司拍卖茅盾手稿引发版权纠纷为例，分析如何处理好权利竞合关系。

此案的原告是茅盾之孙等三人，被告则是南京某拍卖公司，涉案手稿为茅盾手稿《谈最近的短篇小说》。手稿纸张保存完好，是茅盾的一篇评论文章，总计 30 页，共 9000 多字，全篇都是茅盾以毛笔写成的瘦金体，该文章发表于 1958 年《人民文学》第 6 期。2014 年 1 月 3 日和 4 日，该拍卖公司对该手稿安排了公开预展，并于 1 月 5 日拍卖。经过激烈的竞价,手稿最终以 1200 余万元拍出,打破了当时中国文学手稿的拍卖纪录,拍卖公司因此从中获利 157 万余元。然而,对于手稿被拍卖一事,茅盾后人并不知情。原告认为,他们是茅盾先生所有作品版权的合法继承人,拍卖公司对茅盾先生手稿进行展示、制作宣传册等行为,侵犯了其版权。原告要求拍卖公司停止侵权行为,并赔偿相关费用 50 万元。

双方围绕的焦点有 3 个:原告身份及程序、该作品是否为书法作品、版权与物权的利益平衡。该案拍卖标的涉及名人手稿属"文物、艺术品"范畴,所以拍卖方狡辩茅盾手稿不是"书法作品"并不能说通。拍卖公司想借此豁免责任,但却跟其组织的拍卖活动自相矛盾。

此案的关键是如何处理好藏家对茅盾手稿(文物)所拥有的物权与该文稿之上所承载的版权之间的权利竞合关系。就茅盾手稿之上所承载的版权而言,主要包含复制权,由于手稿内容已经发表,所以,茅盾后人无法再主张发表权。

关于手稿的展览权,我国《著作权法》明确规定由原件所有人享有。拍卖是市场交易的一种重要形式,将拍品公示、制作图录、展览、网络传播等均符合相关法律规定,也是拍卖活动中的必要组成部分。拍卖公司依法成立、依法接受委托、依法从事拍卖活动,除法律明令禁止拍卖的物品之外,任何物品均可拍卖。

物权与版权的利益平衡需要法庭综合各方信息和社会经济文化发展需要加以考量。物权人有权将合法获得的文物艺术品拿来拍卖以实现其价值,在未涉及商业复制和有关当事人隐私的情况下,版权人一般不应过多干扰。

手稿拍卖对某些特定人可能会有一些影响(如本案原告所述将影响其搜集茅盾手稿工作和开展相关学术研究等),但拍卖手稿也有诸多好处,例如,让公众认识到手稿的价值,对名人手稿愈加珍惜和爱护,并由此加深对名人手稿的保护意识。手稿拍卖可以鼓励更多名人手稿进入市场,从而让社会接触更多手稿,为学术研究提供便利。

3.8 拍卖图录涉及知识财产法的几个问题

（2008 年初，中国拍卖协会法律咨询委员会接到北京某文物艺术品拍卖企业的咨询函，称其在摄影艺术品专场拍卖会后，若干摄影作者以公司的拍卖图录、网上预展及拍卖结果展示等行为侵犯其版权为由，将其诉至法院。本文系作者就该咨询提出的个人意见。）

一、一般来说，拍卖行在拍卖古代和现代艺术品活动中，将有关作品印制图录、进行有关网络宣传，不需要事先征求有关艺术家或其后代的同意；但是，对当代艺术作品，有关作者在世，或者有关作品仍然处在版权（著作权）保护期内（我国法律规定版权保护期为作者的有生之年加上作者死亡后 50 年），有关宣传活动，包括印制图录、网络传播等，就需要格外慎重。

二、一件艺术作品，包括摄影作品，一般都涉及两种权利，一种是艺术品实物本身的有形财产权（物权），一种是通过该艺术品实物所反映出来的凝结在该实物之上作为艺术家独特艺术表现的无形财产权即版权（著作权）。对于艺术品上的这两种权利，版权法规定的原则是："权不随物转"（《著作权法》第十八条规定：美术等作品原件所有权的转移，不视为作品版权的转移，但美术作品原件的展览权由原件所有人享有），意思是说：取得了艺术品实物的人，不一定同时取得该艺术品版权，但是，艺术品原件所有人享有展览权。

三、版权（著作权）是艺术家的一项重要权利，它包括发表权、署名权、保护作品完整权、复制权、信息网络传播权等。国家制订版权法，是为了鼓励优秀作品的创作与传播，造福于社会。在一般情况下，使用他人作品，例如，复制印刷、网络传播等，都需要事先征得作者或有关权利人同意，否则，将构成侵权。

四、拍卖是市场经济活动中买卖方式之一种，它的特点之一是信息公开，对艺术品拍卖来说，信息公开就得对有关作品进行公开展览，为了吸引尽可能多的买主，一般还要通过图录、网络传播等方式进行宣传。制作发行图录对拍卖活动来说是必不可少的一个环节。从版权法的规定看，展览作品原件是可以的。但版权法和其他有关法律没有对拍卖企业为了拍卖需要进行少量的图录印制和有限的网络传播作出具体的规定。

五、德国《著作权法》第五十八条关于图录的规定："公开展示的或用来公开展示或拍卖并由举办者为说明展览或拍卖而编辑成目录的造型艺术作品，可被复制或传播。""德国美术、摄影版权集体组织"前总干事芬尼克先生告诉我，拍卖图录一般在拍卖进行之前4周发行，而在拍卖活动之后，该图录便失去价值（没有人去买，对艺术家的经济利益也就没有什么影响）。制作和发行图录在德国不受限制。但是，将拍卖图录内容通过信息网络传播是有限制的，即拍卖公司可在拍卖前4周和拍卖后4周之内通过信息网络传播，拍卖结束后超出4周，就要受到限制。因为德国《著作权法》第五十八条最后一款的规定是该图录应"对（拍卖）有帮助"。拍卖结束4周后仍然在网上传播图录内容，显然与制作发行图录以帮助拍卖的目的不符。

六、鉴于我国版权法已经明确规定作者享有复制权和信息网络传播权，对拍卖行业相关印制图录、信息网络传播等未作具体规定，有关立法政策、版权法宣传和司法判决均强调保护创作者的立场，有关管理部门和社会公众又不了解国外相关拍卖的行业惯例，有关摄影家不了解通过拍卖影像有助于提升摄影作品价值和相关创作者声誉，盲目兴讼，在这种背景下，有关摄影家起诉拍卖行的案件，极有可能得到法院支持。为了维护我们协会会员的合法权益，推动艺术品拍卖市场顺利发展，中拍协可以就有关案件向有关机关提出既符合法律规定，又符合行业发展需要的意见，进行必要的游说。

七、几点具体建议

一方面，与法院沟通，（1）说明有关印制图录、网络传播等，是根据拍卖法的规定进行的；（2）将德国版权法对图录的具体规定提供参考，拍卖行制作发行图录属于合理使用；（3）印制图录、进行网络传播是我国《著作权法》第十八条规定的"展览"的延伸，应属于版权法规定的"合理使用"范围；（4）有关图录是很少量的，有关网络传播是有时间限制的，不会对有关艺术品现有的市场造成不利影响；（5）中拍协将就此事向会员发出通知，要求尊重艺术家合法权益，规范对有关艺术品拍品的宣传（包括规范图录印制、网络传播等）；（6）不宜过多指责有关摄影家；（7）协会将跟有关艺术家沟通，争取其撤诉，共同推动中国艺术市场发展。

另一方面，建议做好三项工作，（1）由拍卖协会出面，积极跟有关艺术家沟通，向其说明情况，求得其理解和谅解，争取其撤诉；（2）协会出面，积极跟国家版权局、最高人民法院进行沟通，向其说明拍卖行业发展情况及特点，探讨为规范拍卖图录和网络宣传，出台既有利于维护艺术家合法权益，又照顾艺术品拍卖市场发展的司法解释；（3）对印制涉及当代艺术作品的图录和有关网络传播情况进行一次调查，在此基础上，向所属会员提出必要的规范性要求，例如，对当代艺术品，在有关使用前，应尽可能征得有关作者和权利人同意，有关图录应当限质（即对图片作技术处理，使得获得该图录的人难以再复制）、限量，有关网络宣传应当限时等。

3.9 关于人像摄影室几个法律问题的探讨

一、摄影作品的特点

《中国摄影报》《光明日报》就某些个体人像摄影室（摄影师）对其为顾客拍摄的照片是否享有版权问题曾对笔者作了采访。对这个问题笔者持肯定态度。笔者认为，某些摄影师对其拍摄的照片主张版权，是有充分的法律依据的。下面仅就人像摄影室在经营过程中涉及的一些法律问题进行初步探讨。

我国《著作权法》第三条将摄影作品列为受保护的作品《著作权实施条例》第四条把摄影作品定义为"指借助器械，在感光是材料上记录客观物体形象的艺术作品"。

运用传统摄影器械拍摄一件作品，从拍摄到成片，通常包括三个步骤：（1）使被摄物通过镜头在感光胶片上曝光，构成潜影；（2）将曝光后的感光胶片经显影和定影等化学处理，制成底片；（3）使感光纸通过底片曝光，再经显影和定影等化学处理而得到照片[①]。其中步骤（1）最为关键，在摄影师按下快门那一瞬间，被摄物体即被"记录（固定）"在感光胶片上，同时也凝聚了摄影师的创造性劳动。当然，感光胶片的冲洗以及照片的制作加工，亦起着重要的作用，有时（特别是照片放大时的艺术加工）甚至将影响一幅作品的成败。

---

① 辞海（艺术分册）[M]. 上海：上海辞书出版社，1980：461.

根据我国版权法对作品固定的要求（详见我国《著作权法实施条例》第二条），当摄影师将所拍摄的潜影冲出底片后，该作品的版权便自动产生。如果后期放大加工时，暗房师不仅仅是如实地把底片得到清晰的正像，而且还融入了自己的创造性劳动，那么，摄影师和暗房师有可能对其制作出来的照片共享版权。

二、独创性与艺术性

在我国，能够受到版权法保护的作品必须具备两个条件，一是"独创性"，二是"可复制性"。可复制性容易理解，它是指作品已经完成，形成了某种客观实在的东西，能够被用来制作不定数量的复制件。而独创性似乎不大好理解，因为有人往往把它同艺术性联系到一起。的确，在有的国家（如德国），要求必须具备一定艺术性的作品方可得到版权保护。而我国版权法没有这个要求。在我国，只要不是抄袭别人，而是独立完成的作品，便可以受到版权法保护。独创性既不取决于作品是否新颖，也不取决于作品的艺术价值[1]。就摄影作品而言，"如果构图、选择或摄取所选对象的方法表现出了独创性，这种作品就可以作为艺术作品受版权保护"[2]。

三、"创作行为"与"营利行为"

我国在版权立法过程中有一个特别有意思的现象，那就是力求让广大民众对法律条文看得清楚、明白。为了这个目的，立法者甚至不惜笔墨，对本来就很清楚的词语再细作解释，规定下来。例如《著作权法实施条例》第三条就对"创作"一词下了一个定义：本法所称创作，"指直接产生文学、艺术和科学作品的智力活动。"这个定义有两个关键词，一个是"直接产生"，一个是"智力活动"。就摄影创作而言，直接产

---

[1] 见联合国教科文组织出版的《版权基本知识》第 19 页。
[2] 见世界知识产权组织编《版权和邻接权法律术语词汇》。

生摄影作品的行为就是指摄影师在适当时间按下快门（有时还包括后期加工）。摄影师当然不是随意按快门的，他需要摆布被摄者的姿态，调动其情绪，根据被摄者的情况运用光线，选择镜头和拍摄角度，这些活动，应当包含智力创作或智力活动的因素。

有些人也许会说，摄影室为顾客拍照属于营利活动，不属于创作；摄影创作应当是由摄影师主动地去捕捉景物，或对模特进行摆布，要向被摄者支付的报酬。我们认为，这种把创作行为与营利行为截然分开的说法是错误的。因为有许多事例可以证明，营利活动与创作活动是经常发生联系的，也可以说，许多创作活动都与"营利"活动有关。例如，报社记者采访写稿，所采写的稿件大概都不是为创作而创作的吧；有的可能是职业要求（职业当然与营利有关），有的则可能是投稿取酬（自然与营利脱离不开）。就摄影室经营活动而言，它与其他行业创作者不同的地方，就是创作对象（顾客）自愿上门，或者说，摄影师是把顾客当成了自己创作的内容。

长期以来，没有或很少有人认为照相馆的师傅们为顾客服务是在创作。即使是现在，许多个体摄影室的摄影师也否认这一点。但是，当顾客坐在特定位置（拍摄台），经摄影师调动，最终拿到一张或艺术或不那么艺术的照片时，摄影师的创作劳动已包括在其中了，这个事实是难以改变的。这个最后的成果——人像照片，从法律上说，既产生肖像权，也产生版权，照片本身又涉及物权。有人放弃他的权利，法律是允许的；有人依法主张他的权利，也应当受到法律的保护。

四、底片：作品原件，版权与物权

摄影作品的复制，大多是通过底片进行的，特别是那些要求精细的复制，尤其离不开底片。当然在特殊情况下，亦可以通过翻拍照片的形式进行复制。显然，底片是摄影作品的原件。有的国家还规定，通过底片首批复制（印洗）的若干数量内的照片亦为作品原件。

像美术作品一样，摄影作品的原件（底片等）一般涉及两种权利，即版权与物权（或原件所有权）。根据《著作权法》第十八条的规定，作品原件所有权的转移，不视为作品版权的转移。这就是说，作品原件的物权与版权是可以相互分离的，取得了原件的物权，不意味着就一定取得了版权。

顾客到摄影室请摄影师为自己拍照，顾客与摄影师的关系实际上是一种委托与被委托的关系。顾客是委托人，而摄影师则是受托人，所拍摄的照片应属于委托作品。关于委托作品的版权归属，《著作权法》第十七条有明确规定："受委托创作的作品，著作权的归属由委托人和受托人通过合同约定。合同未作明确约定或者没有订立合同的，著作权属于受托人。"

根据以上分析，顾客到摄影室拍照所得到的照片（包括底片），一般只是得到了照片的物权，而版权则仍归摄影师所有。顾客可以把照片留作私用，或用于展览。在有的国家（如荷兰），法律允许顾客把自己的照片用于当地的新闻媒体，但须说明拍摄者姓名。对于后面这一点，我们国家似应酌情参考。但是，把照片用于商业目的，如提供给厂家做广告、出挂历或在杂志封面发表，那就一定要征得照片的版权人即摄影师的同意，为摄影师署名并向其支付报酬，否则就侵犯了摄影师的版权。

五、底片归属：顾客与摄影师

在国外，由照相馆保留底片，这是很正常的事。一些外国摄影界人士对我国照相馆向顾客提供底片的作法曾经表示过很不理解。摄影史记载，在 1949 年以前，北京的一些照相馆也有保留底片的，甚至在 50 年代初，照相馆公私合营以后，有人仍然在原来照相的地方找到保存完好的底片。向顾客提供底片是新中国成立后普遍实行的作法。摄影师们对这种作法似乎没有什么异议，在相当一段时间里也没有听到有人提这个问题。而顾客照相后，拿走底片，以后随意加印或放大（复制），似乎成了天经地义的事了。以至于许多优秀的人像摄影作品，包括一些领导人的"标准像"，人们只知肖像者本人，而不知摄影师是谁。这当然是那个特定时代的现象。

由顾客（即被摄者）本人保存底片，对一般顾客来说当然是有利的。

最大好处是可以随时随地选择相对便宜的照相馆加印或放大照片，也可以自己完成印放。实际上，我国照相业长期以来都是这样做的。

那么，现在一些个体摄影室提出保留底片或拒绝提供底片的作法究竟为了什么呢？据了解，提出保留底片的摄影师主要是从三个方面考虑的。首先，从经营方面来考虑。控制了底片，即控制了洗印。拍摄底片的摄影室可以从每一次洗印中再赚一笔钱。第二，从版权保护方面来考虑。例如，过去曾发生过一些顾客（特别是一些"明星"）擅自把在摄影室拍摄的照片进行商业利用（如作广告、出挂历等）的情况。由于底片在摄影师手里，那么如果摄影师提起版权诉讼就难以举证。如果保留下底片，再发生这类事件，举证就容易多了。再如，许多个体摄影师是靠自己的技艺和服务赢得顾客的。他们对照片制作十分讲究，在暗房加工阶段亦投入了大量创作性劳动。对于经过精心加工制作完成的照片，认为满意了，才能最终交给顾客。只有经过拍摄冲卷、扩放，一件作品才算最后完成。从保护自己作品的完整性出发，他们不愿意或不能容忍其他洗相点对由其拍摄的底片随意进行加工，即使该洗相点洗相的质量无可挑剔，但未具备他们自认为的特点。第三，从业绩方面来考虑。许多摄影师从事这项工作，完全或主要的是一种爱好。开辟个体摄影室与其说是一种谋生的手段，不如说是一种艺术追求。他们希望通过自己的创造性工作，不仅仅是为了挣到钱，也是为了在艺术上探索一条道路，赢得世人的承认。保留一套完整的人像摄影底片，便是他们留给世人的一笔财富，从中也可以使人看到他们的奋斗足迹和艺术成就。一些照相馆的摄影师，他们工作了一生，虽然给顾客留下了不少美好的瞬间，但在个人业绩方面，似乎什么都没有留下。年轻的摄影师们不愿再重蹈覆辙，他们提出了保留底片的要求。这个要求有的是在拍摄前通过"声明"提出来的，有的是在拍摄后征求顾客的同意。实践中，绝大多数顾客都能接受这个要求。

六、优质优价与非法暴利

优质优价看来纯粹是一个服务价格问题，但是，如果结合摄影作品的创作规律来谈，问题就不是那样简单了。

首先，某些摄影室不提供底片（换一种婉转的说法就是代顾客保存底片），而以较高价格（以 12 寸黑白放大照片价格计算，比一般照相馆高约 3~4 倍）顾客出售照片，这种收费是否合理。就作品未完成（即只处于创作的第二阶段）而言，只提供照片。不给底片，从创作规律来看应该是合理的。从服务范围来看，摄影师只出售照片（成品），而不出售底片（未成品或半成品），这种作法也是有道理的。至于比一般照相馆高出来的价格，如果不怀偏见实地考虑一下，就会发现，个体摄影室亲切、自然、舒适的服务，可供多种选择的底片，高超的拍摄和洗印技术，把这些因素综合起来考虑，就不会感到价格贵了，实际上也不可能存在非法暴利问题。这或许是个体摄影室日益受到广大消费者的青睐，从而保持其旺盛活力的重要原因。

其次，高价出售底片或转让版权是否合理。这个问题应从两个方面来看。第一个方面，摄影师不愿意提供底片，但有的顾客又的确想自己复制照片，或将照片作商业利用。如何处理这种矛盾？有些摄影师将底片标出高价，比如，平均 100 元或 200 元一张底片，愿者可买走。但笔者发现这个约定并没有说明版权的归属。顾客买走的仅仅是底片呢？还是将版权一并买走呢？如果事先不好明说，那以后仍会有纠纷。所以，笔者不赞成高价出售底片的作法。第二个方面，版权又是可以，或在满足了一定条件后可以转让的。当顾客提出购买版权的要求时，摄影师应当给予积极配合。至于成交价格，可以由双方约定。

为了消除顾客方面担心摄影师漫天要价，以及摄影师方面担心底片一去无回，笔者建议，双方可以就底片使用后的归属订立协议。如果摄影师的精神权利能够得到切实尊重，如给摄影师署名，保证复制质量，以及得到一定经济补偿，并且最终底片仍交摄影师保存，笔者认为，这个问题是可以妥善解决的。

七、公平竞争与不正当竞争

这个问题是接着上一个问题说的。我国《反不正当竞争法》第二条规定："经营者在市场交易中，应当遵循自愿、平等、公平、诚实信用的原则，遵守公认的商业道德"。该法第二章对于不正当竞争行为作出规定。一些个体摄影室在经营活动中的不寻常之处主要有三点：一，主张版权；二，收费高出普通照相馆 3-4 倍；三，不提供底片，而只提供照片。把这三点与有关法律条文作比较，很难发现有属于不正当竞争的行为。个体摄影室的这些举措，不仅没有给他们的竞争对手（即普通照相馆）造成任何伤害，相反，即可能给自己的经营造成某些暂时的麻烦。然而，近几年来，个体摄影室由一家发展到数家，现在仍有增加的趋势。从事人像摄影服务的摄影师越来越得人缘，生意越做越火。这究竟是什么原因呢？这种现象难道不值得我们许多普通照相馆，特别是国营照相馆的经理们认真思考吗？这种现象难道不值得我们的有关立法、执法部门予以注意并进行一番研究加以保护吗？我们的一些旧观念，不合时宜的作法难道不该改改了吗？

社会主义市场经济要求公平竞争。这种竞争是依法进行的，而不是依什么传统观念和传统习惯，更不是依某几个人意志进行的。一些个体摄影室依法主张自己的权利，说明我们近几年搞的普法宣传教育收到了一些成效，是难能可贵的，是应该予以鼓励和支持的。

当然，一些个体摄影室的作法不是也不可能是十分完美的和没有漏洞的。例如，摄影室转产后的底片归属和保存问题就值得认真研究。对待一件新生事物的态度，应当是客观的，心平气和的，研究问题的。在没有把问题搞清楚之前，或者根本就不想把问题搞清楚，而仅仅凭借着对问题的一知半解和习惯思维定式，即作出否定的结论，那只能是扼杀新生事物。这种作法不符合现行改革开放的政策，也不利于社会主义市场经济的发展。笔者认为，在如何对待一些个体摄影师主张版权等问题上，也存在着一个"换脑筋"的问题，值得我们市场管理者和法律工作者认真研究。

3.10 艺术市场与艺术合同

一、合同法基础知识

（一）什么是合同

艺术家参与艺术市场活动，越来越多地碰到"合同"这个词。比如说，有家画廊愿意为某艺术家作代理，律师就会建议，先签个合同。再如，艺术家把作品借给某家画廊展览，而该画廊迟迟不予归还。艺术家上门索画，而画廊却否认有借画这件事。最后打起官司来，法院就要问一句，借画有合同吗？

什么是合同呢？简单地说，合同就是双方或多方当事人在办理某件事情时，为了确定各自的权利和义务而订立的共同遵守的协议。用法律术语说："合同是当事人之间设立、变更、终止民事关系的协议。"

（二）谈判技巧

美国著名艺术家安迪·沃霍尔说过："艺术品经营是随着艺术的产生而产生的。我最初是一位商业艺术家，是从商业艺术起家的，我希望最终成为一位从事经营的艺术家。在经营上的成功是艺术的最佳境界。"

我们认为，任何专业人员，包括专业艺术家在内，了解一些有关经营方面的知识，包括法律知识，对于取得事业上的成功是十分重要的。一个艺术家当然可以专心致力于自己的艺术创作，而把其他经营活动留给代理人去做。他不必精通法律，但他至少需要了解一些有关知识，因为他至少要去找一位艺术代理人，签订一份代理合同。律师当然可以为他出谋划策，但如果艺术家已经了解了一些合同法方面的知识，就可以更好地配合律师，为自己签订一份"好合同"。

谈判是签订合同的必经过程，合同条款正是谈判所达成的结果。了解下述各点将有助于艺术家谈判成功。

1. 清楚谈判目的

谈判的目的不是击败双方，而是出于有关各方利益的考虑，满足有关各方的需求。在谈判之前，艺术家应当十分清楚要达到什么目的。这个目的当然包括金钱在内，此外，还应包括对艺术质量的把握，作者署名，以及其他艺术家认为重要的东西。

2. 了解对方的信息

对方当然也有自己的目的。艺术家应尽可能多地收集双方信息，包括对方的实力及签约目的。例如，一个出版商的优势何在？他给予其他艺术家的版税率是多少？他的标准合同最鲜明的条款是哪些？一个画廊代理其他艺术家获得成功的比例有多大？它从艺术品销售中抽取的佣金是多少？等等。根据这些信息，艺术家可以确定自己的谈判策略，预计可能达到的目标。

3. 做好事谈判记录

做好谈判记录也是必要的，应及时将双方的谈判要点记录在案。它可以使艺术家了解双方的细微差别，把谈判引入有利于自己的轨道。

4. 先"小人"后君子

一些实质性内容，如作品价格、运输保险、展销期限等，应采取书面形式予以确认，这样可以避免在实质内容上无谓的争执。一般来说，第一轮"出价"不容易被对方接受，却为双方提供了一个讨价还价的余地。一般来说，在谈判时投入的时间和精力越多，双方就越希望能够成功地达成协议。在协议签字生效时，双方都应感到满意，而不仅仅只是一方满意。

（三）要约与承诺

"要约"与"承诺"是两个法律上的用语。如果一位收藏家对一位艺术家说："我想出 2000 元买你这张静物画"，那么，这项针对那件静物画出价为 2000 元的建议就是"要约"。如果艺术家回答："好吧，这张画 2000 元卖给你"。艺术家"全部"接受了那位收藏家的建议，这就是"承诺"。一切合同都必然要经历要约与承诺这两个共同的决定性的步骤。一方向对方发出要约，对方如接受要约而承诺，合同即告成立。

在上面那个例子中，收藏家的建议有明确、具体的内容，能够被艺术家所接受。这种包含了成立合同所条款的订约建议，就是要约。对收藏家的要约，艺术家无条件地全部接受，就是承诺。如果艺术家说，2000 元价格太低，3000 元行不行，即没有完全接受收藏家的要约，这就不是承诺，而应看作"新的要约"。这等于艺术家反过来向收藏家提出条件和订约建议。这时合同当然不能成立，而要看收藏家是否接受全部由条件。全部接受了，即承诺，合同就成立了；不接受或不完全接受，就等于收藏家再提出更新的要约，再看艺术家是否同意他的意见。一般合同从谈判到订立，从要约会要新要约、更新的要约，直到最后承诺，这种讨价还价的过程可能要反复多次。如果最终达不成一致的协议，那就没有承诺，合同就不能成立。

还是上面的例子，如果收藏家说，"这张画放在我的办公室里挺好"，或者说，"这张画将来可能值大钱"，或者说，"我真想把这张画借去挂几天"，这些建议缺少具体的对方可以考虑接受的内容，所以不是要约。如果收藏家说，"你先给我画一张山水画，以后再说价钱"，或者说，"你先画吧，我觉着满意了就付钱"，这些建议也不是要约，因为要求订约的实质内容——价格——被忽略了。如果收藏家说，"你先给我画张山水画，我觉着满意就付你 2000 元，"这个建议可以看作是一个要约。但艺术家此时须格外小心。因为"满意"是一个十分模糊的概念。有时一张画有理由被认为收藏家应当满意，但收藏家仍应以不满意为由予以拒绝。为避免付出劳动而一无所获，艺术家可以要求在合同中加上一个条款，对作品创作的每一个阶段，由收藏家认可签字。即使收藏家对最后完成的作品不满意，他仍应支付在作品完成过程中他认可的那个阶段艺术家的创作报酬。

有时，艺术家可能在报刊上或市场上刊登广告或陈列作品，称自己的作品每平方尺 2000 元，这种广告行为并不是要约。如果收藏家找到刊登广告或陈列作品的艺术家，愿意按每平方尺 2000 元购买作品，这才是要约。收藏家必然会提出买多大尺幅的作品、实地审查作品质量以及付款办法等具体条件，艺术家可以根据自己的实际情况，接受或者拒绝。艺术家当初刊登广告或陈列作品，实际上是"引诱"或"邀请"收藏家去向他发出要约（要求购买，要求订约），所以叫作"要约引诱"或"要约邀请"。

还有一种情况，收藏家的"招标"，或画展主办单位的"征稿"，也是"要约邀请"，艺术家"投标"或"应征"才是要约。投标或应征的艺术家可以有多个。最后招标或征稿选中谁，宣布谁"中标"或"入选"，这才是承诺，合同才告成立。附带提几句，艺术家参加有关招标、征稿活动，务必仔细审查主办者的招标、征稿细则。例如，有画展主办者在征稿细则中说，入选者将获金、银或铜奖，于某日至某日在某地公开展出。主办者将有权将入选作品送国外展出。上述细则第一句话可以看作是要约，因为它有确切的内容。第二句话不是要约，而仅仅是一种"意向"，因为它对展出地点、时间以及运输保险方式、包装要求等均无具体说明。为避免征稿结束后发生纠纷，艺术家可以在应征前向主办者申明：将入选作品送国外展出须另签合同。

不论是艺术家还是收藏家，要约发出后，一般不得任意修改或撤回。因为收到要约，准备做出承诺的人已经为了决定是否承诺、订约，付出了一定劳动。任意修改、撤回要约，就要承担对方损失的责任。为避免市场变化可能给发出要约一方带来的损失，可以规定一个要约的有效期限。例如，一位收藏家说："这张画 5000 元卖给我，我将在 3 天内把款带来"。这个要约的有效期限是 3 天。如果该收藏家过了 3 天仍没有把钱带来，则原先的要约不再有效。

（四）口头合同与书面合同

尽管本文所介绍的合同是书面形式的合同，但仍有必要谈一下口头合同。有些合同必须采取书面形式，如确定长期代理关系的合同，大型公共艺术设计与制作合同，图书出版合同，等等。有些关于即时清结且数额不大的交易，以及某些有相互信任基础，临时性的借用、保管、委托，也可以采用口头合同形式。因口头合同发生纠纷时，艺术家应当找律师咨询，不要轻易放弃。

口头合同尽管也具有法律效力，但书面合同总是最佳选择。即使是朋友之间的小交易，最好也应采用书面合同形式。签订书面合同并不是对朋友的不信任，而正是为了确保合同的履行。"君子协定"往往是靠不住的。这方面已经有大量的实例。为了消除艺术家的在签订合同时的顾虑，为艺术家签订合同提供方便，我们将介绍多种常用合同，并提供有关合同样本。这些合同样本是从艺术家的立场设计的，使用者可以根据实际需要增加或删除某些条款。

（五）争议的解决途径

合同签订以后，出于种种原因，例如有关当事人对合同条款认识上的偏差，有关当事人经济状况的改变，市场发生变化，等等，可能会对合同中具体条款的解释发生争议。签订合同双方可能都会认为自己有道理，合同的履行发生障碍。出现争议怎么办？通过哪些途径解决呢？

合同争议的解决大致有以下几种途径：

1. 双方协商和解。如果合同不是盲目、草率签订的，那么签订合同双方都应相互有所了解，有一定的相互信任的基础。发生争议后，双方当事人应首先客观地、心平气和地分析发生争议的原因，友好协商，化解矛盾，自行和解。

2. 第三人调解。合同争议的调解是指由第三人（个人或单位），依据国家的法律和原订合同的内容，在查明事实、分清是非、明确责任的基础上，使争议双方当事人在相互谅解中达成一致而解决争议的一种方式。由第三人居中进行调解解决民间纠纷的作法，在我国有着悠久的历史。实践当中，许多合同争议都是通过这种途径解决的。这个第三人可以是双方都熟悉、信任的朋友，或者是由双方共同选择的某个社会组织或国家行政机关（如地方著作权行政管理机关）。

3. 仲裁机构裁决。仲裁也是由第三人进行的。它与调解的区别在于，由仲裁机构作出的裁决，具有法律效力，在必要时，当事人可以依照《民事诉讼法》的有关规定向人民法院申请执行，除非人民法院认定仲裁裁决违反法律，仲裁裁决应当执行，而"和解"和"调解"不具有这种法律效力。但是，仲裁程序需要首先在当事人双方之间，订立有仲裁条款，或者在发生纠纷后双方签订仲裁协议。

4. 通过诉讼，由法院裁决。法院的裁决具有强制执行的法律效力，这一点是无可置疑的。人民法院裁决生效后，如果一方当事人拒不执行，另一方当事人可以申请人民法院强制执行。

需要注意的是，法院裁决尽管有这种优点，但与仲裁相比，诉讼程序更为繁琐，所需时间更长。切记：诉讼是万不得已的选择；不要轻言打官司。为了避免将来可能发生的纠纷，应尽可能地订立书面合同，合同内容和条款，应尽可能地详细。

（六）合同签订后要不要公证

公证是指由国家公证机关，根据当事人的申请，依法证明法律行为，有法律意义的文书和事实的真实性、合法性，以保护公共财产和公民合法权益的一种非诉讼活动。可以公证的内容很广，合同公证是其中一种。合同公证，发生于合同签订以后，尚未发生法律效力之前。合同公证，实行自愿原则。当事人双方签订的合同，是否需要公证，不是法定的必经程序；不经公证的合同也具有法律效力。提醒读者注意的是，对于一些较重要的合同，如艺术品代销合同、艺术品租借合同、出版合同等，如果认为没有必要公证，还可以请一位"见证人"，参与合同签订过程，并在合同上签字，以备在将来发生争议，而双方各执一词时，由见证人澄清事实。在本文介绍的一些合同中，就包含有见证人的条款。使用者如果认为没有必要请见证人，也可以省略。

二、艺术品销售合同

艺术家创作出作品后直接销售出去，这成为艺术家的一项传统的主要的经济收入来源。其实，这样做对艺术家和收藏家来说都有好处。艺术家的劳动成果可以较快地转化成为货币，而收藏家也可以直接从艺家工作室里得到艺术品。

但是，艺术品毕竟不同于普通商品，那种"一手交钱，一手交货"的交易方式存在很大的缺陷．一方面，作品一旦被带出家门，艺术家便失去了对作品的控制，不知作品被带到了何处，甚至很难证实作品的作者是谁。另一方面，对一些与特定画廊建立了长期代理关系的艺术家来说，直接销售作品往往会影响双方已有的合作关系，因为许多画廊都希望，从它代理的艺术家的所有作品的销售中得到佣金，而不管作品的销售是在画廊进行的，还是在艺术家的工作室里由艺术家自己进行的。尤其是那些与艺术家建立了长期代理关系的画廊，当发现艺术家背着它私下卖画时，往往会发生法律纠纷。为了避免这种情况发生，最好的办法就是在销售作品时与买主签订一份合同。

这样的合同既可以用来保护作品的售后利益，又可以作为一份销售记录，送交与艺术家建立长期代理关系的画廊留存，从而避免许多误解和纠纷的发生。

作品销售合同并不复杂。合同中需要写明作品名称和状况，买主和艺术家姓名，约定价格和销售条件，以及付款方式，等等。

在付款方式中，除注明作品价格外，还要说明是现金交易还是分期付款。尽管分期付款对艺术家不利，但这种付款方式还是被越来越多的人所接受。如果艺术家觉得"细水长流总比滴水不入好"，愿意接收这种付款条件的话，在签订合同时，一定要注意明确下面几个问题：

1. 付款总额。

2. 每次分期付款额。

3. 分期交付的方法。

4. 付清全部款项的期限。

另外，有一项非常重要的条款，就是要申明艺术家保留著作权。尽管我国《著作权法》中已经规定了"权利不随物转"的原则，即作品原件所有权的转移，不视为作品著作权的转移，但在销售合同中规定这一条款还是有作用的。它可以起到一种警示作用，使买主知道，这项权利不但属于艺术家，而且对艺术家来说很重要。如果买主要想把买去的艺术作品印刷出版，就需要与艺术家另行协商。不过，也有一些买主在购买艺术品时，希望把该艺术品的著作权一并买断。这是一种特殊情况，详见下面介绍。

交货（即交付作品）条款应当说明作品是由买主立即带走，是以后再取，还是由艺术家负责送货上门。

上面这些条款是艺术品销售合同中的最基本条款，也是一般情况下为艺术家和买主都能够也应当接受的条款。如果艺术家对自己的作品想要保留更大的售后控制权，在买主能够接受的前提下，还可以在合同中订立其他一些条款。如作品不得被毁损的条款，接触作品的条款，回借作品用于展览的条款，艺术家有权参与作品的修复工作的条款，等等。

我们提供的两份艺术品销售合同可供艺术家们根据实际情况选择使用。第一份合同（简易艺术品销售合同）是就艺术品销售的一些最基本问题做出约定，简便易行。第二份合同（普通艺术品销售合同）是在第一份合同的基础上又增加了一些其他条款，使艺术家能够对作品在更大程度上享有售后控制权。

另外，艺术家在销售作品时除了与买主签订一份销售合同外，最好还应顺便填写一份艺术品销售单（艺术品销售单）。填写艺术品销售单有两个目的，一方面是便于交税，另一方面可以记录作品的售价、买主姓名和住址等情况，以便在今后艺术家接触作品，或回借作品用于展览时，查找作品的下落。艺术品销售单也应一式两份，艺术家和艺术品买主各执一份。

三、艺术家与画廊之间的代理合同和展销场地租用合同

艺术家与画廊之间的关系是艺术家艺术生涯中的一种重要关系，是一种互助互利关系。双方一旦建立起代理关系，艺术家可以免去许多商业琐事，专心创作业画廊则通过销售艺术作品，在保护艺术家利益的同时，使个人利益也得到满足。艺术家与画廊的关系又是一种互相依存的关系，没有画廊，许多艺术家的作品就没有出路由而没有艺术家，画廊就不可能存在。

在当下中国艺术市场，画廊的经营者很多都是来自艺术市场较为发

达的国家或地区。他们在经历了长期惨淡经营之后，已经积累了丰富的经验和雄厚了财力。相对于中国艺术家来说，他们当然就处于优势地位。但是对于中国艺术市场的开辟，对于一个好的画廊来说，在处理与艺术家的关系时，首先应当是持一种平等的态度。如果画廊的经营者不这样看待自己，他就不可能长期存在下去。

实践中，艺术家对于他们与画廊及艺术品代理商之间的关系问题，很少认真地考虑过。对于多数艺术家来说，只要他们的作品能够被展出就心满意足了。

还有许多艺术家总认为自己处于一种不利的讨价还价的地位，因而在签订合同，确定作品售价以及各自权限范围时，不敢过于认真。他们没有真正认识到艺术家与画廊或者艺术品代理商之间的关系一种平等的互相依存的关系。在确定双方之间的代理关系之前，应当就双方之间关系的基本问题，在充分讨论、协商的基础上订立书面协议。结果可能是，艺术家耗费大量心血创作了作品，却任凭画廊或艺术品代理商摆布。在自己的合法权益受到侵害时，却因缺乏事先约定或合法根据而得不到很好的保护，只能自认倒霉，忍气吞声。由此看来，从一开始艺术家就与画廊订立书面的代理合同或协议，是很有必要的。

艺术家与画廊之间的关系是一种契约或合同关系。但也有一些画廊或艺术品代理商不愿签订书面合同。他们总认为履行这样的手续似乎是对他们的人品有怀疑。甚至有人说，"艺术家与画廊之间的关系就是信任关系，信任若不存在了，签订的合同还有什么价值。"信任在艺术家与画廊之间的关系当中无疑是极为重要的。但如果将签订书面协议与缺乏信任感等同起来却是毫无道理的。

签订合同的主要目的是要明确双方的权利和义务，避免产生不必要的误解，维护双方的友好互助关系。订立公平合理的代理合同，只会加深双方的信任，并促进双方互信互利关系的发展。

另外，如果没有书面协议，一旦双方关系破裂，建立在口头"君子协议"基础上的"信任"将失去任何意义。双方势必都会从自己一方的立场出发，各持己见，都认为自己对口头协议和事实的理解是正确的。这样的事情一旦发生，解决的办法就只有有限的几种了：（1）双方和解，解决纠纷；（2）花费大量的精力和金钱诉诸法庭；（3）终止关系，双方谁受到了损失，谁自认倒霉。但如果有书面合同的存在，情况将肯定会大不一样。因为书面合同可以证明双方各自应承担的责任，至少在一定范围内对双方各自的利益起到有效的保护作用。

艺术家在与画廊或艺术品代理商建立代表关系之前，还应当首先搞清画廊的性质和类型。

艺术品代理商或画廊可以分为五个基本类型：

1. 只向举办艺术品展览的艺术家提供场地，这种类型的画廊不是艺术家的代理人，而是房主。因此，这种画廊有时被称为"场地画廊"。

2. 另一种非代理性质的画廊，画廊主买来作品自己出售，但同时也代销部分作品。

3. 举办一次性的个人或集体作品展销。这样的画廊通常是小型艺术馆，并且只在展销期间对展销作品承担代理之职。

4. 大型艺术展览馆。这种艺术馆与艺术家建立有长期联系，承担艺术家的总代理人，对艺术家作品的销售和展出长期负责。

5. 个体艺术品商贩，他们只担当艺术家的经纪人，但没有展出场地和相应的设施。

大多数画廊都同时具备两种或多种上述功能。代理性的画廊有时也自行从事一些作品买卖活动，场地画廊一年当中也会有几个星期时间搞一些代理活动。同一画廊可能与不同的艺术家签订不同的代理合同，艺术家也可以进行选择。所以，与任何一家画廊建立联系之前，艺术家都应该首先向自己提出这样几个问题："我想让画廊代理我干些什么事情？""我想让画廊为我承担多少责任？""与画廊关系结束后，我要达到什么目的？"

对这类问题的正确回答，有助于艺术家正确选择最适合自己需要的画廊。然后，在此基础上，艺术家便可以与不同的画廊为了达到不同的目的签订内容不同的合同。

（一）展销场地租借

如果艺术家决定租借某个场地展出作品，需要考虑下面几个问题：

1. 租借费。

2. 租借期限。

3. 由谁来负责其他费用，如电费，电话费，等等。

4. 展出时间。

5. 作品陈列和场地安排。

6. 保险——参观者受伤，是否可以得到公共保险？作品在画廊中是否上了保险？

7. 展览的监督管理安排、作品售后收款办法。

8. 明确在作品实际售出之前，作品的所有权由艺术家所有，以免画廊的债权人强行夺取作品。

此类场地画廊与其他房主没有什么区别。他们不是艺术家的经纪人。因此，考虑采取这种展出办法的艺术家一定要坚持订立书面协议，就像租借住房的人要订立书面协议一样。订立书面协议占用不了多少时间，但要认真撰写。在一开始花费点时间和精力，可为以后减少许多麻烦。这类画廊的主人一般没有什么名气，也没有很多的资金。因此，一旦出了差错，对他们来说不会有多大损失，但对艺术家来说，损失却很难估量。

（二）艺术品代销公司

有些艺术品展销商或画廊只承销艺术品，但不充当艺术家的经纪人或代理人。

他们经销艺术品采取两种办法。一种是直接将作品买下，然后另行定价卖出。另一种是搞少量的代销，即将艺术家的作品拿来，卖不了再退还艺术家的工作室一旦卖出，则向艺术家交付约定的金额，售价超出约定金额部分作为利润归自己，或者按事先与艺术家约定的分成比例与艺术家分享作品实际销售价金。如果按照第一种方法办理，一手交钱，一手交货，艺术家只需与经销公司签订一份简易艺术品销售合同即可。如按照第二种方法办理，就需要签订艺术品代销合同。

艺术家将作品托付给画廊出售是常见的事，但许多艺术家对自己的作品以及自身利益所采取的保护措施却远远不够。有的人把作品托付给人家后甚至连个收据也没要，到头来极有可能给艺术家带来预想不到的损失。

索要一纸代销作品收据是最起码的要求。最理想的当然是签订一份协议。代销合同比销售合同要复杂一些，这也反映了双方关系的复杂性。代销合同后面应附上一份代销艺术品清单，注明作品名称、状况、载体、售价以及画廊佣金比例，等等。

（三）艺术品展销代理合同

艺术品展销代理合同是一种画廊为艺术家的作品承办一次性的人上或集体展销活动而与艺术家签订的协议。根据这种协议，画廊只在作品展销期间就所展销的作品充任艺术家的代理人。展销活动结束，双方的代理关系即告终止。因此，这是一种短期的代理行为。与长期的代理关系相比，这种代理关系的优点集中表现在两个方面。一方面，对于画廊来说，它可以借机在不承担任何长期代理责任的条件下检验和证实所代理的艺术家作品的销售，为以后决定是否与该艺术家建立进一步的联系、甚至长期代理关系打下基础。另一方面，对于艺术家来说，他可以保持最大限度的独立性和自主性。

艺术品展销代理合同有许多条款与后面要谈到的长期代理合同的条款相同或相似。因此，读者在阅读本合同时，可以同时参阅后面的有关内容。

（四）长期代理合同（艺术家与画廊艺术品展销长期代理合同）

长期代理关系，是艺术家与画廊或其他艺术品展销代理机构之间的最为复杂的一种关系，为建立此类代理关系而签订的代理合同所涉及的问题也最为广泛、最为复杂。现择要加以讨论。

1. 代理范围

（1）独家代理

独家代理问题是导致艺术家与画廊之间关系产生摩擦的最常见的原因之一。许多艺术家坚持要保留委托多家画廊展销作品的权利，目的是为了利用各家画廊之长，更好地推销自己的作品。而承担艺术家作品长期展销代理任务的画廊，却需要在其市场集中的区域内保持作品的独家代理地位。这就需要对双方的需求予以平衡。平衡的办法就是允许画廊搞独家代理，但独家代理应有个范围。这个范围应包括时间、地域和作品三个方面。

（2）地域范围

艺术家需要画廊做到的是，画廊保证在其代理区域内充分推销作品。因此，极少有画廊会声称自己享有某位艺术家世界范围内的独家代理权，只有少数画廊从事全国性的独家代理，大多数画廊搞的是地区性独家代理。

另一方面，画廊需要得到保障的是，他们为推销艺术作品所付出的劳动和代价应当最终得到回报。但如果艺术家通过多个渠道销售作品，画廊的上述目的就有可能落空。因此，画廊坚持要在其主市场范围内搞独家代理是有道理的。

有时艺术家在两不同的地域内寻找不同的画廊分别代理，然后由两家画廊相互协商确定代理费的分配问题，这样做的好处是：艺术家既扩大了被代理的范围，又可免去背着受托画廊做交易之嫌。

（3）时间范围

双方应就代理期限问题协商一致。当然如果双方关系恶化，不论是艺术家还是画廊都不会乐意继续保护这种代理关系。也正因为如此，双方都应有权在预先通知对方的前提下终止代理关系。有时有些艺术家之所以与某一画廊建立代理关系，是因为某一特定的职员受雇于该画廊。在此情况下，艺术家就希望在合同中规定一旦该职员离开该画廊，艺术家便有权终止代理关系。但多数画廊不会同意这样做，因为这就等于将画廊的代理权系于某一特定职员之一身，使画廊获得的代理很不稳固。但如果艺术家认为这样做对他很重要，就应当在一开始就讲明这一点。

（4）作品范围

作品的代理范围问题主要应从以下几个方面考虑：

①是否代理部分，谁来选择作品。

②协议签订后所创作的所有作品是否都在代理范围之内？

③协议签订前及签订后的所有作品是否都在代理范围之内？

另外还应明确所代理的作品的类型。例如，有些画家可能还同时从事雕刻艺术，这类作品是否也包括在内？

（5）画廊的其他代理权及代理权的行使

展览和销售作品并不是画廊的全部任务。讲求声誉的画廊与艺术家建立了长期代理关系后，还会对艺术家的作品展开全面的宣传和推销活动。但为了展开这些活动，许多画廊会要求艺术家支付相应的酬金，并授予有关作品的复制许可。艺术家都授予了哪些权利，权利要受到哪些限制，需要详加约定。例如，画廊在对客户做出任何承诺之前都应事先取得艺术家的授权。所有授权条件都应经艺术家和画廊充分协商讨论，由艺术家最终做出决定。至于著作权许可使用问题，也应采取类似办法。当然，如果双方认为著作权许可使用合同由艺术家直接签订，比画廊代签对双方更有利的话，则另当别论。

2. 作品展览

（1）展览次数

画廊与艺术家应当协商确定一个最低展览次数。展览次数当因人而异。有的艺术家相当多产，作品极多，而有的艺术家作品产出较少。因此，对有些艺术家来说每年得办两次展览，而对有些艺术家来说两年一次就够了。

（2）展览形式

展览分个人展览和集体展览，多数画廊喜欢办集体展览，很少有艺术家反对这样做。但画廊为艺术家举办的展览不能全是集体展而无个人展。

（3）展览费用

设计、印刷、张贴展览广告的费用并不小。这些费用应当由画廊开支。

装框经常是一个有争议的大问题。装框费用由谁来交付？展览结束后画框材料归谁所有？通行的办法是画廊安排装框，费用从艺术家作品销售款中扣除。有时艺术家已将自己的作品装框，费用从艺术家作品销售中扣除。有时艺术家已将自己的作品装框，而画廊还要重新装框。这样做必然出现矛盾。艺术家往往认为画廊想借机榨财，而画廊却认为艺术家不懂装框在销售心理学上的重要性。为了避免此类事情的发生，双方需要就此事进行协商，找出一个为双方都能接受的办法。例如，艺术家可以先将自己的装框样品送交画廊，画廊根据情况再决定是由艺术家装框，还让艺术家另换材料装框，或者坚持由画廊来装框。也就是说，双方要通过协商，取得共识。如果画廊重新装框并要求艺术家交付费用，在计算佣金时应当先将装框费从销售价金中除去。

（4）复制权

许多画廊喜欢在其发出的邀请函中印上艺术家某一件作品，这样更有利于激起被邀请人的好奇心。然而，艺术家应当对作品的复制有控制权，画廊在这样复制使用作品时应首先取得艺术家的许可。

（5）作品的装运

作品的装运费因作品的大小、材料以及艺术家工作室距画廊距离的不同而有所不同。谁来交付作品的装运费的问题，在作品搬离艺术家工作室之前，就应当确定下来。

3. 作品由艺术家直接销售

作品由艺术家直销常常是引起艺术家与画廊之间矛盾的主要原因。

画廊工作人员经常带领收藏艺术品的客户到艺术家的工作室去，让他们观看那些正在展示的、贮藏的或者正在制作的作品，尤其是比较大的作品。毫无疑问，在此情况下，画廊应当得到一笔佣金，因为作品的售出是通过画廊牵线完成的。有时画廊这样将艺术品收藏者介绍给艺术家后，这些收藏者以后会背着画廊私下去找艺术家买其他作品。艺术家暗地里得了现钱，作品收藏者也大打折扣买到了作品，而当初把他们介绍到一起的画廊却什么也没有得到。这样做显失公平，从长远来看，对艺术家也没有好处，因为这样一来，画廊就不愿将客户再介绍给艺术家了。

但如果画廊在艺术家与客户之间牵针引线时，上述问题又该怎样处理呢？例如艺术家拿自己的作品与某个餐馆老板，或某个医生或律师直接交换到了餐饮、医疗或法律服务，或者卖给了自己的亲朋好友。在此情况下需要向画廊说明吗？是否应将作品折合市场价，并按比例付给画廊佣金呢？

艺术家与画廊达成长期代理合同时，什么情况下需要交付佣金，双方必须协商一致。这主要应当从三个方面协商：

（1）艺术家直销是否需要向画廊交付佣金？如需要，交付多少？这一条款必须在合同中明确规定，默示不行。

（2）画廊总是强调他们对艺术家代理活动是具有连续性的，而不只是局限于展览期间那短短的几个星期。但事实上，在闭展后，有些画廊并没有为艺术家作品的促销做些什么。单纯凭借画廊自身的声誉是不能作为获得佣金的理由的。但如果在闭展后画廊对艺术家的作品确实积极地开展了促销活动，毫无疑问，画廊就应当得到适当的报酬。因此，画廊是否在闭展后对艺术家的作品积极促销成了确定是否应当取得佣金的关键。

（3）在充分考虑上述两个方面问题的基础上，画廊和艺术家再协商确定具体合同条款。下面几项条款可供选择：

——在代理期间，艺术家销售出去的一切作品都应当向画廊交付佣金。

——对经画廊介绍成交的作品，应当向画廊交付佣金。

——约定一个数额，允许艺术家每年直销一定数量的作品，在此数额内不向画廊交付佣金，超过这一数额部分，则应当向画廊交付佣金。

——销售出去的一切作品都是应向画廊交付佣金，但艺术家直销出去的作品，佣金比例要适当降低。

4. 佣金

从销售作品收入中抽取佣金是画廊赖以生存的主要经济来源。因此艺术家和画廊双方都应当认识到，佣金问题是艺术作品经营活动中的一个极为重要的问题。佣金问题解决好了，将有艺术作品的经营活动的顺利进行；佣金问题解决不好，则直接影响到艺术作品经营活动的生存和发展。所以双方应当就佣金问题充分协商，尤其应当从以下几个方面来考虑：

（1）佣金占作品销售金额的比例是多少？

（2）是否各种载体的作品都按同一比例抽取佣金？

（3）艺术家直销作品是全部交付佣金，还是仅仅交付由画廊介绍成交的作品的佣金？如果是这样，佣金占售价的比例是多少？

（4）画廊是否可以从作品版税、复制品销售收益中取得佣金？

（5）有些作品在制作过程中成本较大，在计算佣金比例前是否应当

195

将成本费用减去？

5. 作品约定价格

有些画廊代销艺术家的作品，在作品售出前，不取佣金，但在作品售出后，不论实际售价是多少，都只交付给艺术家一笔事先约定的金额。这种做法对艺术家并不利。这实际上就等于画廊先将作品"买入"再将作品"卖出"，但在作品卖出之前对艺术家分文不付，而且对作品在待售期间可能出现的价格上涨，艺术家一点利益也得不到。画廊不需要更大的付出，就有可能获得更大的利益，而艺术家却可能得不到。因此，对艺术家来说，这种条款不可取。

6. 作品销售价格

作品应当由艺术家和画廊事先协商确定销售价格，但也有些画廊乐意规定一个作品的价格幅度，这样他们在经营中就有一定的灵活性。无论采取哪种办法，都可以使双方对作品的价格问题做到心中有数。但无论是确定一个固定价格，还是一个价格幅度，都应当只对具体作品而言，即一件作品定一个价，而且应当记录在案。

画廊售出作品不能低于双方协商的价格，但双方事先约定的削价出售除外。有些画廊习惯于将作品削价出售给公共艺术馆，著名艺术品收藏家，甚至某些著名建筑师。把作品卖给这些单位或个人有时会大大提高艺术家的知名度，因削价而受到的损失与由此换来的利益相比较也就显得微不足道，可谓"放长线，钓大鱼"。但是削价出售作品只能作为一种特殊情况对待，并非作品销售的必经之路。因此，艺术家应当与画廊就此事认真协商，确定在什么情况下，对什么人才能削价出售。

7. 作为展销代理的画廊购买作品问题

有引起承担展销代理活动的画廊同时也想从艺术家那里购买作品，自己收藏，或在自己展厅展出、销售。这样做对艺术家来说既有利也有弊。利在于艺术家直接得到了现钱，并且画廊也会因此而更加主动地对作品开展促销活动。弊在于如果画廊通过这种办法从艺术家那里购买的作品数量过大，就会导致画廊与艺术家之间的利益冲突。因为在这种情况下，画廊就会竭尽全力销售自己买下的作品，而冷落艺术家拿来委托代售的作品。因此，艺术家应当注意限制画廊购买作品的数量。

8. 预付金

有些艺术家希望从画廊那里得到"预付金"，但有必要事先弄清楚这些预付金是需要返还的还是不需要返还的。也就是说到了年终，如预付金高于全年作品销售额，艺术家是否需要把预付金与年终作品销售额之间的差额返还给画廊。许多画廊不要求返还。但这一点，从一开始就应当讲清楚。

解决这一问题的最好办法是与画廊商定，一旦出现差额，可以用作品来抵付。

9. 售后交款

画廊与艺术家还应当就作品售出后的交款方式和程序达成协议。

多数画廊都是在收到作品买主的货款后 30 日内交付艺术家应得款项，但也有一些画廊扣着钱迟迟不交。这些画廊挪用这些钱或者用来偿还其他方面的债务，或者拿来搞短期投资获利。但这种赚钱的办法毕竟不能持久。有些艺术家对自己的钱要也要不来，等也等不来，到最后只能与这些画廊分道扬镳。而这些画廊得了小利，却坏了自己的名声。

同样，如果作品销售采用分期付款，画廊也应当在每次收款后 30 日内及时按比例付给艺术家应得的份额。

10. 账目报告

画廊应当定期向艺术家报告作品销售账目，销售账目应当包括已售出作品清单、标价、实际售价以及应交付艺术家的价钱数额。同时还应包括未售出而存放在画廊的作品清单。这样做可以使艺术家及时了解自己作品的销售情况。这种形式的账目报告每年至少应当搞两次。

11. 作品接收单

艺术家与画廊发生争议和常见原因之一是，艺术家称作品送到了画廊，却既未见售出又未见归还。同样的问题，在艺术家直接向收藏者销售作品时也经常发生。有的收藏者往往拿走作品，说是回去看一看，却迟迟不予归还。而一旦对簿公堂，要解决纠纷时，艺术家却拿不出任何证据，甚至连他们所说的作品是否真有其物都无法证明。

有些比较谨慎的艺术家在作品被他人拿走之前都拍了照片。这样做有两方面的好处，一方面便于以后对作品复制，另一方面是一旦发生纠纷，艺术家可拿来作为证据，证明这样的作品确实存在，并便于调查人员了解作品究竟是什么样子的。

除此之外，艺术家将作品送交画廊或其他人之前，还应当准备一张作品接收单，详细记录作品的有关情况，要求作品接收人将作品与接收单上的记载情况详加核对，并在接收单上签名盖章后方可拿走作品。这是艺术家保护自身利益的行之有效的办法。

（五）个体画商艺术品代销合同

有些艺术家展销其作品不通过画廊代理，而通过个体画商代理。通过个体画商代理的艺术家通常可分为两种类型。一种是非常著名的大艺术家。这类艺术家名气极大，不通过画廊代理，其作品也不愁销不出去。另一种是名不见经传的小艺术家。这类艺术家名气太小，画廊不愿代理经销其作品。由于他们无需具备固定的展览设施，费用低，因而向艺术家索取的佣金也就比画廊低。

但是有些个体画商的名声并不好。有的不讲信誉。因此，艺术家跟进他们打交道时须格外小心，初次接触最好要询问一下他们都为谁做过代理工作，以便向有关的人了解其背景。

艺术家与个体画商的关系一般属于作品代销关系，因此双方应当签订一份作品代销合同，详述双方各自的责任。而且，艺术家在拿到作品收条后，才能让对方把作品带走。

艺术家与个体画商建立代理关系，签订代理合同时，应当考虑到下面几方面的问题：

1. 是否是独家代理？代理区域包括哪些地方？

2. 代理哪些作品？

3. 都从事哪些代理活动？销售作品？安排展览？安排艺术家讲演或通过新闻媒介露面？

4. 个体画商是否取得授权代理艺术家转让或许可使用作品著作权？

5. 艺术家需要交付哪些佣金？艺术家自销作品是否需要向个体画商支付佣金？

6. 艺术家是否需要支付其他费用？

7. 个体画商如何向艺术家支付作品价金？艺术家如何向个体画商支付佣金？

8. 个体画商如何记账？个体画商每隔多长时间须向艺术家报告一次账目？个体画商是否需要向艺术家提供所有作品买主的名单和住址？

9. 代理关系终止后，是否允许艺术家向个体画商介绍来的买主销售作品？如允许，是否需要向个体画商交付佣金？

10. 谁来确定作品售价？是否可以削价出售？如果可以，在什么情况下削价出售？

11. 代理关系期限是多少时间？一方欲提前终止代理关系应当怎么办？

艺术家与个体画商建立代理关系，应该在充分考虑过上述问题后，方可与其签订书面协议。个体画商可以为艺术家建立和保持好的声誉，也可以彻底毁坏艺术家的声誉。因此，艺术家应当格外谨慎。此类代理协议最好请律师协助起草。下面这份代销合同仅供艺术家们参考。

四、委托作品合同

委托作品是基于委托合同而创作的作品。在委托创作艺术作品活动中，艺术家与委托人之间的关系十分复杂，处理得不好，误解随时可能产生。因此，在建立委托关系之前，双方有必要就各自的需要和意图予以充分考虑，充分交换意见，最终达成协议。该协议当然应当采取书面形式。这样做，一方面有利于以后一旦双方对协议的内容发生争议，有据可查，另一方面便于双方明确各自的权利和义务，知道在委托合同存续期间自己该做什么，什么时候做以及怎样做。

（一）委托作品初步设计（方案）合同

如果需要提供作品初步设计方案，艺术家就得与委托人首先签订初步设计方案合同。在签订初步方案合同时，接受委托创作的艺术家需要首先向委托人提交初步设计方案，设计方案取得委托人的同意后，方进入委托作品本身的创作过程。在提供初步设计方案之前，艺术家有许多问题需要解决。

首先应当搞清楚谁是委托人。这一问题看似简单，而实际上有时并非那么简单。因为有时出资者并不一定就是委托人。例如，委托人有可能是某个城市规划部门，而出资者可能是政府财政部门，或某个基金会，甚至是某个个人。但合同必须与委托人签订。

双方还应当明确初步设计方案采取什么形式，是草图还是模型，需要准备多少份，什么时候完成，将来正式的作品用什么材料，什么规格，等等。

应当给委托人定个时间，允许其在此期间内对作品的初步设计方案予以考虑，最终决定是采纳，拒绝采纳，还是要求修改。

作品初步设计费可在签订合同时支付，也可在初步设计方案完成后支付。另外，委托人要求艺术家对设计方案进行较大的修改或增加设计方案，都应当对艺术家在经济上给予补偿。如果对初步设计方案不予采纳，委托人所交付的设计费至少应当解决艺术家所花去的材料费，并对艺术家为完成初步设计方案所花费的时间给予适当补偿。如果在初步设计方案准备阶段，艺术家曾到实地考察，初步设计费还应包括这些实地考察费用。

艺术家在合同中还应当明确的另一个问题是，委托人一旦拒绝采纳初步设计方案，这个被拒绝采纳的设计方案归谁所有，由谁控制。除了极个别情况外，艺术家对自己的设计方案享有著作权。在现实中，往往发生这样的事情，有些委托人表面上拒绝采纳艺术家的初步方案，而暗中却雇用其他廉价劳动力，按照艺术家提供的初步设计方案完成了这件作品，尤其是雕刻艺术家经常遇到这样的情况。为避免此类事情的发生，创作设计方案的艺术家切记不要转让著作权。

（二）委托作品创作合同

委托人一旦同意采纳初步设计方案并进而着手作品的正式创作后，双方应当再就正式创作作品签订一个委托作品创作合同，进一步明确双方的权利和义务。

委托作品创作合同应当对作品情况加以介绍，其中包括作品规格以及所要利用的材料。然后确定委托人应当交付的酬金，并讲明酬金的分期交付安排。通常是签约时交付三分之一，作品大约完成三分之二后交付三分之一，作品完成后全部付清。三分之一的预付金是解决经常困扰艺术家的诸如购买材料、租借设备时资金不足等问题的最简便最有效的办法。

所谓"作品的完成"往往是一个难以确定的问题。之所以难以确定，主要表现在两方面：一是作品是否完成保留最后评判，艺术家应当是作品完成与否的评判者。这有利于发挥艺术家的积极性、创造性和审美能力。但要确定作品是否令人满意却要困难得多。如果委托人坚持要在协议中写入一项条款，规定作品完成后令人满意才付款，艺术家就应当在创作过程中的每个阶段都要求委托人写出书面认可。这样，一旦委托人在作品完成后拒绝接收，艺术家至少可以取得截止委托人最后一次书面认可时的酬金。由此可见，"作品的完成令人满意"条款对艺术家不利，应尽力避免使用。

在作品创作过程中接触作品对双方来说也是一项重要条款。如果作品的创作在现场进行，在非工作时间里，艺术家要接触作品常常会遇到困难。因此这一问题要尽早作出安排。如果作品的创作在艺术家工作室里进行，委托人想要了解作品的创作时进展情况，应当事先通知艺术家。

还有一个问题就是，如果作品的创作不在现场进行，作品完成后需要运往现场，运费、保险等由谁负责？作品创作过程中的保险问题如何安排？

另一重要问题是作品归谁所有的问题，艺术家应当知道受托创作作品不一定就意味着出售作品。委托人请求艺术家创作某一作品而交付报酬，不等于说委托人就买下了作品的所有权。有些委托人也许并不愿意接收作品的所有权。因为拥有作品的所有权就需要承担由此而产生的相应的义务。因此有些单位委托艺术家创作壁画，是以向壁画提供墙壁的单位占有壁画并承担相应的维护责任为条件的，这一问题很重要，但往往被人们所忽视。因此，在签订合同之前，双方必须把这一点讲清楚。

最后一个问题是合同终止问题。合同的终止一般有三种情况。一是委托人随时可以书面通知，艺术家终止合同，条件是必须向艺术家交付到终止合同为止应当交付的费用和设计费。二是委托人推迟交付艺术家酬金达到一定的期限，艺术家可以终止合同。最后是艺术家死亡，合同自然终止。

（三）委托作品的销售合同

委托人委托艺术家进行某件艺术作品的创作，由于各种原因，有时委托人与作品原件的所有人并不是一个人。因此，作品完成后，委托人要成为作品的所有人，还有必要签订一份委托作品销售合同。委托作品的委托合同与销售合同是可以分开的。如果委托人打算同时成为作品的所有人的话，销售合同完全可以包括在委托合同之中，合二为一，重要的是要知道除非在合同中专门加以说明，否则委托合同不等于销售合同。

委托作品的销售合同对艺术家来说很重要。通过销售合同，可以保护作品的未来利益，因为在销售合同中有一条款是专门保护作品免受篡改、歪曲和破坏的，同时也可以保证作品可以得到适时的维修和保护。

作品一旦受到破坏，作品的修复工作一定要得到艺术家的同意，如有可能，应由艺术家来完成修复工作并得到相应的报酬。

作品还应当署有作者姓名。

（四）委托作品的初步设计、创作、销售综合合同

在实践中，如果委托作品的委托人同时又是作品的买主，艺术家往往与作品的委托人将作品的初步设计、创作和销售等问题订立在同一份合同之中。这样一份合同的内容要比就初步设计、创作和销售分别订立的合同复杂得多。这可以说是它的缺点。它的优点是在委托作品工作未实施之前，委托人和艺术家就将作品从初步设计到创作以至于最后售出的一切问题都考虑到，并经充分协商后订立在合同中。双方对委托作品的整个创作至售出过程都能做到心中有数，可以有效避免日后误解和争议的产生。

五、艺术品展览租借合同

作品被借去展览，对于艺术家来说是一件好事。如果借展单位是一

个很有声望的机构，艺术家可能会因此而名声大振，为其将来在艺术上取得更大成功奠定基础。同时作品在展览过程中也有助于作品直接与作品收藏家们见面，增加作品的售出机会。

虽然作品的借展活动对于艺术家来说看似非常有利，但也正是借展活动，最容易使艺术家的利益受到侵害。作品在借展和运输过程中受到毁损、被盗或丢失现象时常发生。作品被借不还现象也时有所闻。这些已成为艺术家们最为担忧的问题。为防止此类问题的发生，最简便最得力的办法当然还是在借展时，签订一份较为周密的合同。这样，在将来即使出现了问题，双方都有据可查，避免互相扯皮。签订借展合同，应主要包括以下内容：

1. 作品出借人。有些艺术品属于某一个公司或单位所有。因此，一定要明确出借人是否有出借权。

2. 借展对象。被借出展览的作品应在借展合同中详加记载。

3. 借展目的。借展目的可以限定于研究，或者参加某一特定的展览活动，可能是参加巡回展览，也可以是限定在某一特定地点的展览。

4. 借展期限。

5. 租借费。艺术家的作品被借去参加公开展览，艺术家是否应当由此而得到租借费，这一直是一个有争议的问题。艺术家们认为自己的作品被借去展览当然应该得到租借费，而展览的主办单位往往稿件为自己支付不起这笔费用。在国外，向艺术家支付租借费正越来越为人们所接受。实践也证明，只要展览主办单位在做展览预算时将这笔费用打进去，是完全有能力支付得起的。艺术家可根据情况争取借展单位付费。

6. 与借展作品有关的费用。有些作品的展出，需要有专门的辅助材料和设备。在合同中应说明准备这些材料和设备的费用有多少，应当由谁来负担。这些费用一般应当由主办单位支付。

7. 借展作品的运送安排。主要明确运送作品的具体时间、地点、办法以及运输费用由谁承担。

8. 借展作品的返还安排。明确返还作品的时间、地点、办法以及运输费用由谁承担。

9. 作品的维护。借展作品应当得到适当保护，应明确在这方面的特殊要求。展览主办单位应当负责作品的维修和保护。作品出现问题，应当及时通知艺术家，由艺术家首先来完成作品的修复工作并得到相应的报酬。

如果借展作品第采用易损材料制作而成，缺乏耐久性，作品所出现的变化或损坏是由作品本身的原因所造成的，展览的主办单位就没有责任防止这种变化或损坏的发生，一旦发生，也没有责任完成其修复工作。

10. 作品的存放。作品应当怎样存放？存放在什么地方？作品的载体或材料有什么特殊性？需要采取什么特殊存放设施？

11. 作品的展览方法。作品应当怎样展出？是否需要特定的支架或装框？

12. 保险。主办单位在借展期间是否准备为作品投保？作品的保险金额是多少？是保全险，还是将运输除外？保险是否包括作品的灭失、被盗和毁损？

主办单位须知保险单也是一种合同，因此也有与保险公司协商的余地。保险单既是为了保护展览主办单位的利益，也是为了保护艺术家或出借人的利益。因此，双方应当认真协商，切实制订出对双方都有利的保险合同条款。

13. 著作权。借展作品是否涉及著作权问题？如果涉及，谁是著作权所有人？如果展览主办单位打算在展览目录中或进行展前宣传中复制该作品，著作权的问题尤其重要。因此借展合同一定得包括著作权条款。有些签订借展合同的人对著作权方面的法律知之甚少，往往错误地认为作品的所有人就自然是作品（原件）著作权的所有人。结果时常不知不觉地陷入著作权纠纷当中，给展览的主办单位带来无谓的麻烦和巨大的经济损失。

14. 借展作品的存档。有些借展主办单位或画廊希望对借展作品进行复制以便于存档。为此有关单位应当获得著作权所有人的许可，并且对许可条款加以严格限定，声明存档目的（例如做出三项承诺：合理保存档案；①不得为声明以外的其他目的使用或者许可他人使用有关档案材料；②档案机构撤销，所有材料全部归还著作权所有人）。

15. 署名。作品出借人是否希望在作品上署名？如果署名，怎样署。

16. 拒展权。所有展览的主办人都有权拒绝展出某一件作品。因为取得对某一作品的展出权并不等于就应承担展出的义务。如果主办人决定不展出某一位艺术家的某一件作品，该艺术家仍应得到约定的酬金。

17. 撤展权。艺术家是否有撤展权，一直是一项有争议的问题。有人担心艺术家滥用这一权利给展览主办人造成难以预料的困难。但实际上这种担心是没有必要的。因为作品展览是艺术家的生命线，如果没有特殊原因，他们是不会轻易撤展的。

18. 巡回展出。如果借展人打算对作品做巡回展览，须取得作品出借人的特许。在合同中对巡回展出中的运输方法、展览场地的温度、湿度、光线条件以及案例问题等都应做出具体规定。

六、肖像许可使用声明与肖像许可使用合同

自从 1987 年施行的《中华人民共和国民法通则》（以下称《民法通则》）第一百条确认了公民的肖像权以来，艺术家，特别是那些主要以人物为表现主题进行创作和生产的摄影艺术家，对于因侵犯公民的肖像权而引起的纠纷已不感到陌生，而且，由于频频被起诉到被告席，他们甚至感到了极大的压力，不由地发出"肖像权严重束缚了摄影者手脚"的感叹。尽管这种感叹有失偏颇，但它确实也多少反映了我国在有关肖像权保护与摄影创作保护立法方面的一些问题。确实，如果只有《民法通则》第一百条的原则规定，那么我们今天在报刊上看到的几乎所有涉及人物肖像的作品，都是有可能引发肖像权纠纷。幸而最高人民法院《关于贯彻执行〈中华人民共和国民法通则〉若干问题的意见（试行）》第一百三十九条对侵犯公民肖像权的行为作出限定，将这种侵权行为限制在"以营利为目的，未经公民同意利用其肖像做广告、商标、装饰橱窗等"范围之内。但是，这个限制范围仍然十分宽泛，一些概念，如"以营利为目的""肖像""广告"等，仍然十分模糊。更为重要的是，由于《新闻法》《出版法》等法律迟迟不能出台，我国公民依《宪法》第三十五条所享有的"言论、出版"自由，我国公民依《宪法》第四十七条所享有的艺术创作自由，由于没有一个明确的许可范围，因此在行使这些自

由权利时，就显得难以把握。此外，在摄影界，对于利用公民肖像进行创作和生产的行为，一方面是长期以来不大注重被摄者的合法权益，养成一种"唯我独尊"的不良习惯，另一方面是缺少一些可以操作的格式化法律文件，诸如肖像许可使用声明与合同，对肖像作品的使用加以规范。

对于以公民肖像进行创作和生产的行为，如何确定一个合理的范围，对于肖像及肖像权的概念，都是有许多值得研究的地方，但它们不是本文所要解决的问题。本文所要解决的，是试图给摄影界的朋友们介绍两种向模特和被摄者取得肖像许可使用的方法。这两种方法是，一、让模特或被摄者签署一份肖像许可使用声明。二、与模特或被摄者订立一份肖像许可使用合同。

（一）意义

我国《民法通则》第一百条规定："公民享有肖像权，未经本人同意，不得以营利为目的使用公民的肖像"。这一条规定从字面上来理解就是，公民有权控制对其肖像的使用，凡是将公民肖像进行商业性使用须经本人同意。在现实生活中将公民肖像进行商业性使用的情况很多，例如，把带有公民肖像的图片的照片复制发行，进行商业性展览，用于广告、商标，等等。按照法律规定，所有这些使用都得事先征求肖像所指的当事人即模特或被摄者的同意，否则就有可能构成对公民肖像权的侵害。一些摄影师和作品使用单位已经开始注意到这个问题，他们在使用带有公民肖像的作品前，或以口头以书面形式，向模特或被摄者征求使用许可，以避免日后发生纠纷。为了避免因使用公民肖像而产生的纠纷，最牢靠的办法就是向对方取得一个书面的许可使用声明或与对方订立一个书面的许可使用合同。当然，这件事刚开始做起来可能不习惯或不适应，被摄者亦有可能采取不合作或拒绝签字的态度，但在使用公民肖像之前征得本人同意这一道"手续"对一个严肃的摄影师或作品使用单位来说，都是不可缺少的。据了解，许多公民以自己的肖像能够被展览或复制发行而引以为荣，他们是愿意在这种声明或合同上签字的。我们相信，经过一段时间的实践，摄影师与被摄者之间将能够习惯于运用某种法律文件，解决因使用公民肖像而可能发生的问题，使摄影创作和肖像作品的商业使用纳入一个健康有序的法制轨道。

（二）肖像许可使用声明

"肖像许可使用声明"是模特或被摄者就带有其肖像的图片和照片在一定范围内许可他人使用所做出的单方面的意思表示。该声明人实际上也可以说是单方面放弃了某些对其肖像的使用的支配权。这种声明应当是自愿做出的。模特或被摄者可以向摄影师（即肖像作品的使用者）收取一定的报酬，也可以放弃这种报酬。这种声明与下面介绍的合同不同，它不是一种有偿"转让"，而是一种自愿"放弃"，即对于取得这项声明的当事人在许可的范围内的使用不予追究的意思。

这里要介绍的是两种格式化的"肖像许可使用声明"。样式之一（简易肖像许可使用声明）比较简单，看上去容易让人接受。该声明规定的使用范围仅仅包括发表、出版及参加影赛、影展，但这个使用范围对于大部分摄影师，尤其是对于进行业余摄影创作的"发烧友"来说，已经是足够了。

样式之二（普通肖像许可使用声明）比较复杂，使用范围包括了所有商业使用形式。通过这种声明取得的肖像使用许可，相当于把公民对其肖像进行商业性使用的控制权"全部取得"了，所以摄影师往往要支付较高的酬金。这种声明一般适用于正式聘请或雇用的模特，最好在对方接受酬金时请他或她一并在声明上签字。

（三）肖像许可使用合同

"肖像许可使用合同"是模特或被摄者与摄影师之间就带有肖像的图片和照片的使用所订立的协议。该合同对双方的权利和义务作出规定。在模特或被摄者一边，他或她的权利主要是获得酬金，他或她的义务主要是将带有自己肖像的图片和照片许可对方在一定范围内做商业使用。在摄影师一边，他或她的义务主要是向模特或被摄者的肖像在一定范围内作商业使用。这种合同可以看成是模特或被摄者将其对自己肖像使用的支配权"转让"给他人使用。肖像权是公民人身权的一种，是一种绝对权。这种转让与财产权的转让有什么区别，转让者是否有报酬请求权，这些理论问题学术界存在着很大分歧，只能在以后加以讨论了。

本书介绍的是一种格式化的"肖像许可使用合同"，使用范围是选择性的，模特或被摄者与摄影师双方可以"讨价还价"。

（四）注意事项

一般来说，当模特或被摄者是未成年人（18周岁以下者）时，必须由其父母或监护人签署"同意"书。这样的肖像许可使用声明或合同才具有法律效力。

摄影师一般应在拍摄活动结束后立即请被摄者在声明上签字，或与之订立合同，因为留待日后补签或补订往往会被遗忘或遇到麻烦。而且，所有得到签字的声明和合同应仔细归档保存，登记造册。带有被摄者肖像的照片（包括底片）应能够与有关的声明或合同文本对上号，切勿张冠李戴，那样即失去取得声明或订立合同的意义。在向被摄者取得肖像许可使用声明或被摄者订立肖像许可使用合同时，不一定非得有证人在场。当然，如果能找到一个证人并得到其签名，在以后发生纠纷时便容易澄清有关事实。

1. 填写或注明有关金额、姓名、日期

在酬金横线处填写具体数额（肖像许可使用合同数额应由双方根据模特业界市场价格确定，或根据肖像的具体用途酌定）填写模特或被摄者姓名及摄影师姓名，让模特或被摄者及证人签字，注明地址和日期。如果模特或被摄者是未成年人，则必须由其父母或监护人签字。

2. 注意有关条款内容

△弄清是否已将一笔钱，甚至是一笔象征性的数额，交付给被摄者，作为许可使用其肖像的酬金。

△是否仅许可摄影师本人使用，这种许可是否包括摄影师所希望向其转让权利的人（如广告商或Ｔ恤衫生产商）的使用。

△是否对带有公民肖像的图片或照片进行改动或加工。

△是否包括广告、商标等商业味十分浓厚的使用。

△这种许可是否不可变更。如果是可以变更的，则应对部分酬金的返还、提出变更请求的时间予以规定，并规定对已经发生的商业使用不

予追究。

△是否包括以任何合法——只要不是故意使当事人难堪——的任何形式的商业使用（即模特或被摄者是否对某些使用形式予以保留）。

△作品或制品的完成是否再经当事人最后审定和批准。

△这种使用是否有时间限制。

△模特或被摄者是否说明他或她已到达法定年龄（18周岁）。

△如果是未成年人，须有其监护人在肖像许可协议上签字。

3. 使用带有公民肖像的图片或照片非得取得许可吗？

上面介绍了肖像许可使用声明和肖像许可使用合同的内容，说明了取得这种声明和订立这份合同的意义和需要注意的问题。这里还要说明一点，即并非所有涉及使用公民肖像的行为都得征求模特或被摄者许可。例如，一般在公共场合及公众视野范围内拍摄的新闻照片，就无须经被摄者许可即可发表，属于个人欣赏而不作发表或任何其他非商业使用的照片也没有必要花钱去取得被摄者许可。简言之，只有当所拍摄的带有公民肖像的图片或照片，可能或准备用于发表或其他商业性使用时，才有必要向被摄者取得肖像许可使用声明，或与被摄者订立肖像许可使用合同。

第四编

艺术合同示范文本

摄影作品：2017·艾特金牛好回家

作者：周林

4.1 简易艺术品销售合同

甲方（艺术家）：＿＿＿＿＿＿＿＿＿　住址：＿＿＿＿＿＿＿＿＿

　　　　　　　　　　　　　　　　　电话：＿＿＿＿＿＿＿＿＿

乙方（买主）：＿＿＿＿＿＿＿＿＿　　住址：＿＿＿＿＿＿＿＿＿

　　　　　　　　　　　　　　　　　电话：＿＿＿＿＿＿＿＿＿

　　甲乙双方兹就艺术品销售事宜，同意订立本合同，约定条款如下，以资信守。

　　第一条（销售作品状况）

　　甲方将下述作品（以下简称"本作品"）售与乙方：

　　作品名称：＿＿＿＿＿＿＿＿＿＿＿＿＿＿＿＿＿＿＿＿

　　载体／制作材料：＿＿＿＿＿＿＿＿＿＿＿＿＿＿＿＿＿＿

　　规格／内框尺寸：＿＿＿＿＿＿＿＿＿　、＿＿＿＿＿＿＿＿

　　艺术家签名／创作时间：＿＿＿＿＿＿＿＿＿＿＿＿＿＿＿

　　第二条（所有权转移）

　　甲方根据本合同第四条之规定取得全部价款后，本作品（实物）的所有权转移给乙方。

　　第三条（价款）

　　本作品价款为＿＿＿＿＿＿＿元人民币。销售税及个人所得税甲乙双方各自负责向税务机关缴纳。

　　第四条（付款方法）

　　本合同签订后立即付款，一次结清。

第五条（作品交接）

_____ 方 负 责 将 本 作 品 于_____ 年_____ 月____ 日 前 运往_____。运输费（包括保险费）由_____方承担。

第六条（作品的毁损、丢失和保险）

从_____时起，本作品的毁损、丢失风险以及相关的保险费用由乙方承担。

第七条（著作权）

甲方对本作品保留著作权。未经甲方书面同意，包括乙方在内的任何人不得对本作品以任何方式进行商业复制。

第八条（合同份数）

本合同一式两份，甲乙双方各执一份为凭。

甲方：_____（签字）

乙方：_____（签字）

签订合同时间：_____年_____月_____日

4.2 普通艺术品销售合同

甲方（艺术家）：＿＿＿＿＿＿＿　　住址：＿＿＿＿＿＿＿＿＿＿＿＿

　　　　　　　　　　　　　　　　电话：＿＿＿＿＿＿＿＿＿＿＿＿

买方（买　主）：＿＿＿＿＿＿＿　　住址：＿＿＿＿＿＿＿＿＿＿＿＿

　　　　　　　　　　　　　　　　电话：＿＿＿＿＿＿＿＿＿＿＿＿

见证人：＿＿＿＿＿＿＿＿＿　　　　住址：＿＿＿＿＿＿＿＿＿＿＿＿

　　甲乙双方兹就艺术品销售事宜，同意订立本合同，约定条款如下，以资信守。

第一条（销售作品状况）

甲方将下述作品（以下简称"本作品"）售与乙方：

题目：＿＿＿＿＿＿＿＿＿＿＿＿＿＿＿＿＿＿＿＿＿＿＿＿＿＿＿＿

载体／制作材料：＿＿＿＿＿＿＿＿＿＿＿＿＿＿＿＿＿＿＿＿＿＿＿

规格／内框尺寸：＿＿＿＿＿＿＿＿＿＿＿＿＿＿＿＿＿＿＿＿＿＿＿

装框／装帧：＿＿＿＿＿＿＿＿＿＿＿＿＿＿＿＿＿＿＿＿＿＿＿＿＿

艺术家签名位置：＿＿＿＿＿＿＿＿＿＿＿＿＿＿＿＿＿＿＿＿＿＿＿

艺术家签名方式：＿＿＿＿＿＿＿＿＿＿＿＿＿＿＿＿＿＿＿＿＿＿＿

艺术家签名／创作时间：＿＿＿＿＿＿＿＿＿＿＿＿＿＿＿＿＿＿＿＿

有无残损及残损程度：＿＿＿＿＿＿＿＿＿＿＿＿＿＿＿＿＿＿＿＿＿

如本作品为限量复制作品，须注明下列情况：

复制方法：＿＿＿＿＿＿＿＿＿＿＿＿＿＿＿＿＿＿＿＿＿＿＿＿＿＿

版本规格：＿＿＿＿＿＿＿＿＿＿＿＿＿＿＿＿＿＿＿＿＿＿＿＿＿＿

版次：_____

经作者签名复制本数量：_____

未经作者签名复制本数量：_____

经编码数量：_____

未经编码数量：_____

现存样张数量：_____

第二条（所有权转移）

甲方根据本合同第四条之规定取得全部价款后，本作品（实物）的所有权转移给乙方。

第三条（价款）

乙方同意交付甲方本作品的价款_____元人民币。销售税及个人所得税甲乙双方各自负责向税务机关缴纳。

第四条 （付款方式）

甲乙双方商定按下述第_____种方法付款。

1. 本合同签订后立即付款，一次结清。

2. 本合同签订时付_____元人民币，其余款项在日内结清。

第五条 （作品交接）

_____方负责将本作品于_____年____月____日前运往_____。运输费（包括保险费）由_____方承担。

第六条 （作品的毁损、丢失和保险）

从_____时起，本作品的毁损、丢失风险以及相关的保险费用由乙方承担。

第七条（著作权归属）

甲乙双方商定按下述第_____种方法确定著作权归属。

1. 甲方对本作品保留著作权。未经甲方书面同意，包括乙方在内的任何人不得对本作品以任何方式进行商业复制。

2. 甲方对本作品保留著作权，但乙方在取得本作品（实物）的所有权之后，有权为非营利目的，复制、发行本作品。乙方的这种复制、发行行为，不另向甲方付酬。

3. 甲方声明，除保留署名权以外，因创作本作品而产生的著作权的其他权利，在按第四条规定取得全部价款后，连同本作品（实物）的所有权，一并转让给乙方。

第八条（作品的销毁）*

甲乙双方商定按下述第＿＿＿种方法处理作品的销毁。

1. 乙方购得本作品后欲放弃本作品，可将其归还甲方。未经甲方同意，乙方不得销毁，也不得许可他人销毁本作品。

2. 乙方购得本作品后，有权任意处置本作品，包括销毁本作品，甲方无权干涉。

第九条（作品的完整性）

乙方保证不得歪曲、破坏或以其他方式改变本作品。作品一旦被歪曲、破坏或改变，不论其为乙方所为还是为他人所为，甲方除享有精神权利损害赔偿权之外，还有权要求将其姓名从本作品上除掉，本作品不得再标明甲方为创作者。

第十条（作品的转售）*

乙方自取得本作品（实物）的所有权后，有权以任何方式和代价转卖本作品。如本作品以高于本合同第三条所定价格再次出售或转售，乙方同意将超出买入价部分的百分之＿＿＿＿＿付给甲方。

第十一条（作品的唯一性）*

甲方确认本作品是唯一的，并承诺不对本作品的全部或部分进行复制或变相复制。

第十二条 （作品的修复）

本作品一旦受损需要复原或修补，乙方应当就作品的修复办法征求甲方意见，并在可行的前提下给予甲方首先修复作品的机会。

第十三条（未尽事宜）

本合同如有未尽事宜，须经甲乙双方协商，另订补充协议。

第十四条（合同份数）

注：带 * 的为选择性条款。

本合同一式三份，甲乙双方及见证人各执一份为凭。

甲方： _____ （签字）

乙方： _____ （签字）

见证人： _____ （签字）

签订合同时间：_____年_____月_____日

附：艺术作品销售单。

艺术作品销售单 *

艺术家姓名： _____　　买主姓名： _____

　　地址： _____　　　　地址： _____

　　邮编： _____　　　　邮编： _____

　　电话： _____　　　　电话： _____

艺术品状况：

　　标题： _____

　　载体／制作材料： _____

　　规格／内框尺寸： _____

　　装框／或装裱： _____

　　艺术家签名位置： _____

　　艺术家签名方式： _____

如该艺术品为限量复制作品，则须申明下列情况：

　　复制方法： _____

---

* 　本销售单一式两份，双方各执一份为凭。

版本规格：_____

版次：_____

经作者签名数量：_____

未经作者签名数量：_____

经编码数量：_____

未经编码数量：_____

现存样张数量：_____

售价：_____

其他费用：_____

合计：_____

艺术家：_____（签字）

买主：_____（签字）

签字日期：_____年_____月 _____日

4.3 艺术品代销合同

甲方（艺术家）：_____ 身份证号码：_____

电话：_____ 住址：_____

乙方（画廊）：_____

电话：_____ 住址：_____

见证人：_____ 住址：_____

甲乙双方兹就艺术作品代销事宜，同意订立本合同，约定条款如下，以资信守。

第一条（代销数量）

乙方确认已收到甲方交来的作品共_____件（已全部列入代销作品清单）。

第二条（代销期间）

双方确定代销期为_____个月。

第三条（作品售价）

乙方须按照代销作品清单中所标售价出售作品。

第四条（作品的交接）

作品送交乙方时的包装、保险及运输责任和费用由_____方承担，代销期届满，作品归还甲方时的包装、保险及运输责任和费用由_____方承担。

第五条（佣金）

乙方为甲方代销作品，佣金为作品售价的百分之_____。

第六条（付款方式）

乙方须在每件作品售出收到货款后_____日内，按照代销作品清单所列售价扣除佣金后将甲方应得款项交付甲方。

第七条（作品的毁损、被盗和丢失责任）

乙方保证所有代销作品的安全，负担有关保险费用。如代销作品在乙方保管期间遭受毁损、丢失或被盗，乙方应立即通知甲方，并按代销作品清单所列作品售价扣除佣金后的金额负赔偿责任。

第八条（所得税）

所得税双方各自负责缴纳。

第九条（作品原件的所有权）

作品未售出之前的作品原件的所有权归甲方。作品一经售出，其所有权由乙方直接转移给买主。

第十条（著作权）

本合同代销之作品的著作权归甲方所有，未经甲方书面授权，乙方无权转让、许可或以其他方式处置作品的著作权。

第十一条（代销范围）

依据本合同，甲方只委托乙方代销"清单"中所列作品。甲方委托乙方代销其他作品，须另行签订合同。

第十二条（逾期代销）

本合同所确定的代销期届满，作品未售出，这些作品将在日内归还甲方。如甲方同意，这些作品也可以暂由乙方保管，在该保管期内所售作品，乙方有权按本合同的有关规定取得佣金。

第十三条（争议的解决）

双方因本合同的解释和履行发生争议，由双方协商解决。协商不成，按以下第_____种方式解决：

1.由_____仲裁机构仲裁。

2.向_____法院起诉，由法院裁决。

第十四条（合同份数）

本合同一式三份，甲乙双方及见证人各执一份为凭。

甲方：＿＿＿＿＿＿＿＿＿＿＿＿＿（签字）

乙方：＿＿＿＿＿＿＿＿＿＿＿＿＿（盖章）

乙方授权代表：＿＿＿＿＿＿＿＿＿（签字）

见证人：＿＿＿＿＿＿＿＿＿＿＿（签字）

签订合同日期：＿＿＿＿年＿＿月＿＿日

代销作品清单 *

	作品标题	载体/制作材料	规格/内框尺寸	装框/装帧	艺术家签名位置	艺术家签名方式	艺术家签名/创作时间	有无残损及残损程度	售价
1									
2									
3									
4									
5									
6									

甲方（艺术家）：_____（签字）

乙方（画廊授权代表）：_____（签字）

签字日期：_____年_____月_____日

注：本销售单一式两份，双方各执一份为凭。

4.4 艺术品展销代理合同

甲方（艺术家）：_____　　住址：_____

　　　　　　　　　　　　　　　　　电话：_____

买方（画廊）：_____　　　住址：_____

　　　　　　　　　　　　　　　　　电话：_____

见证人：_____　　　　　住址：_____

　　甲乙双方兹就乙方承办甲方的艺术作品展销事宜，订立本合同，约定条款如下，以资信守。

　　第一条（展销性质）

　　本次展销为：_____　甲、个人作品展。

　　　　　　　　　　　　　　　　　乙、集体作品展。

　　第二条（展销时间）

　　本次展销从_____年___月___日午时起，至_____年___月___日午时止。每日展销时间为上午____时至____时，下午____时至____时。

　　第三条（展销地点）

　　本次展销地点：_____

　　第四条（代理期间）

　　本次展销代理期间暂定为_____天。暂定展销期间届满后，如甲方未要求收回部分或全部作品，乙方也未要求退还部分或全部作品，展销代理继续有效。如一方提出返还作品，另一方须立即配合执行。

223

第五条（代理范围）

甲方只委托乙方代理展销本合同所附展销作品清单所列全部作品。对于未列入"清单"的其他甲方作品，乙方无权代理。

第六条（作品的交接）

作品运交乙方的包装、保险、运输责任和费用由_____方承担。展销代理期间终止后，作品归还甲方时的包装、保险、运输责任和费用由_____方承担。

包装要求：_____

运输方法：_____

保险类别：_____

作品在展销期间售出时的包装和运送责任由_____方承担。

第七条（展前准备）

画框、装帧、雕像垫座、作品挂靠材料以及其他作品展览必备材料由_____方准备，费用由_____方承担。展销结束后，上述材料归____方所有。

第八条（展品与样品相一致）

如甲方要求展销相同的作品若干件，须提前向乙方提供样品。如果在_____日内，乙方发现展销作品与样品在数量、规格、型号、风格或价格上与样品不符，有权拒绝展销这些作品。

第九条（展销费用的负担）

展销费用由甲乙双方分担，分担办法如下：

	甲方	乙方	预计费用
广告与公共关系费	_____	_____	_____
邀请函邮资费	_____	_____	_____
印刷费开展费和招待	_____	_____	_____
目录制作费	_____	_____	_____
摄影费	_____	_____	_____
其他	_____	_____	_____

第十条（最低销售额保证金）

乙方收取的最低销售额保证金为每星期_____元。如果在展销期间，销售金额超过了＿＿＿＿＿＿元，乙方不得再向甲方收取保证金。

第十一条（价格）

本次展销作品价格由双方共同商定（详见展销作品清单），该价格包括乙方佣金在内，给顾客的报价亦应包括乙方佣金。

第十二条（作品出售办法）

只有在买主预付作品全价百分之＿＿＿＿＿的定金或做出买定作品书面承诺后，方可在作品上面标贴"已售出"字样。但在展销结束之前，任何一方都无权将该作品移离展厅，双方另行商定者除外。

第十三条（佣金）

展销期间售出作品乙方按作品售价的百分之＿＿＿＿提取佣金。如乙方为甲方联系到了委托甲方创作新作品的订单，乙方可按该作品售价的百分之＿＿＿＿收取新作品联系费。但乙方在接收新作品订单时须事先征得甲方同意并向甲方提交新作品约定书。展销结束后30日内，甲方自行售出作品，亦应按展销期间的佣金比例向乙方交付佣金。

第十四条（客户赊欠风险的承担）

客户购得作品后赊欠价款的一切风险由乙方承担。

第十五条（书面报告）

展销结束后，乙方应向甲方提交有关销售、开支等情况的书面报告，同时提供买主的姓名和住址。

第十六条（作品售后价款转付办法）

乙方须在展销结束后30日内将乙方已经收取的应归甲方所有的一切款项交付甲方。售出作品价款如有未收取部分，乙方亦应在90日内收齐并将甲方应得部分交付甲方。购得作品的买主不履行付款义务的一切风险由乙方承担。

第十七条（作品毁损、丢失的保险和责任）

自乙方收到作品时起至作品送交买主或归还甲方时止，作品的毁损或丢失责任由乙方承担。乙方应以甲方名义按商定的作品售价的百分之＿＿＿＿为作品投交保险费。

第十八条（展厅布局的变动）

如乙方欲对展厅布局做较大变动可能影响到作品展销时，乙方须事先通知甲方。

第十九条（著作权）

本次展销全部作品的著作权归甲方所有。乙方有义务告知买主甲方为所购作品著作权所有人。著作权交易由甲方决定。

第二十条（其他展销活动安排）

未取得乙方书面同意，甲方不得在本次展销开始前或结束后____日内，也不得在本次展销期间在_____范围内的其他画廊举办本人作品的展销活动。

第二十一条（争议的解决）

双方因本合同的解释和履行发生争议，由双方协商解决。协商不成，按以下第____种方式解决：

1. 由_____仲裁机构仲裁。

2. 向_____法院起诉，由法院裁决。

第二十二条（合同的修改）

对本合同的修改、变更或增减，均须经双方协商后签署书面文件，作为本合同的组成部分，始具有同等效力。

第二十三条（合同份数）

本合同一式三份，甲乙双方及见证人各执一份为凭。

甲方（签章）：_____

乙方（盖章）：_____

乙方授权代表（签字）：_____

见证人（签字）：_____

签订合同日期：_____年_____月_____日

附：展销作品清单。

展销作品清单

编号	作品题目和特征	载体	售价	画廊佣金（％）
1	___	___	___	___
2	___	___	___	___
3	___	___	___	___
4	___	___	___	___
5	___	___	___	___
6	___	___	___	___
7	___	___	___	___
8	___	___	___	___
9	___	___	___	___
10	___	___	___	___
11	___	___	___	___
12	___	___	___	___
13	___	___	___	___
14	___	___	___	___
15	___	___	___	___

上述作品由画廊保管期间，画廊对其安全负全部责任。本清单一式两份，双方各执一份为凭。

艺术家：_____（签字）

画廊授权代表：_____（签字）

签字日期：_____年_____月_____日

4.5 艺术家与画廊艺术品展销长期代理合同

甲方（艺术家）：＿＿＿＿＿＿＿　住址：＿＿＿＿＿＿＿＿＿＿＿

电话：＿＿＿＿＿＿＿＿＿＿＿

买方（画廊）：＿＿＿＿＿＿＿　住址：＿＿＿＿＿＿＿＿＿＿＿

电话：＿＿＿＿＿＿＿＿＿＿＿

见证人：＿＿＿＿＿＿＿＿＿＿　住址：＿＿＿＿＿＿＿＿＿＿＿

甲乙双方经协商一致，达成本艺术品展销长期代理合同。

第一条（代理范围）

甲方授权乙方在（＿＿＿＿＿＿＿＿＿＿＿＿国家、省、市）区域内独家代理甲方（说明是全部作品还是只有绘画、蚀刻画或雕刻等）的展览和销售事宜。

第二条（代理期间）

本合同所指代理期间为＿＿＿＿＿＿＿，在此期间内，任何一方在提前 30 日通知对方的条件下，在任何时候都有权解除本合同。遇有下列情形之一，本合同自动终止：

1. 甲方死亡。

2. 乙方迁往＿＿＿＿＿＿＿区域之外。

3. 乙方破产。

合同终止时，依据本合同乙方保管的全部作品应立即返还甲方。

第三条（展销）

在本合同有效期内，乙方每_____个月至少要举办一次甲方作品的个人展览。甲方对作品的展览风格以及为了宣传或广告目的而复制的作品的质量享有控制权，如乙方不能完成本合同规定的展览次数或者不能尽全力有效地宣传和推销甲方的作品，甲方有权在提前 60 日通知乙方的条件下终止本合同。

第四条（作品交接）

作品运交乙方的包装、保险、运输费用由_____方负责。作品运离乙方的包装、保险、运输费用由_____方负责。

包装方法：_____

运输方法：_____

保险类型：_____

运输保险金额由双方协商确定。在展览地售出作品的包装和运送由乙方负责。

第五条（展前准备工作）

展览所需要的画框、垫座、装帧、悬挂支撑材料以及其他辅助材料由_____方提供并由_____方承担费用。展览结束后，上述全部材料 归_____方所有。

第六条（展销费用）

展销费用按下列安排由双方分担：

	甲方／乙方	预计金额
广告和公关费	_____	_____
邀请函邮资费	_____	_____
印刷费	_____	_____
开展费和招待费	_____	_____
目录制作费	_____	_____
摄影费	_____	_____
其他	_____	_____

第七条（最低销售额保证金）

乙方每星期可收取_____元最低销售额保证金。如在展销期间，作品销售金额超过_____元，乙方不得向甲方收取保证金。

第八条（作品价格）

展销作品价格由双方共同商定（详见"作品接收单"），该价格包括乙方佣金。

第九条（作品售出办法）

在买主预付作品全价百分之_____的定金或做出买定作品书面承诺后，在作品上方可标贴"已售出"字样。但在展览结束之前，任何作品不得搬离展览地。双方协商一致同意搬离的除外。

第十条（佣金）

1. 乙方对在乙方经营场所售出的作品，一律收取作品售价百分之_____的佣金。

2. 经乙方联系或安排，甲方接受他人委托创作新作品所获利益，应按作品售价的百分之_____向乙方交付佣金。在本合同存续期间，未经乙方联系或安排，甲方接受他人委托创作新作品所获利益，应按作品售价的百分之_____向乙方交付佣金。

3. 对甲方未经乙方安排所获得的版税，或因著作权转让所获利益，乙方不取佣金；但上述利益系由乙方安排成交所获，乙方收取百分之_____的佣金。

第十一条（甲方直销作品）

甲方每年可自行销售_____件作品而无需交付乙方佣金。如甲方自销量超过_____件时，对超过部分应按百分之_____向乙方交付佣金。

第十二条（作品售后价款转付方法）

1. 一次性总付：乙方在收到买主一次性付款 30 日内，应在扣留佣金后，将其余作品销售价款交付甲方。

2. 分期交付：乙方每次收到买主分期付款后，均须按照甲乙双方应得的比例份额，在 30 日内将甲方应得份额交付甲方，直至分期付款全部付清，甲方取得全部应得份额为止。

买主拖延付款的全部责任由乙方承担。买主延迟付款，乙方仍须在 90 日内将作品销售价款中甲方应得份额如数交付甲方。

第十三条（甲方直销作品售后佣金交付办法）

根据本合同第十一条约定，甲方向乙方交付的佣金，按下列办法交付：

1. 一次性交付：甲方在收到买主一次性付款后，须在 30 日内将乙方应得佣金交付乙方。

2. 分期交付：甲方每次收到买主分期付款后，均须在 30 日内按照乙方应得比例份额将佣金交付乙方。

第十四条（账目报告）

乙方须及时按季度向甲方报告账目，第一次账目报告须在＿＿＿＿年＿＿＿月＿＿＿日做出。账目报告内容须包括每件已售出作品的名称、售出日期、售价、买主姓名和地址、甲乙双方各自应得金额，以及仍寄存于乙方尚未售出作品情况。

第十五条（账簿审查）

乙方须将其与甲方或者代表甲方与他人所做的每一笔业务准确记入账簿。乙方在得到甲方书面请求后得允许甲方或者甲方授权代表在正常营业时间内对账簿及有关材料予以审查。如经审查发现差错并给甲方造成损失，乙方须交付审查费用并及时偿付因账簿及有关材料的差错给甲方带来的损失。

第十六条（作品丢失和毁损）

自乙方接收作品时起至作品归还甲方或送交买主时止，乙方对代销作品的丢失或毁损负全部责任。代销作品丢失或毁损不能恢复原状时，甲方将视同作品已按照作品接收单上的作品标价售出而得从乙方取得相同数额的价款。如决定对作品予以修复，甲方享有首先参加修复及获得相应补偿的权利，甲方对其他参加修复的人选享有否决权，但该否决权不得滥用。

第十七条（保险）

乙方须按照不低于作品接收单上所标作品售价的百分之＿＿＿的数额对作品投保被盗、毁损、丢失等。作品一旦被盗、毁损或遭受其他损失，乙方须赔偿甲方的损失。

第十八条（著作权）

本合同所指全部作品著作权归甲方所有。乙方有义务告知买主甲方为所买作品著作权人。未经甲方书面同意，乙方不得转让或许可他人使用甲方作品的著作权。

第十九条（合同转让）

任何一方未取得另一方书面同意都不得转让本合同。

第二十条（合同的修改）

本合同业经双方协商一致。本合同各项条款不得随意修改，如需修改得由双方另行签订书面协议。

第二十一条（争议的解决）

双方因本合同的解释和履行发生争议，由双方协商解决。协商不成，按以下第_____种方式解决：

1._____仲裁机构仲裁。

2._____法院起诉，由法院裁决。

第二十二条（合同份数）

本合同一式三份，甲乙双方及见证人各执一份为凭。

甲方：_____（签字）

乙方：_____（盖章）

乙方代表：_____（签字）

见证人：_____（签字）

签订合同时间：_____年____月____日

附：作品接收单及艺术作品销售账目报告单。

作品接收单

今收到＿＿＿＿＿＿＿＿＿＿＿＿的艺术作品共＿＿＿＿＿＿件。

（艺术家姓名）

各作品特征如下：

　　　　　　　　名　称　　　　　　载　体　　　　　规　格

售价　　佣金

1. ＿＿＿＿＿＿　＿＿＿＿＿＿　＿＿＿＿＿＿　＿＿＿＿＿＿　＿＿＿＿＿＿
2. ＿＿＿＿＿＿　＿＿＿＿＿＿　＿＿＿＿＿＿　＿＿＿＿＿＿　＿＿＿＿＿＿
3. ＿＿＿＿＿＿　＿＿＿＿＿＿　＿＿＿＿＿＿　＿＿＿＿＿＿　＿＿＿＿＿＿
4. ＿＿＿＿＿＿　＿＿＿＿＿＿　＿＿＿＿＿＿　＿＿＿＿＿＿　＿＿＿＿＿＿
5. ＿＿＿＿＿＿　＿＿＿＿＿＿　＿＿＿＿＿＿　＿＿＿＿＿＿　＿＿＿＿＿＿
6. ＿＿＿＿＿＿　＿＿＿＿＿＿　＿＿＿＿＿＿　＿＿＿＿＿＿　＿＿＿＿＿＿
7. ＿＿＿＿＿＿　＿＿＿＿＿＿　＿＿＿＿＿＿　＿＿＿＿＿＿　＿＿＿＿＿＿
8. ＿＿＿＿＿＿　＿＿＿＿＿＿　＿＿＿＿＿＿　＿＿＿＿＿＿　＿＿＿＿＿＿
9. ＿＿＿＿＿＿　＿＿＿＿＿＿　＿＿＿＿＿＿　＿＿＿＿＿＿　＿＿＿＿＿＿
10. ＿＿＿＿＿＿　＿＿＿＿＿＿　＿＿＿＿＿＿　＿＿＿＿＿＿　＿＿＿＿＿＿
11. ＿＿＿＿＿＿　＿＿＿＿＿＿　＿＿＿＿＿＿　＿＿＿＿＿＿　＿＿＿＿＿＿
12. ＿＿＿＿＿＿　＿＿＿＿＿＿　＿＿＿＿＿＿　＿＿＿＿＿＿　＿＿＿＿＿＿

接收作品目的：（　）销售（　）展览

期　限：自＿＿＿＿年＿＿＿＿月＿＿＿＿日至＿＿＿＿年＿＿月＿＿＿＿日。

以上作品在归还艺术家前，如出现丢失或毁损现象，作品接收人负全部赔偿责任。赔偿金额不低于作品售价与委托酬金之差。一旦艺术家提出返还作品要求，作品接收人应将全部作品予以返还。上述作品著作权归艺术家所有。

作品接收人：＿＿＿＿＿＿＿＿＿＿＿＿（签字）

日期：＿＿＿＿＿＿年＿＿＿＿月＿＿＿＿日

_____画廊艺术作品销售账目报告单

艺术家姓名：_____

代理期间：_____年_____月_____至_____年_____月_____日

买主姓名和住址：_____

艺术家应得金额：_____

作品名称	标价	售价	艺术家应得金额	佣金
1.				
2.				
3.				
4.				
5.				
6.				
7.				
8.				
9.				
10.				
11.				
12.				

合计：_____

艺术家已收预付金：_____

时间：_____年_____月_____日　　　金额：_____

扣除预付金后艺术家应得总金额：_____

未售出作品：

作品名称		作品名称
1. _____		6. _____
2. _____		7. _____
3. _____		8. _____
4. _____		9. _____
5. _____		10. _____

4.6 个体画商艺术品代销合同

甲方（艺术家）：＿＿＿＿＿＿　住址：＿＿＿＿＿＿＿＿

买方（代理商）：＿＿＿＿＿＿　住址：＿＿＿＿＿＿＿＿

见证人：＿＿＿＿＿＿＿＿　住址：＿＿＿＿＿＿＿＿

乙方确认已接收甲方交来的下列作品共＿＿＿＿＿＿件。

	题目	载体	规格	售价	佣金
1.	＿＿＿	＿＿＿	＿＿＿	＿＿＿	＿＿＿
2.	＿＿＿	＿＿＿	＿＿＿	＿＿＿	＿＿＿
3.	＿＿＿	＿＿＿	＿＿＿	＿＿＿	＿＿＿
4.	＿＿＿	＿＿＿	＿＿＿	＿＿＿	＿＿＿
5.	＿＿＿	＿＿＿	＿＿＿	＿＿＿	＿＿＿
6.	＿＿＿	＿＿＿	＿＿＿	＿＿＿	＿＿＿
7.	＿＿＿	＿＿＿	＿＿＿	＿＿＿	＿＿＿
8.	＿＿＿	＿＿＿	＿＿＿	＿＿＿	＿＿＿
9.	＿＿＿	＿＿＿	＿＿＿	＿＿＿	＿＿＿
10.	＿＿＿	＿＿＿	＿＿＿	＿＿＿	＿＿＿
11.	＿＿＿	＿＿＿	＿＿＿	＿＿＿	＿＿＿
12.	＿＿＿	＿＿＿	＿＿＿	＿＿＿	＿＿＿

甲乙双方经协商一致，兹就甲方委托乙方代销上述作品签订本合同。

第一条（作品销售）

乙方将按照本合同所标作品售价出售作品。

第二条（付款办法）

乙方在接受买主支付的作品价款后日内，按照每件作品的售价，在扣留佣金后，将其余价款交付甲方。

第三条（其他费用）

甲方除按作品实际售价支付乙方商定的佣金外，不支付任何其他费用。

第四条（归还作品）

一旦接到甲方书面请求，乙方应立即将全部未售出作品归还甲方。

第五条（赔损）

在本合同存续期间，作品丢失、被盗或毁损，乙方须立即通知甲方，并按作品售价扣除佣金后的金额赔偿甲方损失。

第六条（争议的解决）

双方因本合同的解释和履行发生争议，由双方协商解决。协商不成，按以下第＿＿＿＿＿＿种方式解决：

1. 由＿＿＿＿＿＿＿＿＿＿＿＿＿＿＿＿＿＿＿＿＿＿＿＿＿＿仲裁机构仲裁。

2. 向＿＿＿＿＿＿＿＿＿＿＿＿＿＿＿＿＿＿＿＿＿法院起诉，由法院裁决。

第七条（合同份数）

本合同一式三份，甲乙双方及见证人各执一份为凭。

　　　　　　　甲方：＿＿＿＿＿＿＿＿＿＿＿＿＿＿＿＿＿＿＿＿＿（签字）

　　　　　　　乙方：＿＿＿＿＿＿＿＿＿＿＿＿＿＿＿＿＿＿＿＿＿（签字）

　　　　　　　见证人：＿＿＿＿＿＿＿＿＿＿＿＿＿＿＿＿＿＿＿＿（签字）

　　　　　　　签订合同时间：＿＿＿＿＿年＿＿＿＿月＿＿＿＿日

4.7 委托作品初步设计合同

甲方（艺术家）：_____ 住址：_____

电话：_____

乙方（委托人）：_____ 住址：_____

电话：_____

甲乙双方兹就委托作品初步设计事宜，同意订立本合同，约定条款如下，以资信守。

第一条（设计方案交付）

甲方须于_____年_____月_____日前向乙方交付下列作品的设计方案：

作品内容：_____

作品规格：_____

使用材料：_____

设计方案的形式为：模型（　　）草图（　　）。

第二条（设计方案接收）

乙方在接到设计方案后_____天之内通知甲方对设计方案是否采纳，以及是否有意着手作品的正式创作工作。

第三条（备份）

如果得到乙方的书面请求，甲方最多可向乙方另外提供套本作品的附加设计方案。

第四条（设计费）

在接到设计方案后，乙方须立即支付甲方设计费_____元人民币。如果乙方依据本合同第三条请求提供附加设计方案，对每套设计方案，乙方应支付甲方附加设计费_____元人民币。

第五条（著作权归属）

本作品全部设计方案（包括附加设计方案）的著作权归甲方所有。

第六条（委托作品合同）

如果乙方决定采纳设计方案，有意开始作品正式创作工作并通知了甲方，双方须另行签订书面委托作品合同。

第七条（设计方案采纳后的部分改动）

在完成委托作品过程中，对设计方案的一切重大改动须经双方一致同意。

第八条（合同的终止）

1. 在设计方案交付前双方均可以书面通知对方终止本合同。但乙方提出终止合同，如非因甲方未能按照本合同第一条规定的时间交付设计方案，乙方仍应按照本合同第四条规定支付甲方全部设计费。

2. 设计方案交付后，如果乙方未能按照本合同第二条规定的时间批准设计方案，甲方可终止本合同。但乙方仍须按照本合同第四条规定支付甲方全部设计费。

3. 无论何方提出终止本合同，设计方案（包括附加设计方案）的一切权利均归甲方所有。

第九条（合同份数）

本合同一式两份，甲乙双方各执一份为凭。

甲方（签字）：_____

乙方（签字）：_____

签字日期：_____年_____月_____日

4.8 委托作品创作合同

甲方（艺术家）：_____ 住址：_____

电话：_____

乙方（委托人）：_____ 住址：_____

电话：_____

甲乙双方经协商一致，特订立本委托作品创作合同：

第一条（委托作品）

甲方同意接受乙方委托，在_____年_____月_____日之前完成下列作品：

作品基本情况：_____

规格：_____

使用材料：_____

第二条（付酬）

1.作为甲方创作本作品的酬金，乙方同意交付甲方人民币共____元，并按下列方式分期交付：

（1）本合同签字时交付三分之一，计_____元人民币。

（2）作品完成三分之二，乙方接到甲方有关通知时交付三分之一，计_____元人民币。

（3）作品全部完成，乙方接到甲方有关通知时交付三分之一，计_____元人民币。

2. 根据本合同第七条的规定，甲方在接到全部酬金以前对本作品享有所有权以及其他一切相关权利。

第三条（作品的接收）

甲方应尽其全部创作才能和审美能力创作本作品。乙方如不能证明作品的完成，存在与本合同第一条规定不符之处，得及时接收已完成的作品。

第四条（接触作品）

本作品如在现场创作，乙方应当安排甲方或甲方的授权代表人在适当的时间里接触作品。本作品如不在现场创作，乙方在采取适当形式通知甲方的条件下，可视察本作品。

第五条（作品的运送办法）

本作品如不在现场创作，＿＿＿＿＿＿＿方应负责安排将本作品在完成后于＿＿＿＿＿年＿＿＿＿＿月＿＿＿＿＿日运往现场。本作品的运输费用，包括包装费、运输费、保险费由＿＿＿＿＿方负责。

第六条（作品的销售）

作品完成送往现场后，双方应签订本作品的销售合同。

第七条（合同终止）

1. 乙方在书面通知甲方的条件下随时可以终止本合同，但须依据本合同交付至通知送达时止甲方已完成工作部分的酬金。

2. 乙方不遵守本合同第二条规定，延迟交付甲方酬金超过日，甲方有权书面通知乙方终止合同，并可对乙方的违约行为提起诉讼。

3. 根据本条第1款和第2款规定终止合同后，本作品的所有权以及一切有关权利归甲方所有。同时甲方还享有完成、展出、销售本作品及其初步设计方案的专有权利。

4. 甲方（艺术家）死亡，本合同自然终止，但是：

（1）甲方的财产继承人有权获得甲方已取得和应当取得的酬金。

（2）乙方有权以继续完成本作品为唯一目的占有本作品的初步设计方案和尚未完成的作品，但是本作品必须由甲方财产继承人和乙方共同认可的艺术家完成。

如果乙方决定不再委托另一艺术家完成本作品，则全部初步设计方案材料，以及尚未完成的作品，即时成为甲方财产继承人的财产，乙方应将上述全部材料和作品归还甲方财产继承人。

第八条（合同转让）

本合同任何一方未经对方书面同意不得转让本合同。但甲方有权转让其依据本合同所得酬金。

第九条（争议的解决）

双方如因本合同的解释和履行发生争议，由双方协商解决。协商不成，按以下第_____种方式解决：

1. 由_____仲裁机构仲裁。

2. 向_____法院起诉，由法院裁决。

第十条（合同份数）

本合同一式两份，双方各执一份为凭。

甲方（签字）：_____

乙方（签字）：_____

签订合同日期：_____年_____月_____日

4.9 委托作品销售合同

甲方（艺术家）：_____ 住址：_____

电话：_____

乙方（买主）：_____ 住址：_____

电话：_____

甲乙双方经协商一致，签订作品销售合同如下：

第一条（作品状况）

1. 题目：_____

2. 载体：_____

3. 尺寸：_____

4. 作者：_____

第二条（付款办法）

自本合同生效时一次性支付完毕。

第三条（署名权）

乙方应当向公众提供本作品作者姓名，并与作品一起公开展示。

第四条（作品的损坏、修改与维修）

乙方无正当理由不得以任何方式对本作品予以破坏、修改，乙方负责保持作品清洁，并负责作品的维修和保护。

第五条（作品修复）

在甲方有生之年，本作品的一切修复工作都须得到甲方的书面同意。

242 如果乙方按照甲方的住址书面征求甲方意见，在_____日内未收到甲方答复，视为甲方已同意。在切实可行的情况下，甲方应当优先得到完成本作品修复工作的机会并取得相应的报酬。如果由于技术或材料原因，作品在交付一年内需要修复，应由甲方尽全力无偿完成作品的修复工作。

第六条（合同份数）

本合同一式两份，甲乙双方各执一份为凭。

甲方（签字）：＿＿＿＿＿＿＿＿＿＿＿＿＿＿＿＿

乙方（签字）：＿＿＿＿＿＿＿＿＿＿＿＿＿＿＿＿

签订合同日期：＿＿＿＿＿年＿＿＿＿月＿＿＿＿日

4.10 委托作品合同

甲方（艺术家）：_____　　住址：_____

　　　　　　　　　　　　　　　　　　电话：_____

乙方（委托人）：_____　　住址：_____

　　　　　　　　　　　　　　　　　　电话：_____

见证人：_____　　　　　　住址：_____

　　本合同甲方为专业艺术家，乙方为专业艺术商。本着推介、提高中国当代艺术的目的，双方经友好协商，现就乙方出资委托甲方以甲方所特有的艺术风格为乙方创作一件作品（以下简称"本作品"），甲方同意接受乙方的委托，订立本委托作品合同。甲乙双方充分明了下述条款的含义，兹一一列出，共同信守。

　　第一条（初步设计方案）

　　甲方同意按照_____（草图、模型）的形式创作本作品初步设计方案。乙方同意在本合同签字时就创作该初步设计方案向甲方交付初步方案设计费_____元人民币。甲方同意根据下列作品标准和要求创作本作品的初步设计方案：

　　题目_____　载体_____

　　尺寸_____　价格_____

　　说明_____

　　甲方在本合同签订之日起_____日内向乙方交付本作品初步设计方案。乙方可以在收到该初步设计方案_____日内提出修改意见，甲方应根据乙方的意见进行修改。

第二条（酬金交付办法）

甲方在收到乙方批准本作品初步设计方案书面通知后，即着手本作品的正式创作工作。为此乙方须交付甲方酬金共_____元人民币，并按照下列办法分期交付：

乙方发出批准初步设计方案书面通知后交付百分之_____，本作品完成百分之_____后交付百分之_____，本作品全部完成后交付百分之_____。在本作品的创作过程中，甲方所付出的下列费用应当由乙方及时交付：_____。

本作品是否正式完成应由甲方决定。甲方应及时将创作进度通知乙方，乙方在收到进度通知两周内，按本条规定的付款方式付款，逾期未能付款，未交付部分款项应按百分之_____利率计算利息，乙方在向甲方发出合理的通知条件下，有权视察正在创作中的本作品。

第三条（作品交付日期）

甲方同意在收到乙方初步设计方案书面批准书_____日内完成本作品。遇有甲方因疾病延误作品的创作情形，及材料短缺等甲方无法控制的情况发生时，本作品的完成日期顺延。

第四条（作品的保险、运输和安装）

在本作品交付乙方前，作品因火灾、盗窃或其他损失风险的投保费用由甲方负责。本作品受到火灾、盗窃等损失时，甲方应利用保险金重新创作作品。作品完成后，应运往_____，交付乙方。作品的运输费由_____承担。甲方应协助乙方完成安装本作品任务。

第五条（合同的终止）

在下列条件下，可以解除本合同：

1.根据本合同第一条规定，乙方未批准初步设计方案，甲方有权保留已收取酬金，解除本合同。

2.乙方在根据本合同第二条规定按照作品的完成进度付清相应的酬金后，有权解除本合同。乙方可以要求甲方就本作品的情况提出准确的评估报告。

3.乙方延期60日未按照本合同第二条规定的时间向甲方交付应当交付的酬金，甲方有权解除本合同，同时还可以对乙方的行为提起诉讼。

4. 甲方在本合同第三条规定的本作品完成日期届满 90 日后仍无正当理由未能完成本作品，乙方有权解除本合同。在此情况下，甲方应当向乙方返还根据本合同第二条所取得的一切酬金。

5. 根据本合同第三条规定，甲方因疾病推迟完成本作品超过 6 个月，或者因甲方无法控制的原因逾期 1 年后仍未完成本作品，乙方有权解除本合同。但是甲方可以占有根据本合同第一条和第二条规定所取得的酬金。

6. 甲方（艺术家）死亡，本合同自动终止。但甲方的财产继承人可以占有根据本合同第一条和第二条规定甲方所取得的酬金。

7. 根据本条规定行使合同解除权时，须书面通知对方，以作为解除合同的凭据。

第六条（所有权）

甲方未取得全部酬金前，本作品所有权归甲方。根据本合同第五条第 1、2、3、4 款规定解除本合同时，甲方保留本作品的一切权利，并且有权继续完成、展览和出售本作品，根据本合同第五条第 5、6 款规定解除本合同时，不论本作品的完成情况如何，本作品的所有权归乙方，乙方有权继续完成、展览和出售本作品。

第七条（著作权）

本作品为委托作品。甲方在按照第二条规定取得全部酬金后，甲方对本作品、本作品初步设计方案只享有署名权，其他权利由乙方享有。

第八条（隐私权）

乙方在按照第二条规定向甲方交付全部酬金后，在涉及本作品、本作品的初步设计方案的复制和销售方面，可以利用包括展览、广告、销售等各种形式，在任何媒体上，以任何方式使用甲方的姓名、照片、肖像，不构成对甲方的隐私权和其他人身权利的侵犯。

第九条（作品的毁损、更改和维护）

乙方在接收本作品后，如有修改，不论出于有意还是无意，也不论由乙方直接所为还是由他人所为，未经甲方书面同意，本作品都不能继续代表甲方的作品。乙方应保证本作品得到适当的维护。

第十条（作品的修复）

在甲方（艺术家）有生之年，本作品的一切修复工作都应得到甲方的书面同意。在切实可行的条件下，甲方应当优先得到完成本作品修复工作的机会，并取得相应的报酬。

第十一条（作品的复制）

本作品原件及本作品初步设计方案原件的所有权归乙方。甲方确认本作品是唯一的，甲方承诺不对本作品全部或部分复制或变相复制。

第十二条（接触作品的权利）

甲方有权为非营利目的接触本作品，对本作品摄影拍照，乙方无正当理由不得拒绝，但甲方须事先通知乙方；甲方如借展本作品，须与乙方另外签订书面协议。

第十三条（合同的转让）

本合同的任何一方未事先取得对方的书面同意，不得转让本合同。但是甲方有权转让根据本合同所取得的酬金。

第十四条（争议的解决）

双方因本合同的解释和履行发生争议，由双方协商解决。协商不成，按以下第_____种方式解决：

1. 由_____仲裁机构仲裁。

2. 向_____法院起诉，由法院裁决。

第十五条（通知的发出和住址的变更）

甲方应按照如下住址向乙方发出通知：_____

乙方应按照如下住址向甲方发出通知：_____

任何一方更改住址，须事先书面通知对方。

第十六条（合同份数）

本合同一式三份，甲乙双方及见证人各执一份为凭。

甲方：_____（签字）

乙方：_____（签字）

见证人：_____（签字）

签订合同日期：_____年_____月_____日

4.11 设计插图合同

甲方（插图艺术家）：＿＿＿＿＿＿ 住址：＿＿＿＿＿＿＿＿＿＿

电话：＿＿＿＿＿＿＿＿＿＿

乙方（出版商）：＿＿＿＿＿＿＿ 住址：＿＿＿＿＿＿＿＿＿＿

电话：＿＿＿＿＿＿＿＿＿＿

甲乙双方经协商一致，就设计插图事宜达成协议如下，兹一一列明，以资信守：

第一条（设计标的）

甲方接受乙方委托，为《＿＿＿＿＿＿＿＿》一书设计插图　　幅，每幅尺寸为＿＿＿＿＿＿＿＿。

第二条（酬金）

乙方须按照下列方式向甲方交付酬金：

1. 本合同签订时付＿＿＿＿＿＿元。

2. 接受插图时付＿＿＿＿＿＿元。

3. 图书出版后，按照版税率＿＿＿%，乙方于每年 3 月 30 日前，向甲方支付报酬。

第三条（交稿期限）

1. 甲方在本合同签字之日起＿＿＿＿＿日内将全部插图稿交付乙方。

2. 在上款同一时间内甲方还须向乙方交付插图说明书，以说明创作中将采用的艺术技巧和制作工艺。

第四条（未按时交稿处理办法）

如果甲方不能按时交付插图稿，乙方可选择采取下列措施（请在 1. 或 2. 前划√）：

1. 延长作品交付期限。

2. 解除合同。乙方决定解除合同时，甲方须退还全部已取得酬金，但可保留与插图有关的全部权利。乙方同时有权对甲方的违约行为提起诉讼。

第五条（插图之修改）

1. 乙方收到插图稿后，如认为有修改必要，须在_____日内书面通知甲方，逾期将视为乙方已接受甲方的插图。

2. 乙方收到插图稿后，如认为有修改必要，乙方可商请甲方无偿加以修改或重新设计。如甲方不愿修改或重新设计，乙方可解除本合同，但须将插图稿退还甲方，甲方可保留第二条第_____款所得酬金。

第六条（甲方保证）

甲方保证所有插图：

1. 均为本人原作。

2. 不侵犯他人著作权或其他任何权利。

3. 非淫秽、诋毁性或其他性质的非法作品。

第七条（著作权）

1. 甲方所设计之插图，其作为图书插图的专有出版权所有，但乙方在行使此项权利时，受本合同第九条及第十条规定的限制。

2. 甲方可将本插图设计用于展览及出版个人作品集。

第八条（插图原件所有权）

插图原件所有权归甲方所有。乙方在本书出版后或自本合同签订之日起四年内须将全部插图原件归还甲方。归还时间以上述两项条件最先到达者为准。

第九条（收回作品的权利）

如果乙方在接收插图稿后四年内未能出版发行或要求他人出版发行本书，视为乙方已放弃对插图稿的所有权利；如甲方提出书面请求，乙方应将对插图作品的一切权利交还甲方。

第十条（乙方破产）

乙方宣告破产或为了债权人的利益出让财产或作其他安排时，依据本合同乙方取得的一切权利立即自动返还甲方，但已经行使的、许可使用的或依据本合同有关条款转让的权利除外。乙方有权出售现存的带有插图的图书。

第十一条（争议的解决）

双方因本合同的解释和履行发生争议，由双方协商解决。协商不成，按以下第_____种方式解决：

1. 由_____仲裁机构仲裁。

2. 向_____法院起诉，由法院裁决。

第十二条（合同份数）

本合同一式两份，甲乙双方各执一份为凭。

甲方：_____（签字）

乙方：_____（盖章）

乙方授权代表：_____（签字）

签订合同日期：_____年_____月 _____日

4.12 设计封面合同

甲方（艺术家）：_____　住址：_____

电话：_____

乙方（出版商）：_____　住址：_____

电话：_____

甲乙双方经充分协商一致，兹就甲方为乙方欲出版的《_____》一书设计封面事宜达成协议如下：

第一条（主题）

本封面设计主题为_____。

第二条（具体要求）

本封面设计需使用_____种颜色，尺寸为_____。

第三条（交稿期限）

1. 在_____年____月____日前，甲方须向乙方交付本封面设计初稿_____件。

2. 乙方须在收到初稿后_____日内将选定的初稿通知甲方。

3. 甲方须在接到乙方上述通知后_____日内向乙方交付成稿。

4. 乙方可要求甲方对成稿做细微改动，未经甲方书面同意，乙方不得请求甲方以外的任何人对成稿予以修改。

第四条（甲方保证）

甲方保证本封面设计为本人创作，不侵犯他人权益。

第五条（著作权）

1. 甲方所设计封面，其著作财产权归乙方所有，但甲方可将本封面设计用于展览及出版个人作品集。

2. 在本书出版及作其他利用时，应当注明甲方为设计者。

第六条（原件所有权）

本封面设计原件所有权归甲方所有。乙方在本书出版后或自本合同签订之日起四年内须将全部原件归还甲方。归还时间以上述两项条件最先到达者为准。

第七条（不采用作品责任）

乙方就本封面设计向甲方付酬后而不采用本封面设计，不承担任何赔偿责任。

第八条（酬金）

乙方须在收到本封面设计成稿_____日内向甲方支付酬金_____元。

第九条（争议的解决）

双方因本合同的解释和履行发生争议，由双方协商解决。协商不成，按以下第_____种方式解决：

1. 由_____仲裁机构仲裁。

2. 向_____法院起诉，由法院裁决。

第十条（合同文本）

本合同一式两份，双方各执一份为凭。

甲方：_____（签字）

乙方：_____（签字）

乙方授权代表：_____（签字）

签订合同日期：_____年_____月_____日

4.13 艺术品限量复制发行合同

甲方（艺术家）：_____　住址：_____

　　　　　　　　　　　　　　　　　电话：_____

乙方（出版商）：_____　住址：_____

　　　　　　　　　　　　　　　　　电话：_____

甲乙双方经协商一致，达成下列艺术品限量复制发行合同。

第一条（作品的创作）

甲方同意创作艺术作品版本（以下简称"本版本"）一部，由乙方限量复制发行，甲方保证独立创作本版本并且对本版本享有著作权。

第二条（版本要求和甲方担保）

甲方创作之本版本须符合下列要求：

题目：_____

载体：_____

颜色：_____

规格：_____

纸质：_____

复制份数：_____

复制年份：_____

本版本复制完毕，甲方须在复制品上签字、编号、并签署日期。甲方同时须向乙方证实本版本的复制品符合本合同第二条的版本要求，证实复制年份，经签名和编号的复制品数量，未签名和编号的复制品数量，试印样张数量，版本规格，印版，印石，或其他母版是否销毁，过去或将来是否利用母版制作过其他复制品，制作过其他复制品的规格以及本版本复制品为第几版，本版本复制品的创作场所名称。

第三条（著作权）

甲方保留著作权，其中包括对本版本以及在复制本版本过程中所复制的任何复制品的著作权提出主张的权利。未经甲方书面同意，乙方不得对本版本摄影、素描、绘画或者以任何其他方式复制。甲方对印版的再次使用和以本版本为基础的派生作品的制作有控制权。甲方授予乙方在其目录或宣传材料中使用本版本图片材料的非专有使用权，但这些目录或宣传材料不得出售。本版本以及所有复制品都须标有作者姓名_____，乙方须在三个月内向_____版权局登记著作权。

第四条（艺术质量控制权）

对本版本的复制，甲方有艺术质量控制权，艺术质量须经甲方确认。只有当甲方对本版本的复制品感到满意并认为本版本已经复制完毕，才有义务在本版本的复制品上面签名。如果由乙方印刷，乙方在选定印刷者前应取得甲方同意。

第五条（复制费用）

本版本的复制费用全部由乙方负责，乙方应直接与印刷者签订合同，甲方根据本合同第四条规定行使艺术质量控制权时所产生的额外费用，由乙方负责支付。

第六条（预付金）

乙方须向甲方分期支付不可返还之预付金共_____元人民币。本合同签订时交付三分之一，印制样张取得甲方同意后交付三分之一，甲方在复制品上签名后支付三分之一。另外，甲方在签名时应得到_____份样张，并可随时随地按照本合同第七条所确定价格自由出售。出售样张所得价款不与乙方分享。

第七条（销售地域、期限）

乙方可在_____年内在下列（国家、省、市）_____地域

内销售本版本复制品，如果在该期限届满前任何一方都未向对方发出终

止合同的通知，该期限自动续展一年。乙方只对本合同第二条所列本版本复制品享有专卖权。甲方仍有权创作和销售其他任何作品。

第八条（售价和佣金）

每件复制品的售价定为_____元人民币。其中百分之_____交付甲方，百分之_____由乙方留作佣金。

第九条（付款和账单）

乙方须将应付甲方款项在扣除预付金后于复制品售出日的下一个月底前交付甲方，并随款附上账单一份，说明复制品实售价，买主姓名和住址，售出复制品数量，以及未售出复制品清单。

第十条（样张）

乙方可获得本版本的复制样张_____份。其余样张全部归甲方所有。在以本合同第七条规定的销售期限届满前乙方不得出售样张。

第十一条（复制品所有权）

甲方按照本合同第九条约定取得全部应得款项前，每件复制品的所有权都归甲方所有。甲方取得应得款项后，复制品所有权直接转移给买主所有。根据本合同第七条约定，合同终止后，本复制品未售出部分的百分之_____归乙方所有，剩余部分仍属甲方财产应即时归还甲方。

第十二条（作品的丢失、毁损和保险）

本版本复制品从交付乙方时起至售出后交付买主时止（或根据本合同第七条约定合同终止、应归甲方所有的未售出部分归还给甲方时止），本版本复制品丢失、毁损应由乙方负责。乙方应按照本合同第八条约定的售价的百分之_____为每一件复制品投保。

第十三条（促销）

乙方预计支出_____元人民币，通过印制目录、邮寄、广告等形式对本版本限量复制品进行宣传。乙方在宣传活动中须维护甲方名誉。甲方同意乙方在上述宣传活动中使用甲方的姓名、肖像、照片等。但甲方有权对上述宣传材料进行审查。如果甲方认为上述宣传材料有损甲方名誉，乙方应予以修改。

第十四条（合同的转让）

任何一方未经对方同意不得转让本合同。但甲方有权转让依本合同所取得酬金。

第十五条（合同的约束范围）

本合同对甲乙双方以及双方的财产继承人、受让人以及个人代表都具有约束力。本合同所指甲乙双方包括各方的财产继承人、受让人和个人代表。

第十六条（合同修改）

本合同包含了甲乙双方全部协议内容，任何条款的修改都须采取书面形式，并经双方签字方可生效。

第十七条（争议的解决）

双方因本合同的解释和履行发生争议，由双方协商解决。协商不成，按以下第＿＿＿＿种方式解决：

1. 由＿＿＿＿＿＿＿＿＿＿＿＿＿＿＿＿＿＿＿＿＿＿＿＿仲裁机构仲裁。

2. 向＿＿＿＿＿＿＿＿＿＿＿＿＿＿＿＿＿＿＿＿法院起诉，由法院裁决。

第十八条（合同份数）

本合同一式两份，甲乙双方各执一份为凭。

甲方：＿＿＿＿＿＿＿＿＿＿＿＿＿＿＿＿＿＿＿＿＿（签章）

乙方：＿＿＿＿＿＿＿＿＿＿＿＿＿＿＿＿＿＿＿＿＿（签章）

合同签订时期：＿＿＿＿＿年＿＿＿＿＿月＿＿＿＿＿日

4.14 艺术品租赁合同

甲方（艺术家）：＿＿＿＿＿＿＿＿＿　住址：＿＿＿＿＿＿＿＿＿＿＿

　　　　　　　　　　　　　　　　　身份证号：＿＿＿＿＿＿＿＿＿＿

　　　　　　　　　　　　　　　　　电话：＿＿＿＿＿＿＿＿＿＿＿

乙方（承租人）：＿＿＿＿＿＿＿＿＿　住址：＿＿＿＿＿＿＿＿＿＿＿

　　　　　　　　　　　　　　　　　身份证号：＿＿＿＿＿＿＿＿＿＿

　　　　　　　　　　　　　　　　　电话：＿＿＿＿＿＿＿＿＿＿＿

见证人：＿＿＿＿＿＿＿＿＿＿＿＿　住址：＿＿＿＿＿＿＿＿＿＿＿

　　　　　　　　　　　　　　　　　身份证号：＿＿＿＿＿＿＿＿＿＿

　　　　　　　　　　　　　　　　　电话：＿＿＿＿＿＿＿＿＿＿＿

甲乙双方经协商一致，达成本艺术品租赁合同。

第一条（作品的所有权）

甲方保证本合同所附租赁作品清单中所列全部作品由甲方创作并归甲方所有。

第二条（租金及支付办法）

乙方同意按租赁作品清单所标租金金额租赁全部作品并按下列第＿＿＿种付款方式支付总计＿＿＿＿＿＿＿元租金。

1. 甲方交付作品前一次总付＿＿＿＿＿元人民币。

2. 每季度第一个月第一日交付＿＿＿元人民币，全部租金分＿＿＿付清。

3. 每年第一个月第一日交付＿＿＿元人民币，全部租金分＿＿＿付清。

第三条（作品交换办法）

甲方负责将租赁作品清单所列全部作品于＿＿＿＿＿月＿＿＿＿＿日前送交乙方。送交运输费用（包括运输费和运输保险费）由＿＿＿＿＿方承担。如果所交付作品状况不佳或需要修补，乙方应即刻拒绝接收并书面通知甲方。乙方保证在交还作品时，作品同接收时一样状况良好，否则将按照本合同第四条之规定，负赔偿责任。

第四条（作品的灭失、毁损和保险）

乙方保证自接收作品时起至将作品送还甲方时止，对作品的毁损和灭失负全部责任，乙方将按照租赁作品清单中所标售价的百分之＿＿＿＿＿＿＿，以甲方为受益人，对全部作品投保全险，并向甲方交付证明甲方为受益人的投保证明。

第五条（期限）

本合同期限为＿＿＿＿＿＿月，自本合同签订之日起计算。

第六条（作品的使用）

乙方保证依据本合同所租赁的全部作品只供自己使用，不得用于公开展览、参加比赛或其他营利活动。

第七条（作品装框、清理和维修）

甲方保证作品发送后即可直接展示。乙方不得取掉作品的画框、装帧或者用任何方式改变作品的画框和装帧。乙方并须保证甲方有权决定作品何时需要以及由谁来完成清理和维修。

第八条（作品放置地点）

乙方同意将租赁作品清单中所列作品放置于＿＿＿＿＿＿＿＿。该地址未经甲方书面同意不得改变。乙方应允许甲方在适当的时候到作品放置地拍照。

第九条（著作权）

租赁作品清单所列全部作品的著作权归甲方所有。没有甲方书面许可，不得对任何作品拍照、素描、绘画或以任何方式复制。获准复制的材料须标有艺术家姓名。

第十条（合同的解除）

任何一方都有权解除本合同，但须提前 30 日通知对方。如乙方破产，本合同自动终止。合同一旦解除，甲方须按比例将租期未满部分的预付租金退还乙方。租金退还应当在作品归还甲方后完成。

第十一条（作品的归还）

本合同终止后，乙方负责将全部作品归还甲方。归还作品费用（包括运输费和保险费）由_____方承担。

第十二条（作品销售）

在本合同存续期间，甲方不得出售租赁作品清单中所列任何作品。但在本合同存续期间乙方有权购买清单中所列任何作品。如乙方未能按照本合同第二条规定及时交付租金，该权利视为被放弃。如果乙方决定购买某件作品，对该作品的已付租金将从（不从）销售价中扣除。根据本条规定购买作品要受到下列几方面条件的限制：

1. 甲方每年有权将乙方购得作品借回最多 60 天，在非营利性机构展览，但须提前 90 天书面通知乙方，并提供保险和预付运输费证明材料。

2. 乙方不得对作品故意毁损、修改。

3. 如果作品毁损，在修复前乙方应首先征求甲方意见，并允许甲方优先获得修复作品的机会。

4. 乙方承担作品出售或转让税金。

5. 乙方在将其购买作品的决定通知甲方后 15 日内，应将所购作品的价款全部交付甲方。

第十三条（作品所有权）

根据本合同出租或待售的任何作品的所有权归甲方所有。乙方不能履行债务时，作品应由作为所有权人的甲方优先收回，不能成为乙方债权人行使债权的标的物。任何作品根据本合同第十二条规定由乙方购得时，只有在乙方将全部作品销售价款付给甲方后，作品的所有权才由甲方转移至乙方；在乙方未将全部作品销售价款付给甲方前，乙方不得抵押租赁作品，也不得因租赁作品给甲方带来任何其他费用和责任。

第十四条（合同转让）

任何一方未取得对方同意，不得转让本合同，但甲方有权转让依据本合同应当取得的租金或作品销售价款。

第十五条（合同约束范围）

本合同对甲乙双方及双方的财产继承人、受让人、代理人均有约束力。

第十六条（合同修改）

本合同包含了双方的全部协议内容，任何条款的修改都须经协商，另行签订书面协议。

第十七条（争议的解决）

双方因本合同的解释和履行发生争议，由双方协商解决。协商不成，按以下第＿＿＿＿种方式解决：

1. 由＿＿＿＿＿＿＿＿＿＿＿＿＿＿＿＿＿＿＿＿＿＿＿＿＿仲裁机构仲裁。

2. 向＿＿＿＿＿＿＿＿＿＿＿＿＿＿＿＿＿＿法院起诉，由法院裁决。

第十八条（合同份数）

本合同一式三份，甲乙双方及见证人各执一份为凭。

甲方：＿＿＿＿＿＿＿＿＿＿＿＿＿＿＿＿＿＿＿＿＿（签章）

乙方：＿＿＿＿＿＿＿＿＿＿＿＿＿＿＿＿＿＿＿＿＿（签章）

见证人：＿＿＿＿＿＿＿＿＿＿＿＿＿＿＿＿＿＿＿（签章）

合同签订时期：＿＿＿＿＿＿年＿＿＿＿月＿＿＿＿日

租赁作品清单

	标题	载体	规格	租赁价	销售价	备注
1.						
2.						
3.						
4.						
5.						
6.						
7.						
8.						
9.						
10.						

4.15 作品借展合同

甲方（艺术家）： _____ 住址： _____

电话： _____

乙方（借展人）： _____ 住址： _____

电话： _____

见证人： _____ 住址： _____

　　甲乙双方兹就作品借展事宜，经协商一致，同意订立本合同，约定条款如下，以资信守。

　　第一条（借展作品）

　　甲方同意将本合同附表"借展作品清单"中所列作品共_____件出借给乙方展出。借展作品的名称、创作日期、载体、规格、保险金额等详见合同附表。该附表为本合同不可分割的组成部分。

　　第二条（作品的所有权）

　　甲方保证本合同附表中所列全部作品为甲方创作，其所有权全部归甲方所有，甲方有权将所列作品借出展览。

　　第三条（租借期、展览方式和租金）

　　本合同附表中所列作品的租借期为_____天，自_____年_____月____日始至_____年____月____日止。在此期间内，附表所列作品将作为_____展览会的作品组成部分公开展出。展出时间不少于_____天。

　　附表中所列作品将与（不与）其他艺术家的作品一起展出。本合同一经签订，乙方即付给甲方租金_____元人民币。

第四条（作品的接送和保护）

乙方负责将本合同附表中所列作品从甲方画室接入展览地，运输方式为_____，费用由乙方承担。

在乙方租借保管期间，乙方应采取一切必要措施对借展作品加以保护。租期届满，乙方负责将全部借展作品送还甲方。送还运输方式为_____，费用由_____方承担。

第五条（作品的丢失、毁损和保险）

自借展作品离开甲方画室至借展作品送还甲方期间，借展作品遭受丢失或毁损的一切责任由乙方承担。乙方须按照本合同附表所列作品价值为每一件作品投保。

如甲方提出验证要求，乙方应向甲方提供借展作品保险凭证。

第六条（作品的使用）

乙方保证依据本合同借展的作品只用于展览，不得用于诸如录像、复制等其他目的。乙方同时保证所有作品只在下列地点展出，未经甲方书面同意，不得运往他地或到他地展出。

第七条（作品的装框、放置、清理和维修）

甲方同意在未对借展作品的画框、装帧、放置作专门要求的情况下，即表明借展作品随时可以展出。乙方不得擅自改动借展作品的原有画框和装帧。如有借展作品在展出前需要装框、装裱或特殊放置，应在合同附表中注明，其费用由_____负担。

借展作品是否需要清理和维修以及由谁来清理和维修均由甲方决定。

第八条（著作权）

1. 甲方对附表所列全部借展作品享有著作权，没有甲方的书面许可，任何人不得对本合同附表中所列作品摄影、素描、绘画或采取其他办法加以复制。但甲方许可乙方为下列第_____项目的对借展作品摄影或复制：

（1）制作展览目录。

（2）作品评论。

（3）展览宣传。

2. 甲方允许乙方为制作档案材料复制附表中所列作品。档案材料的使用目的为：

（1）载录乙方举办展览的历史情况。

（2）保存不外借的内部参考和研究资料。

乙方须保证：

（1）妥善保管第八条第 2 款所指档案材料。

（2）除上述所列目的以外，不得使用也不得许可他人使用有关档案材料。

（3）一旦乙方档案机构解散或乙方破产，全部有关档案材料立即归还甲方。

如果甲方不是本合同所涉及作品的著作权所有人，乙方须承担获得一切必要的著作权许可的义务。

第九条（展览权的终止）

本合同第三条规定的展览期届满，乙方依据本合同所享有的展览权终止。如果乙方拒展作品，或者其超越本合同范围举办展览，或有违反本合同有关条款的行为，甲方有权书面通知乙方终止其展览权。乙方破产，其依据本合同享有的展览权自动终止。乙方的展览权根据本条规定终止，乙方须按照本合同第四条规定将借展作品送还甲方。

第十条（撤展权）

甲方在第三条约定的租借期起始日 30 天前书面通知乙方的条件下，有权将其借展作品撤出展览。甲方撤出展览后，除不能再取得借展酬金外，不承担任何由此而产生的经济责任或其他责任。

第十一条（拒展权）

乙方有权拒绝展出甲方的任何一件作品，但乙方拒展须向甲方作出书面解释，并且不得向甲方索还已付给甲方的租金。

第十二条（合同的转让）

任何一方未取得对方的书面许可，不得转让本合同。但甲方有权转让本合同有关条款规定其应得酬金。

第十三条（合同的修改和变更）

对本合同内容的任何修改、补充或变更，均须采用书面形式，经甲乙双方签字后方可生效。合同修改和变更部分应视为本合同不可分割的组成部分。

第十四条（争议的解决）

双方因本合同的解释和履行发生争议，由双方协商解决。协商不成，按以下第_____种方式解决：

1. 由_____仲裁机构仲裁。

2. 向_____法院起诉，由法院裁决。

第十五条（合同份数）

本合同一式三份，甲乙双方及见证人各执一份为凭。

甲方：_____（签字）

乙方：_____（签字）

见证人：_____（签字）

合同签订时期：_____年_____月_____日

借展作品清单

	标题	载体	规格	创作时间	保险价	放置要求
1.						
2.						
3.						
4.						
5.						
6.						
7.						
8.						
9.						
10.						

4.16 图案许可使用合同

甲方（艺术家）： _____ 住址： _____

邮编： _____

电话： _____

乙方（被许可人）： _____ 住址： _____

邮编： _____

电话： _____

见证人： _____ 住址： _____

甲乙双方经协商，现就甲方授予乙方下述图案（以下称"本图案"）使用权的有关事宜达成如下协议：

第一条（图案状况）

本图案名称： _____

本图案式样描述： _____

第二条（许可使用的权限）

1.许可使用的商品种类： _____

2.许可使用地域： _____

3 许可使用期限： _____

4.许可使用权的性质：（作出明确选择）

（1）专有使用许可。

（2）非专有使用许可。

第三条（付酬方法）

1. 本合同签订时，乙方须付给甲方本图案使用费基本费_____元人民币。

2. 乙方并将按照产品出厂价的百分之_____付给甲方版税。版税将从_____年第_____季度起在第_____季度第一个月第一日起按季支付。

3. 乙方支付版税时，须附上每季账目报告。账目报告内容包括许可使用产品的种类、数量和售价。

4. 如果乙方逾期 30 日不交付应付版税和账目报告，甲方有权解除本合同。本合同解除后，甲方根据本合同授予乙方的一切权利立即收归甲方所有。

第四条（查账条款）

甲方在提前_____日通知乙方的条件下，有权检查乙方的许可使用产品的销售账簿。

第五条（图案的修改）

在未取得甲方书面同意的情况下，乙方不得自己也不得允许他人对本图案做任何修改。

第六条（著作权）

本图案的著作权归甲方所有，乙方应在获得许可使用的产品（或产品说明书）上注明甲方为本图案的作者，并注明"著作权所有"的字样。

第七条（样品）

乙方须就本图案的复制质量问题向甲方征求意见。为此须在正式投入生产日前，向甲方送交产品样品_____件。甲方有权按照成本价格购买获得本图案许可使用的产品_____件。

第八条（权利转让）

未经甲方书面同意，乙方不得分许可或转让本图案的使用权。

第九条（合同解除）

本合同任何一方解除合同，乙方都必须：

1. 立即停止本图案的复制。

2. 在本合同解除后 30 日内向甲方交付全部版税报告和应付版税。

3. 在得到甲方请求时，立即将乙方手中的照片、样品等应归甲方所有的财产归还甲方。

第十条（争议的解决）

双方因本合同的解释和履行发生争议，由双方协商解决。协商不成，按以下第_____种方式解决：

1. 由_____仲裁机构仲裁。

2. 向_____法院起诉，由法院裁决。

第十一条（未尽事宜）

本合同如有未尽事宜，须经双方共同协商作出书面补充规定，补充规定与本合同具有同等效力。

第十二条（合同份数）

本合同正本一式三份，甲乙双方及见证人各执一份为凭。

甲方：_____（签字）

乙方：_____（签字）

见证人：_____（签字）

合同签订时期：_____年_____月_____日

4.17 壁画设计和委托制作合同

甲方（艺术家）：_____ 　住址：_____

　　　　　　　　　　　　　　　　　电话：_____

乙方（委托人）：_____ 　住址：_____

　　　　　　　　　　　　　　　　　电话：_____

见证人：_____ 　　　　住址：_____

　　甲乙双方兹就壁画设计及制作事宜，订立本合同，约定条款如下，以资信守。

第一部分　　设计

第一条（设计要求）

甲方将根据下列要求设计壁画一幅：

规格：_____

材料：_____

主题（或题目）：_____

第二条（交稿日期）

甲 方 在_____ 年_____ 月_____ 日 以 前 将 设 计 方 案交乙方。

第三条（方案份数）

如果乙方要求修改设计方案或要求额外再提供一份设计方案，甲方最多可提供＿＿＿＿份设计方案。

第四条（设计费）

乙方收到设计方案后应付给甲方＿＿＿＿＿＿元的设计费。如果乙方依据本合同额外再要求提供设计方案，收到每份设计方案后应付给甲方＿＿＿＿＿元的额外设计费。

第五条（乙方的代理人）

乙方在与甲方签订本合同后 14 日内向甲方书面提供 1~3 人的代理人名单。代理人有权代表乙方行使批准设计方案、支付佣金、接收作品、更改合同等权力。

第六条（著作权归属）

所有设计方案的著作权归甲方所有。

第七条（合同的终止）

1. 在设计方案交付前，甲乙双方都可以书面形式通知对方终止本合同。

2. 如甲方在交付设计方案前要求终止本合同，无权索取设计费。

3. 设计方案被乙方批准后，由于甲方死亡或失去行为能力而需要终止本合同，乙方有权委托另外一名艺术家利用甲方的原设计方案完成壁画。其他著作权仍归甲方或其财产管理人所有，乙方应付给甲方或其财产管理人设计费。

第八条（实施意向）

乙方应在收到甲方递交的设计方案后＿＿＿＿＿日内通知甲方是否批准该设计方案以及是否打算实施制作该作品。

第九条（合同不可转让）

任何一方未取得另一方的书面认可，都不得将本合同转让予他人。甲方有权将依本合同取得的款项转让他人。

第十条（争议的解决）

双方因本合同的解释和履行发生争议，由双方协商解决。协商不成，按以下第＿＿＿＿＿种方式解决：

1. 由＿＿＿＿＿＿＿＿＿＿＿＿＿＿＿＿＿＿＿＿＿＿仲裁机构仲裁。

2. 向＿＿＿＿＿＿＿＿＿＿＿＿＿＿＿＿＿＿法院起诉，由法院裁决。

第二部分　　委托制作与销售

第十一条（委托制做）

乙方批准作品的设计方案后，甲方即可着手实施制作该设计方案。

第十二条（合同的履行）

甲方从＿＿＿年＿＿月＿＿日开始工作，至＿＿＿年＿＿月＿＿日完成作品。遇有材料不到位、运输延误、气候恶劣、甲方受伤或患病等原因影响工作，或是由于乙方的原因而耽误工作，可适当延期完成。

第十三条（作品与设计方案一致）

完成后的作品在颜色、形状、材料、基本形象等主要方面须与经批准后的本合同第一部分提到的设计方案相同（差别率不超过百分之十）。

第十四条（酬金）

乙方同意付给甲方酬金共＿＿＿＿＿元，按下列方式分期付款。

1. 本合同签字时预付一半；

2. 作品完成，乙方接到甲方通知后，付另一半。

第十五条（场地准备工作）

甲乙双方同意按下述第＿＿＿＿种方式处理场地准备工作。

1. 在甲方指导下，由乙方完成场地准备工作。

2. 必要的场地准备工作由甲方完成。

第十六条（作品场地到达安排）

1. 如果作品在甲方的工作场址完成，乙方有权在提前通知甲方的前提下，在作品完成的任何阶段都可以对作品进行检查。

2. 遇有需要在现场完成的工作时，乙方应在适当时间随时为甲方及其代理人到达作品场地做出安排。

第十七条（作品完工前设计方案的变更）

1. 如果甲乙双方在原设计方案被批准后，如对其加以修改或变更内容，应写入备忘录，并由双方签字。备忘录应载明变更内容和因此应付给甲方的额外酬金。

2. 除非由于材料不具备或者未能预见的客观原因，不变更原设计方案，甲方就无法履行合同时，任何一方都没有义务必须同意另一方的变更要求。

第十八条（交工）

甲方应充分发挥其艺术才能和审美能力创作作品。乙方在不能证明作品与批准的设计方案确实不符时，应当接收作品。

第十九条（损失、损坏风险）

作品损失、损坏若非甲方失职所致，其损失、损坏风险均应由乙方承担。

第二十条（著作权）

本作品的著作权归甲方所有。

第二十一条（作品原件所有权）

第十四条规定的分期付款的最后一次付款完成后，本作品原件的所有权便从甲方转移给乙方。

第二十二条（作品的维护）

本作品的存留期应不少于_____年。在此期间，乙方不得销毁、损坏、修改或以任何其他方式对本作品加以改动。期间届满，乙方可自行将全部而非部分作品涂掉或销毁。在本作品存留期间，乙方有责任保护作品清洁、对其维修和保护。

第二十三条（维修与赔偿）

1. 在甲方有生之年，对本作品所进行的任何维修和恢复工作都应得到甲方的书面许可。甲方不得无故拒绝许可。如果作品购买人向甲方的最后住址写清请求许可而在周内未收到甲方的答复，该许可请求即被视为得到了同意。

2. 在切实可行的情况下，甲方应获得对作品维修的机会并可获取适当的报酬。因工艺或材料不合格，在作品完工年之内需要进行的维修工作应由甲方尽全力完成并不得索取报酬。

第二十四条（合同的终止）

1. 在作品完工前，乙方随时可以书面通知甲方终止合同。甲方对收到通知前所完成的工作，有权获得报酬。根据合同终止时作品的完成情况，甲方有权获得最后一次分期付款的部分款额。终止合同系由乙方提出时，如果作品只完成了一部分，不得要求甲方退还已获得的酬金。

2. 如果乙方延期给付酬金，甲方有权书面通知乙方终止合同。甲方也可以对乙方违反合同的行为起诉。如果乙方没有违反合同行为，甲方提出终止合同，甲方应退还乙方依据本合同付给甲方的全部酬金。

3. 由于本条第 1、2、4 款的原因，合同任何一方提出终止合同，作品及作品设计方案的著作权都应归甲方所有。

4. 如甲方死亡或失去行为能力，本合同自行终止，甲方的财产管理人应获得已付给或欠付的甲方的全部酬金；乙方有权持有原设计方案材料并继续完成作品。完成作品的人应是甲方及其财产管理人和乙方都可以接受的另一位艺术家。

第二十五条（合同转让）

任何一方都无权未经另一方的书面同意转让本合同。但甲方有权转让依据本合同获得的酬金。

第二十六条（争议的解决）

双方因本合同的解释和履行发生争议，由双方协商解决。协商不成，按以下第_____种方式解决：

1. 由_____仲裁机构仲裁。

2. 向_____法院起诉，由法院裁决。

第二十七条（合同份数）

本合同一式三份，甲乙双方及见证人各执一份为凭。

甲方：_____（签字）

乙方：_____（签字）

见证人：_____（签字）

合同签订时期：_____年_____月_____日

4.18 简易肖像许可使用声明

经过考虑，我（模特或被摄者姓名）＿＿＿＿＿＿接受这笔酬金＿＿＿＿＿＿元人民币。作为回报，我声明许可（摄影师姓名）＿＿＿＿＿＿将本人肖像或照片用于发表、出版及参加各种影赛、影展活动。我已是成年人，*有权签署此份声明。

签名：＿＿＿＿＿＿＿＿＿＿＿＿ 见证人：＿＿＿＿＿＿＿＿＿＿＿＿

（模特或被摄者）

地址：＿＿＿＿＿＿＿＿＿＿＿＿ 地址：＿＿＿＿＿＿＿＿＿＿＿＿

日期：＿＿＿＿＿＿＿＿＿年＿＿＿＿＿＿＿月＿＿＿＿＿＿＿日

---

* 如模特或被摄者系未成年人，则删去此句。此时必须由其父母或监护人在此份"声明"上签名。

（以下内容由未成年人父母或监护人填写）

　　我是上面签名的未成年人的父母或监护人，有权执行上述许可声明。我同意上述所有内容，没有任何保留。

签名：_____

（父母或监护人）

地址：_____

日期：_____年_____月_____日

4.19 普通肖像许可使用声明

　　经过慎重考虑，我（模特或被摄者姓名）＿＿＿＿＿＿接受这笔酬金＿＿＿＿元人民币。作为回报，我声明同意（摄影师姓名）＿＿＿＿、他或她的雇主、受让人、权利继承人及法定代理人以任何使用形式和表现手法在任何媒体上使用带有本人肖像的图片或照片，同意将这些图片或照片进行任何改动和加工（包括拼贴、剪辑、漫画、雕刻、雕塑或用任何介质制作演绎作品），用于发表、出版、展览及商标、广告和任何其他合法目的。任何带有本人肖像的图片或照片的作品或制品完成之后，无须再经我审定和批准。我确信，摄影师本人、他或她的雇主、受让人、权利继承人及法定代理人在有关作品或制品完成过程中对本人肖像所作的改动和加工均属合理范围，但旨在使本人遭受羞辱的制作行为除外。我确信，摄影师对他所拍摄的带有本人肖像的摄影作品享有版权，对于因复制发行这些作品而产生的收益本人不主张权利，复制发行这些作品亦不构成对本人名誉权和隐私权的侵害。我已是成年人，* 有权签署此份声明。我确信，此份声明将对我本人、我的法定代理人和雇主发生效力并不可变更。我已通读此份声明并通晓其全部内容。

　　　　签名：＿＿＿＿＿＿＿＿　　见证人：＿＿＿＿＿＿＿＿＿

　　　　（模特或被摄者）

　　　　地址：＿＿＿＿＿＿＿　　　地址：＿＿＿＿＿＿＿＿＿

　　　　日期：＿＿＿＿＿年＿＿＿＿＿＿月＿＿＿＿＿日

---

* 如模特或被摄者系未成年人，则删去此句。此时必须由其父母或监护人在此份"声明"上签名。

-------- （以下内容由未成年人父母或监护人填写）--------

　　我是上面签名的未成年人的父母或监护人，有权执行上述许可声明。
我同意上述所有内容，没有任何保留。

　　　　　　　　签名：＿＿＿＿＿＿＿＿＿＿＿＿＿＿＿＿＿＿＿
　　　　　　　　　　（父母或监护人）
　　　　　　　　地址：＿＿＿＿＿＿＿＿＿＿＿＿＿＿＿＿＿＿＿

　　　　　　　　日期:＿＿＿＿＿＿＿年＿＿＿＿月＿＿＿＿日

4.20 肖像许可使用合同

甲方（模特或被摄者）*：＿＿＿＿＿＿　地址：＿＿＿＿＿＿＿＿＿＿

乙方（摄影师）：＿＿＿＿＿＿＿＿　地址：＿＿＿＿＿＿＿＿＿＿

　　甲乙双方就带有甲方肖像的图片或照片的使用达成协议如下：

　　一、甲方许可乙方将带有甲方肖像的图片或照片用于（请仔细阅读以下内容，并在许可使用的内容前划"√"在不许可使用的内容前划"×"）

　　□ 公开展览。

　　□ 发表、出版。

　　□ 参加影赛、影展。

　　□ 商标、广告。

　　□ 进行改动或加工，用于任何商业目的。

　　二、乙方向甲方支付酬金＿＿＿＿＿＿＿＿＿元人民币。

　　三、本协议有效期为＿＿＿＿＿＿＿＿＿＿＿＿。

　　四、其他需要明确的内容＿＿＿＿＿＿＿＿＿＿＿。

甲方（签字）：＿＿＿＿＿＿　乙方（签字）：＿＿＿＿＿＿＿

地址：＿＿＿＿＿＿＿＿＿　地址：＿＿＿＿＿＿＿＿＿

日期：＿＿＿＿＿＿年＿＿＿＿＿＿月＿＿＿＿＿日

---

* 如模特或被摄者系未成年人（未满 18 周岁者），必须由其父母或监护人在此份"合同"上签名。

-------------------------（以下内容由未成年人父母、监护人及证人）-------------------------

我是上面签名的甲方（未成年人）的父母或监护人，有权执行上述许可使用合同。*我同意上述所有内容，没有任何保留。

签名：_____ 证人：_____

（父母或监护人）

地址：_____ 地址：_____

日期：_____年_____月_____日

---

* 本合同一式两份，甲乙双方各执一份为凭。

附录

摄影作品: 2017·艾特金牛好回家

作者: 周林

一、运用法律保护自己的权益 *

——读《美术家著作权保护》①

李松②

　　由吴作人国际美术基金会资助的周林《美术家著作权保护》一书已于今年 8 月由北京工业大学出版社出版。这是一本深入浅出、透彻明白地讲解美术家著作权的著作，篇幅不长而可读性强。我在阅读之后，很受教益。

　　作者周林是国家版权局干部，现为《著作权》杂志的编辑。1989 年在政法大学硕士研究生毕业后，一直从事著作权的研究和实施的具体工作。他曾对我讲过一件事：他少年时期就很喜欢画，常去荣宝斋看画、也学着画。有一年外祖父过生日，他画了一幅松鹰为贺，不料父亲却训斥他说：现在是什么时候，你还画这个！原来那天电台广播了批判"画黑"的事情。从此以后，他便不再画了。也许这件事在他的下意识中深埋下了一颗种子，在他后来攻读法律学时，特别关注美术家的权益和艺术立法的问题。

＊　　本文原载吴作人国际美术基金会编《美术交流》1992 年第 3 期。

①　　周林 . 美术家著作权保护 [M]. 北京：北京工业大学出版社，1992.

②　　原名李松涛，1957 年入中央美术学院，先后在美术史系、中国画系学习，毕业后留校任《美术研究》编辑，并讲授中国古代美术史。历任中国美协《美术》月刊副主编，《中国美术》主编，美术杂志社社长，中国美协第四届理事，李可染艺术基金会副理事长，炎黄艺术馆副馆长。曾任《中国大百科全书·美术卷》《中国美术全集》编委。

　　《美术家著作权保护》一书，著者在写作过程中曾三易其稿。书中有不少内容，他曾写成文章在报刊发表，但总觉有些枯燥，不易引起阅读的兴趣，他想寻找一种更通俗，更联系实际的写作方式。并征求过不少人的意见，最后确定了用答问的形式，通过6个典型的版权纠纷案件，和每个美术家都会遇到的60个实际问题来解释法，所涉及的基本上包括著作权法与美术有关的全部内容。以此帮助读者树立著作权保护意识，并学会善于运用法律保护自己的权益。

　　书中对于法律条文的阐释是通过生动具体的实例，或利用正反对比，清晰深入地进行剖析，不仅是依据法律条文，而且有著作自己的见解，据于理、入于情。例如"著作权和作品原件能否为夫妻共有"的问题，在著作权法中并无具体规定，著者"只能谈一点个人意见"：首先，夫妻一方是作者，他们因离婚而进行共同财产分割时，不宜把婚姻间创作的作品的著作权作为"共同财产"处理。但是，作品原件与著作权不同，对于在婚姻期间出售原件所得收入稿费，可以作为共同财产分割。但是没有售出的原件可否视为共同财产加以分割呢？著者进一步分析说"如果这位画家正是由于其配偶的支持与帮助才得以创作，而这些创作成果又都不能作为共同财产分割，这就是有失公道。因此，作品原件可以作为共同财产看待。在离婚时，作者一方应适当给予另一方补偿。"这是合情合理的分析。

　　在"出售作品也要尊重作者的著作权"一节。著者举了两个生动的事例加以对比：一个例子是有位画家偶然在一家工艺美术品服务部看到正出售一幅根据他的水彩画制作的挂毯，十分高兴，而当他凑足了钱想买回来时，售货员竟一口咬定这是卖剩的最后一件样品，拒不出售。著者感慨地写道："这位画家怎么也没想到自己的权利已遭受侵犯，自己遭到冷遇并花钱要买的，竟是侵权制品！"作为对比，著者又举了一个例子：一位河南大学美术系毕业生韦某为洛阳古墓博物馆设计了《唐乐图》壁画稿，经由洛阳美术陶瓷公司烧制完成。当初，为了保险，共烧制了两幅，质量都很好，后一幅后来由公司卖给了港商。未署作者姓名，亦不向作者支付报酬。韦某为此向法院起诉，最后经过调解，确认美术陶瓷公司侵害了韦某的著作权，应赔礼道歉并赔偿经济损失和承担诉讼费用。著者肯定了这位壁画作者具有著作权意识，敢于运用法律去维护自己的权利的行动。并结合这一实例，从法律角度进一步说明著作权与原件所有权是可以分离的。在有些情况下，享有著作权，不等于就拥有该作品原件。两件《唐乐图》，第一幅已由获得署名权和获酬权实现了作者的著作权；第二幅，若能尊重作者署名权，并在出售时征得作者同意，并支付相应的报酬，也能实现其著作权。某美术陶瓷公司的做法是明显的侵权行为，但若像有的人那样认为作者既然拥有壁画的著作权，自然也就成为第二幅壁画的财产所有人，那就不对了。

从美术市场形成以来的几年里来，侵犯美术家权益的事情比比皆是。记得前年去西安，见到当地许多画廊、画摊公然出售当地几乎所有知名画家的假画，许多画家为此十分烦恼而不知如何去对付。《美术家著作权保护》一书有许多章节涉及这一内容。如：著作权保护与美术市场的关系是怎样的？什么是侵犯著作权？著作权受到侵犯时怎么办常见的侵犯美术家著作权的行为有哪些？侵犯著作权要承担什么法律责任？《著作权法》规定了哪些行政处罚措施？其效力如何（例如：《实施条件》第51条就明确规定："对造假画和出售假画的行为，罚款一千至五百万元"）？作者因著作权受到侵犯而向法院起诉，有期限规定吗？……这些内容，都应为美术家所熟知。

此书还对中国著作权法与外国的有关立法作了比较研究，提出很重要的问题。例如追续权的问题。所谓"追续权"，也就是通过国家立法规定，美术家（或其继承人）在作品出售以后的相当时日内，有权从作品再转卖的巨大差额款中取得一定比例的款项，每一次转卖，作者均可从中受益。以维持美术家再创作或其继承人的生活，以在某种程度上减少画家与画商收益的不公正现象。现在世界上已有28个国家将"追续权"作出立法规定，而我国尚未将其列入著作权法。这个问题已引起很多美术家和法学家的关注，吴作人先生在1990年9月的一次有关著作权法的座谈会上就首先提出追续权问题。法学家郭寿康等也发表了有关文章。本书著者也曾在《美术交流》1990年第4期发表过有关译文。由于追续权的实现要涉及很多具体问题，即使在已将其纳入立法的国家中仍很难得到充分的实现。但是，就我国的实际情况看，美术市场主要是在国外，国内目前尚无条件从海外购买美术作品或进行转变，而国内的古今艺术珍品却大量流出国外，例如画家李可染的作品，香港有人统计，七十年代至九十年代，画价每十年翻十倍，而其倒手转变所得尽归于海外艺术商人。画家及其继承人不能获得分文。因此，从维护我国美术家的合法权益和国家利益着眼，如何创造条件，在适当时机将追续权纳入国家立法，实在是一个很重要的课题。

我国的著作权法颁布时日不久，在实施过程中还会遇到许多新的问题，需要结合我国美术界的实际进行研究、探讨。著作权本书中提出的许多重要问题和见解，也正是结合这一时期实施著作权法过程中接触到的实际问题，根据现阶段的认识作出的回答。其中也还有一些问题值得进一步研究（限于篇幅，也难于把很多复杂的因素都一一论及）。例如第32题"怎样看待美术家重新利用草图？"所谓"重新利用草图"，是指对已出售或已将某项著作权许可他人使用的作品，由作者照原样（或稍作改动）进行复制。设若作品将这样的复制品另行出售或许可别家出版社使用，著者依据著作权法原则指出"作者的这种行为侵犯了使用者的权利，而且，也有损于作者自己的名誉"。这在原则上当然是正确的。但是在实际生活中还有很多复杂的情况需要考虑进去。例如有些名作，为了满足社会上的各种需要，必须有复制品，有些是由作者自己复制的，有的是请名手复制的。国外来华展览的油画作品如《在旧时的乌拉尔工厂里》《马拉之死》等就都是水平很高的复制作品，其价值并不低。而中国画更有其特殊情况，一个构图，作者往往反复画、愈画愈精，在反复画的过程，也是提炼笔墨表现力，提高意境的过程，每一幅都有独立的艺术价值，很难分清哪一幅是原作，原作也未必是最好的。这是中国美术创作中的特殊问题。但是，实际上每个国家都有自己特殊性的问题，甚至对于"美术"这一概念的理解也存在很大歧异，有的国家把挂毯也列入美术的涵盖范围之内，中国也应将书法艺术包容在内。今年，中国已正式加入世界版权公约和伯尔尼保护文学和艺术作品公约，并和有关国家签订知识产权谅解备忘录与双边著作权保护条款，如何进一步深入研究中国艺术创作品的特殊问题，并在法律上予以保障，是一个十分现实的研究课题。

　　大陆、中国台湾、香港等地，过去都没有善于美术著作权的研究著作，《美术著作权保护》的出版是一个初步的、然而是很可喜的开端。形势的发展已经把我们推入世界文化发展的大潮流之中，美术事业的发展，需要深入开展艺术法的研究，需要有成批的艺术法研究专家。在美术院校也需要像国外那样，设置艺术法的课程，让每个美术家都了解自己的权益，懂得如何运用法律保护自己的权益。

二、 艺术法的开拓者 *

被采访人：周 林（以下简称"周"）
采 访 人：吕晓晓（中央美院博士研究生，以下简称"吕"）
采访地点：中央美术学院 14 号楼
采访时间：2011 年 3 月 9 日

吕：周老师，您好。请问您是从什么时候开始关注艺术法的？

周：我最早接触艺术法是在 1991 年，当时我还在国家版权局工作。那时《著作权法》刚出台不久（1990 年 9 月 17 日《著作权法》颁布，1991 年 6 月 1 日实施），美国国家版权局在国会图书馆组织了一个版权培训班，中国国家版权局和地方版权局、法院共有 20 人前往参加，我也是其中之一。在培训班之余逛书店的时候，偶然看到一本名叫"Art Law in a Nutshell"的书。这本书不仅有一些关于版权的内容，还有很多跟艺术家权益保护和艺术市场有关的事情，就买了下来，也想把它翻译出版。非常巧的是，不久，中国社会科学出版社组织翻译一套美国西部出版公司（West Publishing Company）的书籍，一共十本，里面正好有《艺术法概要》这本书 。他们正要找译者，而我也有翻译的意向。后来，我跟这本书的作者杜博夫先生取得了联系。他专门为这本书的中

---

* 本文刊载于 2011 年 5 月号《画廊》杂志第 102-103 页。

译本写序，还跟我探讨艺术法问题，成为我在艺术法研究中的良师益友。现在这本书的英文本已经出到第四版，中文本第二版也将很快出版。

我开始研究艺术法，与小时候的兴趣有关，也源于日后工作中的机缘。我上小学和中学的时候，正赶上"十年浩劫"。那时候学校里很多时间安排学工学农，中学毕业以后好像只有下乡一条路。对于画画，除了个人偏好，还想着学成之后，掌握一门手艺。于是跟着朋友的父亲学习了一段时间。后来发生了"黑画事件"，一些画家受到批判，画画成了一个罪过。家里的大人不让画了，当画家的梦也碎了。但是我对画画的兴趣一直都在。所以，当我看到艺术法这本书时，一下子就让我想起小时候的兴趣，自己当画家是难了，但是我可以用自己的法律知识，让更多人圆画家梦。我跟艺术法结缘，还因为在实际工作中，有机会接触到一些美术界人士，并遇到一些艺术法案例。

我是 1989 年 7 月份到国家版权局工作的。那时版权法还没有颁布，所以我当时主要是做一些与版权立法相关的调研和资料收集工作，经常会去采访一些人大委员、政协代表，去了解他们的意见，希望他们能够推动这部法早点出台。在采访过程中，我认识了当时中国美术家协会的主席吴作人先生。1990 年 9 月底，版权法出台后不久，国家版权局组织了一次"在京艺术家《著作权法》座谈会"，希望找一些有代表性的艺术家、音乐家去，我就请了吴先生出面。因为工作的关系，我开始与美术界有较多的接触，开始写一些与艺术法相关的文章。

吕：当时是发生了一些与艺术家权益有关的纠纷吗？

周：对。记得我第一次给艺术家提供法律援助的是湖北画家石冲。他创作的《红墙叙事》参加了第八届全国美展。展览结束后，这幅作品被西班牙圣·莫尼卡艺术中心举办的"中国当代艺术"展选中参展。石冲希望参加这个展览，就向第八届全国美展主办者索回自己的参展作品。但是美协以有外展计划为由拒绝。石冲坚持索画，因为西班牙的展览对他这个年轻画家太重要了。美协说，好吧，交付 5 万元押金就能拿走。交押金是为了在西班牙展出后再送回美协，完成美协外展计划。5 万元在当时对一个年轻画家来说是一个沉重负担。况且，所谓的外展计划也没有经过跟画家协商。当时我已经离开国家版权局到中国社科院法学所专事研究，也开始写一些文章。可能是黄专看到了我的文章，推荐石冲来找我。我是法律人，看到画家被欺负，便挺身而出。我跟美协有关负责人进行过多次艰苦谈判，但是终究没有谈下来。后来就是浙江画家黄鸣的案子。这两件事情好像间隔不久，差不了几个月。

黄鸣的那个案子我已经写到书里（《艺术法实用手册》），主要是合同问题。当时黄鸣和他夫人合作创作的《三把椅子》也参加了 1994 年第八届全国美展，但是黄鸣不同意参加之后的其他展览。展览结束后，黄鸣就向中国美协要求退回作品原件，但是也同样遭到拒绝。黄鸣与中国美协通话询问展后的情况，得到的答复是，《三把椅子》已经被日本及中国港澳台地区的观摩代表选中，拟去境外展出，估计要到 1997 年才能送回来。这个巡回展览计划让黄鸣很担心。因为在这之前，曾经发生过美协私自出售艺术家参展作品的事情；也有因为保护不当，导致艺术作品受损的状况发生。所以黄鸣就和美协沟通，希望至少能签一个协议，这样对双方都是个约定。但得到的答复是：退画不可能，因为美协与外方已经有协定，否则就是违约；而且美协不会和画家签协议；如果作者另有展事或出版任务，要出示承办单位的证明复印件并预付保证金。在多次沟通没有结果的情况下，黄鸣就对中国美协提起了诉讼。

这个案子的关键是，浙江美协在向中国美协提交作品时附加了一项声明，就是根据浙江省美协会员的要求，所有参加第八届全国美术展览的作品，评展完后立刻送回浙江；所有参展作品作者均不同意出售或参加任何外展活动。但是中国美协在接受浙江美协送展作品时对此没有理会。这个案子是由我跟人民大学的刘春田老师担任黄鸣的诉讼代理人。在庭审当天，中央电视台记者到北京市朝阳区法院安贞法庭进行拍摄，在午间新闻中报道了这件事。最后的结果是黄鸣胜诉。

还有就是 20 世纪 90 年代，吴作人先生诉汕头大学出版社和深圳天明公司的那个案子。因为对方未经许可，就擅自将吴老的作品制成了挂历出售。这个案子最后结果是，对方承认侵权，依法作出赔偿。这些都是早期的艺术法案例，也是我当时参与有关艺术法实践活动的情况。

吕：您为《画廊》撰写艺术法专栏是从什么时候开始的？

周：当时远在广东的黄专、杨小彦、鲁虹等来北京出差，我们几个人见面聊天，对画家权益的关注，对艺术市场的兴趣，让我们很快成了好朋友。他们听我讲这些案子也觉得挺有意思。当时版权法实施只有几年时间，中国的艺术市场也刚刚起步，我就提出意见说应该要规范这个市场；国外有艺术法，我们可以借鉴，做些介绍和案例分析。记得《画廊》在那一段时间是由杨小彦主持，他邀请我撰写文章，为这份杂志开辟"艺术与法律"栏目。就这样，从 1995 年起，在几年时间里，我在这个栏目上发表的案例分析和翻译文章大约有 10 篇。

吕：您如何看待 90 年代的中国艺术市场，主要存在哪些问题？

周：在艺术市场方面，主要是艺术代理的问题。以前国内画廊很少，而且多数是境外画廊。大陆艺术家因为缺少与画廊合作的经验，所以在订立代理合同时往往由于不懂法律而吃亏。对于刚刚起步的大陆艺术市场，当时有限的几个画廊是艺术家进入市场的唯一出路。由于经验不足，导致心理与实力上的不平衡，加上信息不对称，就会出现"不平等协议"的问题；还有利益分配不公，画廊对艺术家宣传、"包装"不够，等等。相反，画家因为受到协议的束缚，不但要搞创作，还要自己搞推销，艰难维持生计。很多艺术家对这种不平等协议感到不满，但是不知道怎么做去改变这种状况。所以我当时写了一些文章，专门谈艺术家与画廊的关系，其中就涉及合同条款问题，我还结合国内国外相关法律，在有关文章和专著中，提供有关示范合同样本。

另一个问题，是当时拍卖市场上出现的仿冒问题。比如吴冠中诉上海朵云轩出售假冒署名作品案、杭州某拍卖行拍卖仿冒张大千假画案等。这些案件有很多报道，也吸引了许多人关注。20 世纪 90 年代，《著作权法》《拍卖法》陆续出台，因为缺少实践，一些权利人不知道怎么维权，法院判决也存在一些争议。当时老百姓对这些问题也比较关注，可能是因为当时文化热点比较少吧。针对艺术市场里的这些问题，我在 1998 年主编出版了《艺术法实用手册》这本书。起多大作用我不知道，但是当时关注这类案子的人很多，像刘春华创作的《毛主席去安源》油画由于在拍卖会卖出天价，引发著作权归属纠纷案，也在社会上引起不小的轰动。

吕：前后对比，您认为今天的艺术市场，以及艺术法这门学科有哪些变化和发展？

周：艺术市场肯定是更活跃，交易量大幅度增加，参与的人更多了。现在大家都更理性了，操作也相对规范一些了。对于艺术法，我对这门新兴学科的认识也在不断深化。艺术法很有意思，它在法学里面有其特殊性，也可以说是一门相对独立的学科。典型的例子是画家王式廓的遗产分割案。在有关王式廓遗作财产纠纷案的一次专家讨论会上，有的法学专家认为，画家遗作，跟普通遗产分割类似，只需参照《婚姻法》和《继承法》办理就可以了。但事实上没有这么简单。因为艺术品不同于一般的有形财产。简单地分割后，可能就失去了艺术家作品的完整性。从家属角度看，将画家一些作品留下来做个纪念，也是人之常情。所以，仅仅有法律知识是不够的，还要考虑到艺术的特殊性。我在跟外国的艺术法同行谈到这个问题时，他们也认为艺术法这门学科有其特点，它有独特的研究对象，需要具有专门的知识背景，采用独特的研究方法。

从艺术法的教育来说，中央美院做得比较好。我从 1994 年起，即接受薛永年先生的邀请，开始到中央美院主持艺术法讲座，每两年开一次课，一直持续到现在。现在我跟中央美院艺术管理系合作，从 2006 年开始，招收艺术法方向的研究生。希望中央美院能够持续做下去，希望有更多的艺术院校和法律院校都能开辟艺术法课程。

我的主要研究领域是知识产权法，目前也在关注文化遗产法、传统知识法律保护问题，以及比较新的"信息法"。艺术法其实是我的"副业"，目前主要是主持央美的研究生课程。我翻译的《艺术法概要》（中文第二版）即将出版。我争取明年能够出版一本自己写的艺术法（教材）。在国内，艺术法这一块我是开拓者之一。受手头上承担的其他课题研究的限制，最近一段可能没有很多时间投入艺术法研究。我很高兴地看到，在艺术法领域，已经有不多的几位硕士、博士，开始了他们自己的探索。期待着他们早日成长起来，具备跟国际艺术法同行对话的实力，在中国艺术市场建设中发挥积极作用。

三、中国艺术法研究的拓荒者[*]

聂士海^①

周林教授作为我国著名的法学专家，在知识产权法学领域，特别是著作权领域有着卓著的贡献。尤其值得一提的是，他也是我国艺术法研究的开拓者之一，长期在中央美术学院讲授艺术法，出版了《美术家著作权保护》《艺术法实用手册》等多部在专业领域有着深远影响的专著。其中，《艺术法实用手册》一书，全面系统地对我国目前的艺术法律法规以及艺术市场中发生的法律纠纷案件进行了研究和分析，并在书中附录了 28 种艺术家常用法律合同样本，对艺术家进入市场提供了非常重要的帮助。他翻译出版了美国著名艺术法专家伦纳德·杜博夫教授编著的《艺术法概要》，成为我国第一部系统介绍艺术法的译著。这些艺术法的研究和著书立说，一方面为立法机关以及政府行政管理部门提供了各种建议和对策性报告，另一方面为艺术市场的各方市场主体提供了法律帮助的依据，受到业内人士和广大读者的高度评价。目前他还在关注文化遗产法、传统知识法律保护问题，以及比较新的"信息法"等课题。

近日，本刊记者有幸采访到周林教授，分享了他有关艺术法和艺术市场问题的理解与认识。

---

* 本文曾发表在 2011 年 12 月中国当代书画艺术品知识产权论坛专刊。

① 《中国知识产权》(China IP)杂志原副主编，现任IPRdaily中文网执行总裁、媒体总编辑。

关于艺术法

China IP：您能否介绍一下艺术法学产生的背景和基本内容？

周林：20 世纪 70 年代起，美欧各国掀起了一股艺术投资热潮。在这股热潮中，一些国家的法律工作者和艺术家，在不断实践的基础上，总结、发表了大量有关艺术法律保护的学术论文，出版了许多有关这一方面研究的著作，在法学领域逐渐形成了一个独立的分支学科——艺术法学。

艺术法学要研究和解决的是艺术品在创造、发掘、生产、销售、流转、展览和收藏等过程中所涉及的有关法律问题，诸如艺术品的进出口、拍卖、鉴定、保险、税收，以及艺术家的言论自由和知识产权保护，等等。这些问题不可能单靠某一部单行法规来解决，而必须要由多种法律和法规加以调整。因此，艺术法学的研究也就必然牵涉到对一系列有关法律、案例以及社会实践情况的综合研究。

China IP：请问您最早是从什么时候开始接触艺术法研究的？

周林：我最早接触艺术法是在 1991 年，即《著作权法》刚开始实施的那年，当时我还在国家版权局工作。在受委派参加美国国家版权局在国会图书馆组织的一个版权培训班期间，偶然在书店看到一本名为 "Art Law in a Nutshell"（《艺术法概要》）的书。这本书不仅有一些关于版权的内容，还有很多跟艺术家权益保护和艺术市场有关的事情，就买了下来，也想把它翻译出版。非常巧的是，不久，中国社会科学出版社组织翻译一套美国西部出版公司（West Publishing Company）的书籍，其中正好有《艺术法概要》这本书。他们正要找译者，而我也有翻译的意向。后来，我跟这本书的作者杜博夫先生取得了联系。他专门为这本书的中译本写序，还跟我探讨艺术法问题，成为我在艺术法研究中的良师益友。杜博夫教授的这部《艺术法概要》虽然谈的主要是美国有关艺术法律和判例，但其中所阐明的一些法律原理和操作技巧，对于中国的读者，特别是中国的法律工作者、艺术家、艺术商、艺术品收藏者以及博物馆管理人员来说，仍将具有重要的参考价值。现在这本书的英文本已经出到第四版，中文本也出了第二版。

后来因为工作的关系，我有机会与美术界有较多的接触，开始写一些与艺术法相关的文章。1995 年，《画廊》杂志邀请我撰写文章，为该杂志开辟"艺术与法律"栏目。当时《著作权法》实施只有几年时间，中国的艺术市场也刚刚起步，我就提出意见说应该要规范这个市场；国外有艺术法，我们可以借鉴，做些介绍和案例分析。在此后的几年里，我在这个栏目上发表了大约 10 篇案例分析和翻译文章。

China IP：艺术法研究与教学在我国教育实践中的现实状况如何？

周林：艺术法作为一门相对独立的学科，在法学里面有其特殊性，它有独特的研究对象，需要具有专门的知识背景，采用独特的研究方法，艺术法学的研究在中国是一个全新的领域，现在学术界对这门新兴学科的认识也在不断深化之中。

从国内艺术法的教学情况来看，中央美术学院做得相对早些，效果也比较好。我从 1994 年起受邀到中央美院艺术史系主持艺术法讲座，为该系四年级学生讲授有关艺术法课程内容，每两年开一次课，一直持续至今。从 2006 年开始，我与中央美院艺术管理系合作，招收艺术法方向的硕士研究生，目前已有多名研究生毕业。这门学科是适应我国社会主义市场机制的建立，尤其是适应艺术市场的建立与发展而产生的。希望中央美院能够持续做下去，希望有更多的艺术院校和法律院校都能开辟艺术法课程。

美术作品的侵权与维权

China IP：拍卖市场出现仿冒作品现象是在什么时间？您能否讲述一下当时的具体情况？

周林：自 20 世纪 90 年代起，拍卖市场上就出现了仿冒艺术家作品问题，比如吴冠中诉上海朵云轩出售假冒署名作品案、杭州某拍卖行拍卖仿冒张大千假画案等。这些案件有很多报道，也吸引了许多人关注。当时虽然《著作权法》和《拍卖法》已陆续出台，但因为缺少实践，一些权利人不知道怎么维权，法院判决也存在一些争议。当时老百姓对这些问题也比较关注，可能是因为当时文化热点比较少吧。针对艺术市场里的这些问题，我在 1998 年主编出版了《艺术法实用手册》这本书。起多大作用我不知道，但是当时关注这类案子的人很多，像刘春华创作的《毛主席去安源》油画由于在拍卖会卖出天价，引发著作权归属纠纷案，也在社会上引起不小的轰动。

China IP：权利人在参加展览的过程中，应当如何保护美术作品的著作权？

周林：前两年在全国美展期间，我特别注意到当时的展览实施细则里有一条是关于主办者的权利的，里面讲到，主办方有展览、出版、录像、研究等权利。我想这样的一些权利应当具体化。比如展览权，是什么样的展览权？是本届展览权，还是一些出国展的权利？应当写清楚。现实当中已经发生了很多艺术家的权益纠纷，都是合同不明造成的。我们要让艺术家懂得这些权利。

China IP：近年来多次出现由于酒店装修等原因而导致壁画作品遭损坏的事件，类似的维权案例对我们有哪些启示？对于保护艺术作品的完整性应该如何去理解？

周林：关于壁画的保护，应该总结保护壁画成功的案例，拿出来为公共艺术的保护问题提供借鉴。我们有《物权法》《著作权法》，但是他们不应该是冲突的，不能因为《物权法》的需要和拆迁的需要把艺术作品拆除或者破坏艺术作品的完整性。在我们国家，在对艺术作品的完整性的理解上，学术界一般认为，无论是放大、缩小或者重新做，对艺术作品的完整性都有可能损害。这方面在国外有很多具体的案例可以给我们以借鉴。

China IP：目前国内的艺术代理制度发展状况如何？您对此有何建议？

周林：我们要建立完善的艺术代理制度，中国美协在这方面可以进行推动。现在，艺术代理比起十年前、二十年前有了很大的发展，但是仍然是不完善、不健全的。艺术代理可以为艺术家建立相应的艺术品信息库，对减少赝品的产生、方便艺术史的研究都有帮助。

China IP：在您看来，美术著作权是否适合走集体管理的路子？

周林：到目前为止，我国已经建立起文字、音乐、音像、电影及摄影等五家著作权集体管理组织，但美术作品尚未被纳入其中。我认为，美术著作权的集体管理组织也应该尽快建立起来，或者由摄著协把美术这块也管起来。这样，权利人就可以把他们不便管理的权利交给集体管理组织，然后以集体管理组织的名义向使用者发放许可，统一收取报酬。

China IP：您对于中国艺术市场的完善与艺术法律保护方面有何寄语和期望？

周林：今后，艺术与市场两者也必然会更加紧密结合，相辅相成。在现阶段，中国艺术市场的建立和完善，制订有关法律固然重要，但实施已有的法律似乎更为紧迫。在艺术法律保护方面，我国已经通过了一些有关法规。公民和法人参与艺术市场活动，可以在现有的民法通则、文物保护法、著作权法、税法、合同法等有关条款中找到法律依据。当务之急是提高艺术市场参与者的法律意识，养成依法办事的习惯，同时，还要培养一批既懂艺术，又熟悉有关法规，愿意为维护艺术的纯洁和神圣而献身的律师和法律工作者。

后记

摄影作品：2017·艾特金牛好回家

作者：周林

艺术是创意的自由展现，法律是规则的逻辑表达，艺术法则是两者的完美融合，它张弛有度，助梦成真。

9月下旬，一位多年的影友，邀请我参加他策划组织的一次即时影像展览，这是10月北京国际摄影周的一个组成部分。我从小喜欢绘画和摄影。儿时的梦想，就是在长大以后成为一位艺术家。由于种种原因，这种梦想始终还在路上。在去朋友的影棚进行创作的时候，我首先确定了一个主题，就是把在2017年迅速普及的共享单车这件事儿，通过即时影像的技术手段记录下来。共享单车也许有可以批评的地方，但是在新的信息技术背景下，共享单车的迅速普及传递出新的理念。单车是城市交通的一种简单工具。但是在相当长时间里，单车只是私产私用。在一天当中，大多数时间它是闲置的。现在不同了，只要完成注册并缴纳一点钱，单车便私产公用。当你走出地铁口去单位上班的时候，共享单车随处可见、随处可用，有效地解决了城市交通的最后一公里问题。

在摄影棚里，一边布光，一边构思，我特别注意了一些细节，比如，在后车轮辐条上绑上一截红绳，每拍摄一张，便转动一次数字车锁，让每一组画面都有变化。后来这两组用8x10（英寸）宝丽来即时影像技术完成的作品《2017·欧福共享时代印象》《2017·艾特金牛好回家》在摄影周期间展出。这是一次普通的艺术实践，两组作品在立意、用光、构图方面或有欠缺，但是"留影""记录"的目的达到了。通过创作和展览，不仅让我进一步接近儿时梦想，而且对即时影像有新的感悟：即时影像免除了胶片摄影成像前期后期的许多繁文缛节，拍摄者的创意、修养和技术底蕴可以在瞬间呈现，容不得矫揉造作和涂抹修改。胶片相机的迅速消亡和数码相机的快速普及沦为大众玩具，即时影像的回归，为挽救摄影传统和技艺平添一抹亮色。这次艺术实践也给我一次从摄影人角度看法律的机会。一件作品，从创意到作品，从作品完成到公开展出，是一次艺念变现的过程。但是艺术表现从创意到市场，展览仅仅是艺创的起点。把作品卖到市场才算本事。① 而一旦进入市场，法律问题便接踵而来。

11 月初，我应邀赴上海同济大学法学院参加《郑成思知识产权文集》理论与思想研讨会。为了准备在会上发言，我阅读了郑老师的遗著，重温郑老师对我国法治建设和法学理论研究殊多论述。我认为，在知识产权法学领域，郑老师最重要的贡献，是他早在 20 世纪 90 年代便提出的信息产权理论。知识产权所针对的是信息，是因信息利用而发生的权利。信息产权与物权最大不同在于，物权所针对的物可以占有，而信息产权所针对的信息不能被占有。在法学理论中，任何产权都应有所"本"。物权之本在物。同理，信息产权之本在信息财产。信息的本质特征在于，它是自由流动的，不可控，hold 不住。信息产权理论的贡献在于，它回答了信息等无形物何以有价值，何以财产化的问题。人们是通过法律，在某些特定的信息上面，设定类似财产那样的权利，使之成为一种可控、有价、可转让的财产，即信息财产。信息财产持有人在发现自己生产的信息被他人非法利用的时候，可以利用法律武器，要求司法机关制裁侵权行为，依法维护自己的权益。

法有所本，人有所依。一个人从他/她出生那一刻起，就始终是作为"信息动物"而存在的。从牙牙学语到长大成人，人始终跟信息相伴相随。

---

① 美国著名艺术家安迪·沃霍尔说过：艺术品经营是随着艺术的产生而产生的。我最初是一位商业艺术家，是从商业艺术起家的，我希望最终成为一位从事经营的艺术家。在经营上的成功是艺术的最佳境界。所谓"把作品卖到市场"指的就是沃霍尔这个意思。

从年幼时向父母、老师、同伴索取信息，学习如何利用信息的本领，到长大后创造和生产信息，任何人都经历过或者正在经历着这个过程。一个人能够给这个世界留下的最宝贵的遗产，不是别的，正是信息。信息财产制度的建立是对信息自由流动历史的一个终结和革命，目的是鼓励信息生产、传播和利用，推动着人类社会在一个新的信息技术发展历史节点，实现更加充分的信息自由。

一次纯粹的艺术实践，一次严肃的阅读思考，促使我对自 20 世纪 90 年代以来自己的艺术法学研究和教学做了一个初步总结。本书即是这个总结的成果之一。在我耳顺之年，有一个机会跟当年教我、提携我的老师，跟我一起成长的学生，跟我认识或者不认识的读者，以书的形式做一次交流，是一件美好的事情。在我大约十岁的时候，是多么渴望学画成为一个画家。那会儿还不光是出于兴趣，而是觉得可以把画画当作一个手艺，有了这个手艺或许能够养活自己，压根想不到自己成年以后的主要职业是从事法学研究和法律教育。我不知道如果顺着当初那个画家梦一直走下去会是怎样结果。一个少年为什么不能一直追随着自己梦想去实现它？我研究艺术法是少年时梦想的另外一种实现方式么？这本书所讨论的事情对那些仍然怀抱画家梦的少年、青年、中年人有些许帮助么？

不过，现在好像也想明白一些。从事法学研究跟进行艺术创作一样，都是要密切联系社会现实，都是以自己对社会现实思考和研究所产出的思想，服务于社会。法学研究工作并不神秘，既不低端也不高贵，它跟艺创一样，都不过是针对某种社会现实的信息生产而已。三个月前我以共享单车为主题创作的那两组即时影像作品，不就是以镜头表现出的我对当下一个热门社会现象的思考么？不论它们能否配得上艺术，作为原创信息，它们或许能够为人类的文化遗产增加了哪怕一点点。人世间有许多选择和梦想。物理学、数学、化学等科学追求严谨与和谐，艺术学讲究美与和谐，法学讲究符合逻辑与体系化，它们都是人类理性的产物，一旦这种和谐或逻辑遭到破坏，任何权威、大著、高论将瞬间崩塌。严谨、和谐、美、符合逻辑、体系化等统统都离不开一点，那就是艺术。艺术才是学问的最高境界！

　　"在中国，艺术法所关注的是艺术品及文化财产在创造、发掘、生产、销售、流转、展览和收藏等过程中所涉及的法律问题。这些问题包括艺术品的进出口、拍卖、鉴定、保险、税收，以及艺术家的言论自由和知识产权保护，等等。这些问题不可能单靠某一部单行法规来解决，而必须要由多种法律和法规加以调整。"这段话是我首先在 1998 年 8 月主编出版的《艺术法实用手册》中说的。我发现，作为"艺术法"的定义，这段话被国内不多的几部艺术法著作反复引用。我现在还要再次引用它，因为还没有找到可以替代它的信息。这或许可以成为一个佐证，证明一个人能够给这个世界留下的最有价值的遗产，不是别的，正是信息。

　　在本书的末尾，我选用了三篇文章作为附录。第一篇是年逾八旬的李松老师的书评。李老师曾担任《中国美术》主编和中央美院教授，在百忙之中为我这个当年的小年轻的幼稚之作《美术家著作权法律保护》撰写书评。这种提携之恩，我将永志不忘。第二篇是中央美院青年教师吕晓晓对我的采访。吕是我指导的第一位艺术法方向的硕士研究生，她毕业后留校工作，获得博士学位，在艺术法学领域将大有作为。第三篇是资深媒体人聂士海先生对我的采访。聂长期从事知识产权媒体工作，对知识产权法有精深的研究。阅读吕、聂的两篇采访可以进一步了解我涉事艺术法研究的过程，了解我国艺术法学的发展历史。

　　最后，我要感谢本书的责任编辑高超女士。她在极短的时间里完成了出版的整个流程，容忍我多次对书稿较大幅度的修改和调整，毫无怨言，非常专业且认真地履行了编辑的职责。没有她辛苦劳动和默默奉献，本书不可能这么快地跟读者见面。

2017 年 12 月 1 日在昌平